ALTDEUTSCHE TEXTBIBLIOTHEK

Begründet von Hermann Paul
Fortgeführt von Georg Baesecke, Hugo Kuhn und Burghart Wachinger
Herausgegeben von Christian Kiening

Nr. 39

Tina Zorko

EREC

VON

HARTMANN VON AUE

Mit einem Abdruck der neuen Wolfenbütteler
und Zwettler Erec-Fragmente

Herausgegeben von
Albert Leitzmann
fortgeführt von
Ludwig Wolff

7. Auflage besorgt von
Kurt Gärtner

MAX NIEMEYER VERLAG TÜBINGEN
2006

1. Auflage 1939
2. Auflage 1957
3. Auflage 1963
4. Auflage 1967 } besorgt von Ludwig Wolff
5. Auflage 1972
6. Auflage 1985   besorgt von Christoph Cormeau
und Kurt Gärtner

Die Deutsche Bibliothek verzeichnet diese Publikation in der Deutschen Nationalbibliografie; detaillierte bibliografische Daten sind im Internet über *http://dnb.ddb.de* abrufbar.

ISBN 13: 978-3-484-20139-2
ISBN 10: 3-484-20139-8

Druck: AZ Druck und Datentechnik GmbH, Kempten   2 3 4 5

Inhaltsverzeichnis

Vorwort zur 7. Auflage

Die vorliegende 7. Auflage des ›Erec‹ erscheint mehr als 20 Jahre nach der 6. Auflage, deren Betreuung Christoph Cormeau und ich übernommen hatten. Die Planung der Folgeauflage hatten wir damals wohl schon im Auge, hatten sie aber zurückgestellt, denn wir wollten die Reaktion auf die Neuerungen abwarten, über die wir im unten wiederabgedruckten Vorwort zur 6. Auflage berichtet haben. Die ersten Reaktionen in den Fachzeitschriften konnte Christoph Cormeau wohl noch zur Kenntnis nehmen, aber er war nach dem Erscheinen unserer Erec-Ausgabe und auch nach seiner schweren Erkrankung intensiv mit der Neuauflage von Lachmanns Walther-Ausgabe beschäftigt, deren Erscheinen er kurz vor seinem unerwartet frühen Tod († 19. Januar 1996) noch erleben durfte.

Die nun dringend nötig gewordene Neuauflage kann leider nicht sämtliche Wünsche der Rezensenten der 6. Auflage erfüllen. Vor allem die stärkere Berücksichtigung des Wortlauts der Überlieferung in der Ambraser Handschrift und die oft in Zusammenhang damit stehende Aufhebung der metrischen Glättungen Leitzmanns im kritischen Text, beides von Lambertus Okken (Bibl. Nr. 48 und 53) mit Recht immer wieder nachdrücklich erhobene und begründete Forderungen, muß auf die nächste Auflage verschoben werden, ebenso die von Eberhard Nellmann (Bibl. Nr. 46) geforderte Kursivierung der Abweichungen des kritischen Textes von der Überlieferung. Meine weit gediehenen Vorarbeiten dazu habe ich abgebrochen, nachdem ich mich im vergangenen Jahr zum einen – einer weitergehenden Forderung Albert Leitzmanns nachkommend – wieder mit der gesamten Überlieferung der Ambraser Handschrift und mit den bisher fast völlig vernachlässigten Urkundenautographen Hans Rieds beschäftigt hatte und zum andern mit dem neuen Handschriftenfund aus dem Kloster Zwettl, der in die vorliegende Auflage einzubringen war. Sie stellt also einen Kompromiß dar, denn an Leitzmanns Text ist wieder nur in begrenztem Maße geändert worden, und ein Großteil der zahlreichen

Konjekturen, die seit Lachmann aufgrund der Kenntnis von Spra-
che und Stil Hartmanns dem kritischen Text zugute kamen, ist
geblieben und damit auch im wesentlichen die Konzeption der
6. Auflage, mit einer entscheidenden Änderung allerdings: Der
Fund von Zwettl hat die Annahme eines zweiten Erec-Romans,
der unabhängig von Hartmanns Roman direkt auf Chrétien zurück-
geht, bestätigt; die synoptische Darstellung der beiden Roman-
Versionen war deshalb aufzugeben; die Fragmente des Chrétien
näheren ›Mitteldeutschen Erec‹ aus Wolfenbüttel und Zwettl wer-
den im Anhang abgedruckt.

Mit großem Gewinn habe ich bei der Vorbereitung der Neu-
auflage die Neuausgabe des ›Erec‹ von Manfred Günter Scholz
benutzt, der für seinen auf die 6. Auflage dieser Ausgabe bezoge-
nen Text und für seinen Kommentar die Forschung umfassend
aufgearbeitet hat. Für die sehr erfreuliche Kooperation bei der
Auswertung der Zwettler Fragmente und die gewährte Gastfreund-
schaft im Stift Zwettl und in Salzburg bin ich Charlotte Ziegler,
Ulrich Müller und Margarete Springeth zu Dank verpflichtet,
ebenso für ihre Erlaubnis, die Ergebnisse unserer gemeinsamen
Bemühungen um die Entzifferung der Zwettler Fragmente in die
vorliegende Auflage einzubringen. Zu danken habe ich ferner für
Anregungen, Hinweise und Kritik Waltraud Fritsch-Rößler (Inns-
bruck), Werner J. Hoffmann (Guckheim), Christian Kiening (Zü-
rich), Eberhard Nellmann (Bochum), Lambertus Okken (Biltho-
ven), Werner Schröder (Marburg), Yoshihoro Yokoyama (Tokyo)
und Otto Zwierlein (Bonn). Für die lange freundschaftliche Zu-
sammenarbeit bin ich Roy Boggs (Cape Coral FL) zu großem
Dank verpflichtet; in unserem Hartmann-Portal (s. Bibl. Nr. 88)
sind inzwischen auch digitale Farbfaksimiles von A sowie die
vollständige Transkription von Brigitte Edrich-Porzberg allgemein
zugänglich. Ganz besonderers danke ich Paul Sappler (Tübingen)
für den Satz der ganzen Ausgabe; ohne seinen technischen und
philologischen Beistand wäre die dringend erwartete Neuauflage
nicht so rasch fertig geworden. Birgitta Zeller vom Verlag möchte
ich schließlich sehr herzlich für ihre Geduld und ihre Unterstüt-
zung danken.

Marburg, März 2006   Kurt Gärtner

VIII

Vorwort zur 6. Auflage

Als Hugo Kuhn nach dem Tod von Ludwig Wolff einem der Herausgeber die weitere Betreuung der Ausgabe übertrug, war nicht vorauszusehen, wie sehr die Erec-Philologie in Bewegung geraten würde. Neue Handschriftenfunde in Koblenz und Wolfenbüttel stellten die Kenntnis des Textes zwar auf keine grundsätzlich neue Basis, zwangen aber doch, manches neu zu durchdenken. Wenn auch das Verhältnis der neugefundenen Wolfenbütteler Fragmente zum Ambraser Text bisher nicht in jeder Hinsicht geklärt ist, so war doch sofort klar, daß dieser Zeuge für die Geschichte des Erec-Romans in der Ausgabe künftig nicht fehlen darf. Es lag deshalb nur nahe, die Aufgabe mit dem zu teilen, der sich am eingehendsten mit den Fragmenten beschäftigt hatte.

Die hier vorgelegte Neubearbeitung ist das Ergebnis einer erfreulichen und harmonischen Teamarbeit, bei der es schwerfiele, den Anteil des einzelnen noch zutreffend und vollständig aufzurechnen. An ihr waren auch Anke Gebhardt, Thomas Bein und vor allem Monika Unzeitig, alle Bonn, engagiert und selbständig beteiligt; eine Vielzahl von Beobachtungen und Besserungsvorschlägen ist ihr Verdienst. Werner Hoffmann und Ralf Plate, beide Trier, unterstützten die Arbeit ebenfalls.

Darüberhinaus sind wir vielfach zu Dank verpflichtet: Roy A. Boggs hat freundlicherweise gestattet, den von ihm für seine Hartmann-Konkordanz maschinenlesbar gemachten Text der 5. Auflage weiterzuverarbeiten. Die Österreichische Nationalbibliothek Wien hat durch die gewährte Autopsie des kostbaren Originals, die Herzog-August-Bibliothek Wolfenbüttel und dort Dr. Wolfgang Milde, das Landeshauptarchiv Koblenz und dort Dr. Peter Brommer und das Niederösterreichische Landesarchiv Wien haben durch Auskünfte, Fotografien oder Mikrofilmaufnahmen unsere Arbeit in jeder Weise unterstützt. Zahlreiche Kollegen haben uns durch Diskussion der Vorüberlegungen und mit Hinweisen und Kritik für Konzept und Einzelentscheidungen geholfen, namentlich genannt seien Christoph Gerhardt, Trier, Thomas Klein, Bonn, Eberhard Nellmann, Bochum, Nigel Palmer, Oxford, Walter Röll, Trier, Werner Schröder, Marburg und Erika Timm, Trier.

Nicht zuletzt sei den Studenten zweier Seminare und allen unseren beteiligten Mitarbeitern gedankt.

Bonn/Trier, Februar 1985   Christoph Cormeau   Kurt Gärtner

I. Die Handschriften

1. Hartmanns ›Erec‹ ist trotz seiner nachweisbar großen Wirkung, die er als erster deutscher Artusroman hatte, nur in einer einzigen, erst Anfang des 16. Jhs. geschriebenen Handschrift annähernd vollständig überliefert (A). Von drei älteren Handschriften des 13. und 14. Jhs. sind lediglich einige Fragmente, 9 Blätter insgesamt, erhalten (K, V, W III–VI). Außerdem gibt es noch einige breiter überlieferte Erec-Exzerpte, die für die 6. Auflage zum ersten Mal verwertet wurden (FvS). – Ein unabhängig von Hartmann entstandener zweiter Erec-Roman, der Chrétiens ›Erec et Enide‹ genauer folgt, ist fragmentarisch bezeugt durch die im Anhang dieser Ausgabe abgedruckten Wolfenbütteler Fragmente (W I/II), die eine Kompilation mit Hartmanns Werk überliefern, und die 2002 aufgefundenen Zwettler Fragmente (Z).

A   ›Ambraser Heldenbuch‹, Wien, Österreichische Nationalbibliothek, Cod. ser. nova 2663, Bl. 30rb–50vb.

Pergament, 5+238 Bll., 46×36 cm; 3 Spalten zu meist 68 Zeilen. Verse nicht abgesetzt, aber durch Reimpunkte getrennt (im Erec-Teil hochgestellter Punkt nach dem ersten, Doppelpunkt nach dem zweiten Vers eines Reimpaars). Farbige Randdekorationen, 215^{r} mit *VF 1517* signiert. An den Abschnittsanfängen abwechselnd rote und blaue, meist dreizeilige Lombarden. Im Erec-Teil sind die wenigen falsch ausgeführten oder fehlenden Lombarden anhand der im Original gut erkennbaren Vormerkungen zu korrigieren oder zu ergänzen; das gilt besonders für die *I*-Lombarden, die am Kolumnenrand über mehrere Zeilen heruntergezogen und nicht eingerückt sind (vgl. z.B. Bl. 31^{rc}, 31va), weshalb sie bei der Rubrizierung übersehen wurden (z.B. Bl. 33^{rc}, 37^{rc}, 43rb).

1504–1515/16 geschrieben von Hans Ried im Auftrag Kaiser Maximilians I., der Erec-Teil vermutlich im Sommer 1505 (Wierschin 560).

SCHREIBSPRACHE: Südbairisch.

INHALT: Nach Tabula 1*ʳ–4*ᵛ und Titelbild 5*ᵛ folgen 25 Texte des ausgehenden 12. und des 13. Jhs., die man jetzt »als eine nach inhaltlichen Gesichtspunkten von Maximilian wohl selbst konzipierte Textsammlung« betrachtet (Reinitzer IX), die herkömmlich aber in vier Teile gegliedert wurden (Janota 325):

1ʳᵃ–50ᵛᵇ	Erster Teil, eine Sammlung von sieben höfischen Texten, unter denen Hartmanns Artusromane das Schwergewicht bilden:
1ʳᵃ–2ʳᵇ	Der Stricker, ›Frauenehre‹, unvollständig (Hs. d);
2ᵛᵃ–5ᵛᶜ	›Mauritius von Craûn‹;
5ᵛᶜ–22ʳᶜ	Hartmann von Aue, ›Iwein‹ (Hs. d);
22ʳᶜ–26ᵛᵃ	Hartmann von Aue, ›Das Klagebüchlein‹ (›Erstes Büchlein‹);
26ᵛᵃ–28ʳᵇ	›Das zweite Büchlein‹;
28ʳᵇ	Rubrik zu den beiden folgenden Werken, die Bl. 30ʳᵇ, Z. 56, ohne Markierung unmittelbar ineinander übergehen: *Aber von kůnig Artus · vnd seinem Hofgesind · auch Helden vnd handlungen · Als von her Gabein · Khaÿ · Yrecken · eines Mantlshalben · so kůnig Artus hausfraw̌ · vnd ander frawen anlegen muesten · dardurch man Ynnen ward Irer trew · Sůnderlich von Erick · vnd seiner hausfraw̌en ein tail ain schön lesen* (gleicher Eintrag in der Tabula 1*ʳ).
28ʳᵇ–30ʳᵇ	›Der Mantel‹; Schluß fehlt;
30ʳᵇ–50ᵛᵇ	Hartmann von Aue, ›Erec‹; Anfang fehlt.
51ʳᵃ–214ᵛᶜ	Zweiter Teil, eine umfangreiche Sammlung von Heldenepen; sie umfaßt: ›Dietrichs Flucht‹ und ›Rabenschlacht‹ (Hs. d), ›Nibelungenlied‹ und ›Klage‹ (Hs. d); ›Kudrun‹, ›Biterolf‹, ›Ortnit‹ (Hs. A), ›Wolfdietrich A‹.
215ʳᵃ–233ᵛᵇ	Dritter Teil, eine Kleinepiksammlung: ›Die böse Frau‹, die vier kleinen Verserzählungen Herrands von Wildonie und das ›Frauenbuch‹ seines Schwiegervaters Ulrich von Lichtenstein; Wernher der Gärtner, ›Helmbrecht‹ (Hs. A); Der Stricker, ›Pfaffe Amis‹ (Hs. W).
234ʳᵃ–237ᵛᶜ	Vierter Teil: Wolfram von Eschenbach, ›Titurel‹ (Hs. H), und der ›Brief des Priesterkönigs Johannes‹.

FAKSIMILE: Unterkircher, Bibl. Nr. 7. Beschreibungen: H. Menhardt, Verzeichnis der altdeutschen Handschriften der österreichischen Nationalbibliothek, Bd. 3, Berlin 1961, 1469–1478; Unterkircher, Bibl. Nr. 7. Zu Entstehung, Konzeption und Vorlagen: J. Janota, ›Ambraser Heldenbuch‹, ²VL 1, Sp. 323–327 (mit Lit.); M. Wierschin, Das Ambraser Heldenbuch Maximilians I., Der Schlern 50, 1976, 429–441, 493–507, 557–570; W. Schröder, Das Ambraser ›Mantel‹-Fragment, Sitzungsberichte der Wissenschaftlichen Gesellschaft der Johann Wolfgang Goethe-Universität Frankfurt am Main 33, 1995, 121–177; H. Reinitzer (Hg.), Mauritius von Craûn (ATB 113), Tübingen 2000, VII–XII. Zu Sprache und Schreibgewohnheiten Rieds: Leitzmann, Bibl. Nr. 26; Schützner, Bibl. Nr. 25; Thornton, Bibl. Nr. 28; F.H. Bäuml (Hg.), Kudrun. Die Handschrift, Berlin 1969, 1–41; B. Edrich, Computerunterstützte Analyse der Ambraser ›Erec‹-Handschrift, in: Maschinelle Verarbeitung altdeutscher Texte IV. Beiträge zum Vierten Internationalen Symposion, Trier 28. Februar bis 2. März 1988. Hg. von Kurt Gärtner, Paul Sappler und Michael Trauth, Tübingen 1991, 331–345 [s. a. Edrich-Porzberg, Bibl. Nr. 51, 47–75]; H. Weihnacht, Archivalien und Kommentare zu Hans Ried, dem Schreiber des Ambraser Heldenbuches, in: Deutsche Heldenepik in Tirol. König Laurin und Dietrich von Bern in der Dichtung des Mittelalters. Beiträge der Neustifter Tagung 1977 des Südtiroler Kulturinstituts, in Zusammenarbeit mit Karl H. Vigl hg. von Egon Kühebacher (Schriftenreihe des Südtiroler Kulturinstituts 7), Bozen 1979, 466–489.

K Koblenz, Landeshauptarchiv, Best. 701 Nr. 759,14b.

1 Pergamentdoppelbl., das drittinnerste einer Lage; 22,5×15,1 cm; 1 Spalte zu 35 Zeilen. Verse fortlaufend geschrieben, aber durch Reimpunkte getrennt (Punkte mit übergesetztem Zirkumflex); Versanfänge meist mit Majuskeln. An den nicht abgesetzten Abschnittsanfängen abwechselnd einzeilige rote und blaue Lombarden.

1. Hälfte 13. Jh., geschrieben »von einer ruhigen und sehr geübten« Hand (Brommer). Nach Vermerken auf Bl. 2^r und 2^v (15. Jh.) zu schließen, wurde das Bl. vermutlich im 15. Jh. zum Einbinden eines Registers der Herrschaft Landskron (Kr. Ahrweiler) verwertet.

SCHREIBSPRACHE: Rheinfrk. nach (ost)oberdt. Vorlage (Klein, Bibl. Nr. 44, 145).

Enthält die Verse 7522–7705 und 8436–8604. Durch Wasserfleck und Abrieb Lesungen einiger Stellen auf Bl. 2ᵛ sehr erschwert.

ABDRUCK (nicht ganz zuverlässig), Abbildung von Bl. 1ᵛ und Beschreibung durch P. Brommer, Bibl. Nr. 34. Nachkollation für die 6. Auflage dieser Ausgabe durch K. Gärtner.

V St. Pölten (bis 1997: Wien), Niederösterreichisches Landesarchiv, Hs. 821.

1 Pergamentbl.; 33,9×24,5 cm; nur die recto-Seite beschrieben, und zwar nicht ganz vollständig; 1 Schriftspalte zu 45 für zwei Spalten vorlinierten Zeilen, von denen 31 beschrieben sind. Verse über den Spaltenzwischenraum fortlaufend geschrieben, aber durch Reimpunkte getrennt (Punkt mit übergesetztem Akut nach dem ersten, einfacher Punkt nach dem zweiten Vers eines Reimpaars); Anfangsbuchstaben der Verse unregelmäßig rubriziert, Reimpaaranfänge mit Majuskeln.

3. Drittel 14. Jh. (Lackner 205). Das Blatt wurde 1559 als Umschlag für Akten der Herrschaft Walpersdorf (Bezirk St. Pölten) verwertet (Signatur: Niederösterr. Landesarchiv, Alte Einlagen VOWW 67).

SCHREIBSPRACHE: Bair.-österreichisch (Klein, Bibl. Nr. 44, 146).

Enthält die Verse 10047–10135 mit dem Schluß des ›Erec‹.

ABDRUCK mit Abbildung und Beschreibung durch K. Vancsa, Bibl. Nr. 27. Franz Lackner unter Mitarbeit von Alois Haidinger: Katalog der Streubestände in Wien und Niederösterreich, Teil 1: Katalogband (Veröffentlichungen der Kommission für Schrift- und Buchwesen des Mittelalters II,5,1), Wien 2000, 24f., 205f.

W Wolfenbüttel, Herzog-August-Bibliothek, Zu Cod. Guelf. 19.26.9 Aug. 4°.

Pergament, 3 nicht ganz vollständige Doppelbll.; ursprüngliche Blattgröße ca. 21–22×13–14 cm; 1 Spalte zu 23 Zeilen. Verse fortlaufend geschrieben, aber durch Reimpunkte getrennt. Raum

ausgespart für nicht ausgeführte Lombarden, für zweizeilige an
abgesetzten Abschnittsanfängen, für einzeilige im Zeileninnern
(nur I^r).

Bl. I/II: die n e u e n, 1978 durch W. Milde (Bibl. Nr. 37) erstmals
vollständig veröffentlichten Fragmente. 9 Streifen, ca. 21×1 cm
groß, von einem zerschnittenen Doppelbl., die zusammengesetzt
etwa zwei Drittel des ursprünglichen Blattes ergeben. Auf Bl. II^v
die Lagenbezeichnung *IX*.

Bl. III–VI: die a l t e n, 1898 durch O. v. Heinemann erstmals
veröffentlichten Fragmente (zusammen mit einigen Teilen von
Bl. I/II). Zwei unregelmäßig beschnittene Doppelbll., jetzige Grö-
ße 14,6–15,1×20,7–21,1 cm. Weggeschnitten sind von Bl. III+VI
der untere Rand mit je zwei Textzeilen, von Bl. IV+V der obere
Rand mit je fünf Textzeilen und von beiden Doppelbll. die seit-
lichen Außenränder mit einigen Buchstaben der Zeilenanfänge
bzw. -enden.

Eine Hand; die Schrift »dürfte frühestens bald vor der Mitte des
13. Jahrhunderts anzusetzen sein, ist aber ebensogut nach 1250 zu
Anfang des 3. Jahrhundertviertels noch möglich« (Karin Schnei-
der 198). Die Fragmente wurden aus dem Cod. Guelf. 19.26.9
Aug. 4° ausgelöst, einer 1433 geschriebenen Papierhs. mit einer
Predigtsammlung des Dominikaners Peregrinus von Oppeln (ca.
1260 bis ca. 1322), für deren Einband (Spiegel und Falze) die
Fragmente im 15. Jh. verwertet wurden. Nach einem Schenkungs-
vermerk Bl. 1^r wurde der Kodex im 15. Jh. von dem Kleriker
Johannes Redeken dem Nonnenkloster Frankenberg in Goslar ver-
macht; zwischen 1660 und 1663 wurde er von Herzog August
erworben.

SCHREIBSPRACHE: Mitteldt.-niederdt. (ostfälisch?); »von einem
der thüringisch-hessischen Schreibsprache folgenden niederdeut-
schen Schreiber« (Klein, Bibl. Nr. 44, 147; vgl. auch Thomas
Kleins Urteil bei Nellmann, Bibl. Nr. 41, 33 Anm. 19).

Die Bll. III–VI überliefern 317 mit A weitgehend übereinstimmen-
de Verse aus dem Bereich von V. 4549–4832; die Lücke in A
nach V. 4629, die insgesamt 78 Verse umfaßt, wird mit 58 nur in
W überlieferten Versen teilweise geschlossen. Bl. I/II überliefern

ganz oder bruchstückhaft 157 Verse eines von A abweichenden und unabhängigen Textes zweier Episoden, der wie der Text der Zwettler Fragmente eine Chrétien nähere Bearbeitung des Erec-Romans repräsentiert und der in W mit Hartmanns ›Erec‹ kompiliert wurde.

ABBILDUNGEN: Bl. I/II bei Milde, Bibl. Nr. 37; I–III (stark verkleinert) bei Nellmann, Bibl. Nr. 41; I–VI bei Milde, Bibl. Nr. 39. Abdrucke und Ausgaben: III–VI und Teile von I/II durch Heinemann, Bibl. Nr. 20 (nicht zuverlässig); I/II durch Nellmann, Bibl. Nr. 41; I–VI durch Gärtner, Bibl. Nr. 40. Zur Kodikologie, Quelle, Einordnung, Textkritik und Textgeschichte: Zwierzina, Bibl. Nr. 22; Milde, Bibl. Nr. 37 und 39; Gärtner, Bibl. Nr. 38 und 40; Nellmann, Bibl. Nr. 41; Karin Schneider, Gotische Schriften in deutscher Sprache. I. Vom späten 12. Jahrhundert bis um 1300, Textband, Wiesbaden 1987, 197–199, Tafelband Abb. 116. Schröder, Bibl. Nr. 52. Zur Schreibsprache: Klein Bibl. Nr. 44, 146–148.

FvS Im ›Friedrich von Schwaben‹, einem Minneroman aus der 1. Hälfte des 14. Jhs., sind an fünf Stellen Partien aus dem ›Erec‹ übernommen; sie sind nur geringfügig verändert worden, um sie dem neuen Kontext anzupassen. Die FvS-Überlieferung wird herangezogen nach dem Abdruck der Hs. Stuttgart, Württ. Landesbibliothek, Cod. HB XIII 3 (15. Jh.) und den Varianten der übrigen Überlieferung in der Ausgabe von M.H. Jellinek, Berlin 1905 (DTM 1).

Die FvS-Hss. überliefern in fünf Blöcken die folgenden Erec-Verse: 1. 5739–47.74–93, 5822–31 (=FvS 6359–94); 2. 6212–19 (=5441–48); 3. 8860–65.68–71 (=6401–10); 4. 8974–82 (=5845–52.69); 5. 9083–89.92–95, 9128–52.56–59.64 (=6133–70.82).

Synoptischer Abdruck der Erec-Verse nach A mit den FvS-Exzerpten, Textkritik: Gärtner, Bibl. Nr. 42, und Edrich-Porzberg, Bibl. Nr. 51, 82–103. Zur FvS-Überlieferung und Forschung: D. Welz, ²VL 2, Sp. 959–962.

2. Die Existenz zweier wohl heute verlorener Handschriften ist durch die Bücherverzeichnisse der Elisabeth von Volkerstorf und des Grafen Ulrich von Ortenburg bezeugt. Vgl. P.J. Becker, Hand-

schriften und Frühdrucke mittelhochdeutscher Epen, Wiesbaden 1977, 53 f.; Milde, Bibl. Nr. 39, 194.

3. Konkordanz der Textzeugen

A	K	V	W	FvS
1–				
–4629			4549–4629	
			4629.1–57	
4630–			4630–4832	
				5739–47.74–93
				5822–31
				6212–19
	7522–7705			
	8436–8604			
				8860–65.68–71
				8974–82
				9083–89.92–95
				9128–52.56–59.64
–10135		10047–10135		

4. Durch die von Charlotte Ziegler aufgefundenen und 2002 bekanntgemachten Zwettler Fragmente (Bibl. Nr. 57) wurde ein weiterer Zeuge für einen zweiten deutschen Erec-Roman bekannt, der wie die neuen Wolfenbütteler Fragmente W I/II eine Chrétien nähere Bearbeitung des Stoffes überliefert. Die Beschreibung von W I/II s. o., die der Zwettler Fragmente Z im folgenden. Der Text von W I/II und Z wird im Anhang dieser Auflage abgedruckt.

Z   Stift Zwettl, Stiftsbibliothek, Fragm. Z 8–17.

Pergament, 10 unterschiedlich große Stücke, die fünf größeren Z 8–12 ca. 4×7,5 cm mit 8 Schriftzeilen eines in Schreibrichtung zerschnittenen Blattes mit etwa gut zwei Dritteln einer Schriftspalte, der Streifen Z 14 ca. 7,2×3,5 cm mit 14 Schriftzeilen eines quer zur Schreibrichtung zerschnittenen Blattes und schließlich vier kleine Reste Z 13, 15 bis 17 ca. 4×3 cm mit 5–7 Schriftzeilen. Die Verse sind fortlaufend geschrieben und durch Reimpunkte getrennt; einige Versanfänge beginnen mit Majuskeln, die aber nicht auf den Reimpaaranfang beschränkt sind.

Eine Hand; »zweites Viertel bis zur Mitte« des 13. Jhs. (Karin Schneider bei Heinzle, Bibl. Nr. 58, 33; vgl. Springeth u. a., Bibl. Nr. 62, 35 f.). Trägerband war möglicherweise der aus mehreren Faszikeln unterschiedlicher Provenienz zusammengesetzte Cod. Zwetl. 338 (ebd., 34 Anm. 8).

SCHREIBSPRACHE: mitteldt.-niederdt.; wie W von einem hochdeutsch schreibenden Niederdeutschen, der sich an der thüringisch-hessischen Schreibsprache orientierte (nach Thomas Klein bei Springeth u. a., Bibl. Nr. 62, 36 f. und Nellmann, Bibl. Nr. 61, 11).

Die Fragmente Z und W stehen auf Grund ihrer gemeinsamen Schreibsprache und der Dreireime am Abschnittsende in einem engen Zusammenhang. Diese beiden Merkmale sowie »der jeweils enge Anschluß an Chrétien« (Nellmann, ebd., Bibl. Nr. 61, 19 und 17–21; vgl. Gärtner, Bibl. Nr. 60, 42–49) sprechen dafür, daß der Text von Z und W I/II von einem einzigen Verfasser stammt.

ABBILDUNGEN: Z 8–17 bei Ziegler, Bibl. Nr. 57, Abb. 8–17 (in guter Qualität); Springeth u. a., Bibl. Nr. 62, 38–59 (in mangelhafter Qualität). Vollständiger Abdruck bei Springeth u. a. 40–59; Teilabdrucke bei Gärtner, Bibl. Nr. 60, 44–49 (Z 8^r, 9^r) und Nellmann, Bibl. Nr. 61, 5–11 (Z 11^r, 9^r, 8^r, 8^v, 12^v, 10^r). Zur Kodikologie, Paläographie und Schreibsprache: Springeth u. a. 33–37; zu Identifizierung, Verhältnis zu Chrétien und zum Text in A Heinzle, Bibl. Nr. 58; Gärtner, Bibl. Nr. 60; Nellmann, Bibl. Nr. 61; ders., ›Zwettler Erec‹, ^{2}VL 11, 2004, 1709.

II. Charakteristik der Überlieferung

1. Der Hauptzeuge, die Ambraser Hs. A, ist wohl erst über 300 Jahre nach der Abfassung des ›Erec‹ entstanden, beruht aber nach dem übereinstimmenden Urteil der Forscher auf einer sehr guten und vermutlich auch sehr alten Vorlage. Nach Leitzmann stammte diese »aus Mitteldeutschland« und war in abgesetzten Versen geschrieben (Bibl. Nr. 26, 174, 152–156). Einige von Leitzmanns Belegen sprechen jedoch dafür, daß Rieds Vorlage einspaltig und in fortlaufenden Versen geschrieben war (vgl. besonders zu

2505 f.) und damit dem älteren, vor der Mitte des 13. Jhs. für deutsche Texte üblichen kleineren Handschriftentyp entsprach, wie er durch die Heidelberger Iwein-Hs. A, Cpg 397 (mitteldt.), und auch durch die Wolfenbütteler Fragmente vertreten ist (weitere Beispiele nennt Milde, Bibl. Nr. 39, 197). Für die Erec-Überlieferung scheint dieser Typ immer charakteristisch gewesen zu sein, denn auch K und V stammen aus einspaltigen Hss. mit nicht abgesetzten Versen, ebenso die Zwettler Fragmente.

Bei der textkritischen Prüfung von A ist zu unterscheiden zwischen den vorlagen- bzw. vorstufenbedingten und den erst von Ried verursachten Textveränderungen. Die Fragmente K und V bieten für diese Aufgabe ebenso noch auszuwertendes Vergleichsmaterial wie die Hs. A selbst, deren Text auf Lücken und Unausgewogenheiten sorgfältig zu überprüfen wäre. A hat evidente Lücken: Der Anfang fehlt; weiter fehlen 78 Verse nach 4629, ein Textstück also, das ziemlich genau auf einem Blatt einer Hs. des erwähnten Typs mit einer Spalte und fortlaufend geschriebenen Versen Platz hatte, ebenso fehlten möglicherweise weitere 78 Verse, die Platz gehabt hätten auf der ersten Hälfte eines Doppelblattes, auf dessen zweiter Hälfte die 78 Verse nach 4629 standen (vgl. Gärtner, Bibl. Nr. 40, 360–364; Nellmann, Bibl. Nr. 46, 243). Diese drei Lücken dürften vorlagenbedingt sein. Sie werden von Ried nicht durch redaktionelle Zusatzverse verdeckt, sondern der zusammenhanglos und damit unverständlich gewordene Text wird treu kopiert und damit der Defekt konserviert. Es ist aber auch nicht auszuschließen, daß Ried selber Lücken verursachte, indem er beim Abschreiben kleinere Verspartien zwischen gleichlautenden Versanfängen oder Versenden versehentlich ausließ (instruktive Beispiele aus seiner Iwein-Abschrift bei Schützner, Bibl. Nr. 25, 223–225). So könnte möglicherweise auch die Störung nach 4317 zu erklären sein, wenn man keinen Blattverlust in der Vorlage annimmt. Die vielen Einzelverse, die in A fehlen (1429, 1961, 2055, 3623, 3789, 4079, 4117, 4238, 5043, 5545, 6125, 6520, 6589), können teils in der Vorlage Rieds schon gefehlt haben, teils von ihm selber erst versehentlich ausgelassen worden sein; in jedem Falle zeigen sie, daß ihn Lücken nicht stören und er den Versbestand nicht antastet. Daß Hartmann selbst »mit Bedacht« Wörter und gar ganze Verse ausließ (Okken, Bibl. Nr. 53, 176–178), wäre ohne Beispiel in der Literatur seiner Zeit.

Die konservative Haltung des Kopisten ist der Hauptgrund für die hervorragende textkritische Qualität von A, die durch die Fragmente K und V erneut bestätigt worden ist. Diese haben aber auch gezeigt, wie leicht durch geringfügige Abweichungen von der Vorlage in einer so jungen Hs. der ursprüngliche Text stark verändert werden kann und dann – falls kein weiterer Textzeuge mehr vorhanden ist – auch nicht mehr rekonstruierbar ist (vgl. besonders 7543, 7606, 7649, 8538, 10114f., 10135). Je älter Rieds Vorlage war, desto schwerer dürfte ihm an vielen Stellen ihr Verständnis gefallen sein. Oft hat er, wenn er etwas nicht verstand, nur ganz mechanisch und ohne Rücksicht auf den Sinn einen älteren Lautstand in den seinen umgesetzt (vgl. besonders die vielen falschen Diphthongierungen). Einerseits kopierte er also ziemlich treu und konservierend, andererseits aber war er auch durchaus bemüht, den Text seiner vermutlich alten Vorlage für seine Zeitgenossen lesbar zu machen. Aber schon die oberflächlichste Aktualisierung erschwert die methodische Rückgewinnung des Ursprünglichen beträchtlich.

Das Ausmaß seines Wortersatzes und der morphologischen Veränderungen müßte allerdings einmal genauer bestimmt werden, und zwar im Rahmen einer die gesamte Hs. A mit ihren unterschiedlichen Werken und deren Überlieferung umfassenden Untersuchung, wie sie Leitzmann gefordert, zugleich aber als »eine ungeheuer zeitraubende und äußerst entsagungsvolle kleinarbeit« bezeichnet hat (Bibl. Nr. 26, 189). Heute ist dank der Möglichkeiten, die der Computer als Werkzeug für die Philologie bietet, eine solche Untersuchung mit einem begrenzten Aufwand durchführbar; sie sollte auf einer vollständigen Transkription von A beruhen, und sie sollte auch sämtliche Urkundenautographe Hans Rieds einbeziehen, die in den bisherigen Untersuchungen zur Schreibsprache Rieds kaum eine Rolle gespielt haben (vgl. Thornton, Bibl. Nr. 28, 82). Die umfassende Untersuchung der Kopistenleistung Rieds sollte für jedes in A überlieferte Werk auf die möglichen Vorstufen eingehen. Die Kombination des ›Erec‹ mit dem früher Heinrich von dem Türlin zugeschriebenen ›Mantel‹ in A müßte dabei berücksichtigt und für die Vorlagenbestimmung der beiden Texte herangezogen werden; denn eine Überlieferungsgemeinschaft des ›Erec‹ mit dem ›Mantel‹ anzunehmen, liegt auf der Hand. Werner Schröder nimmt im Hinblick auf die

Rubrik Bl. 28rb sogar an, daß die »Ambraser Symbiose« von einem Kompilator stammt: »An dem Factum einer beabsichtigten Kompilation von *Mantel* und *Erec* ist nach dem Wortlaut der gemeinsamen Überschrift nicht zu zweifeln« (›Mantel‹ 167, s. o. Lit. zu A).

Eines der dornigsten Probleme der Erec-Kritik bietet die Überlieferung der Namen. Von Rieds Namenformen in A auf das Ursprüngliche zu schließen, ist oft ein hoffnungsloses Unternehmen. Viele Namen sind ihm unverständlich oder unbekannt; einige diphthongiert er auf bekannte Weise ganz mechanisch, bei anderen versucht er sprechbare, zumindest teilmotivierte Wiedergaben, wieder andere hält er für gewöhnliche Wörter und ersetzt sie auch durch solche ohne Rücksicht auf Sinn und Kontext. Schon W wie jetzt auch K deuten auf erhebliche Differenzen zwischen A und den Namenformen Hartmanns. Bereits Haupt fand keine Stelle im Text seines ›Erec‹ »kläglicher« als die Ritterkataloge, von deren »ungeheuer von namen« er meinte, daß sie »ohne eine andere handschrift schwerlich gezähmt werden können« (Bibl. Nr. 1, 1. Aufl. 1839, X; vgl. auch Leitzmann, Bibl. Nr. 26, 192). Die Namenformen Rieds geben also viele Rätsel auf und bedürften daher einer gründlichen Untersuchung, zu der Roger Middletons Oxforder Dissertation (Bibl. Nr. 36) und zuletzt die Arbeiten von Christoph J. Steppich (Bibl. Nr. 56) und Michael Müller (Bibl. Nr. 59, 156–203) bemerkenswerte Ansätze geliefert haben. Für die Aufklärung der Frühphase der Text- und Überlieferungsgeschichte von Hartmanns ›Erec‹ dürfte noch einiges zu erwarten sein von den Namen, die Hartmanns ›Erec‹ und Wolframs ›Parzival‹ gegen Chrétiens ›Erec et Enide‹ gemeinsam haben (vgl. Gärtner, Bibl. Nr. 60, 37–40).

2. Die Fragmentüberlieferung ist angesichts der mit A verbundenen Probleme wertvoll und willkommen. Die durch den Sprachwandel bedingte Differenz zwischen der Sprache Hartmanns und der des Schreibers ist besonders in K minimal; deshalb ist auch bei Kleinigkeiten eine Kontrolle von A möglich. K und V zeigen, daß A den Versbestand treu bewahrt. K selber weist wohl einen sekundären Zusatzvers auf (8543a), ist aber sonst ein ausgezeichneter Textzeuge und bestätigt mehrere Konjekturen früherer Herausgeber. Allerdings ist *der Sælden wec* 8521, Bechs für viele

Interpretationen folgenreiche und in dieser Auflage nicht mehr beibehaltene Konjektur, gerade nicht darunter; denn K hat *der selbe wech*, wie A also (doch vgl. K zu 8538 und Scholz, Bibl. Nr. 10, 948–950). Hält man die Konjektur für das Ursprüngliche, dann ist die K und A gemeinsame Abweichung trotzdem nicht beweiskräftig genug für die Annahme einer Verwandtschaft der beiden Zeugen. Eher deuten die zu 7524 notierten Gemeinsamkeiten auf eine gemeinsame Vorstufe. – Die textkritische Qualität von V ist ähnlich wie die von K zu beurteilen; nur ist V wesentlich jünger als K und steht den weitgehend der klassischen Norm entsprechenden Sprachformen, die K ziemlich ausgeprägt repräsentiert, doch schon erheblich ferner. Das gilt auch für die Erec-Exzerpte im FvS, die alle in jüngeren Hss. überliefert sind. Ihre textkritische Bedeutung ist gering; denn der kompilatorisch arbeitende Verfasser des FvS hat sie dem Kontext seines Romans angepaßt und mußte sie daher etwas verändern. Angesichts der spärlichen Erec-Überlieferung sind sie ebenso willkommen wie die übrigen Rezeptionszeugnisse, die ebenfalls den Text von A bestätigen (vgl. Edrich-Porzberg, Bibl. Nr. 51, 82–103). Für eine stemmatische Einordnung von FvS wie auch von V gibt es noch weniger Anhaltspunkte als im Falle von K.

3. Die Überlieferung in W mußte 1985 bei der Vorbereitung der 6. Auflage, für die die neuen Wolfenbütteler Fragmente W I/II zu berücksichtigen waren, grundsätzlich neu beurteilt werden und auch anders, als Zwierzina (Bibl. Nr. 22) das tat. Das Verhältnis von W I/II mit ihrem unabhängig von A direkt auf Chrétien zurückgehenden Text zu W III–VI mit ihrem auch in A überlieferten Text stellte die Herausgeber vor die Frage, wie zwei teilweise verschiedene Erec-Fassungen in W kombiniert werden konnten. Von den damals aufgestellten Hypothesen zur Erklärung der Kombination (Gärtner, Bibl. Nr. 40, 424–427; Nellmann, Bibl. Nr. 41, 30f.) spricht nach dem Fund der Zwettler Fragmente mit ihrem ebenfalls unabhängig von A direkt auf Chrétien zurückgehenden Text alles für die Annahme einer Kompilation, die Eberhard Nellmann damals schon entschieden favorisierte. Man kann nun auch fest mit der damals von ihm »postulierten Existenz eines zweiten Erec-Romans« (Bibl. Nr. 41, 76; vgl. Bibl. Nr. 61, 15–21) rechnen, der in W mit dem nur in A unverändert erhaltenen ›Erec‹

Hartmanns kompiliert wurde. Der Kompilator ist gleichzusetzen mit dem von Zwierzina (Bibl. Nr. 22, 312 f.) angenommenen Redaktor, der die aus A stammenden Teile von W (W III–VI) teilweise überarbeitet hat (Namen, Dreireime).

4. Die Überlieferung in Z betrifft Hartmanns ›Erec‹ nur noch insofern, als es um die Erklärung des Befundes in W geht. Die Nähe zu Chrétien wie in W I/II, die sicher bezeugten Dreireime in Z und W sowie die gemeinsame Schreibsprache sprechen zwingend dafür, daß die Texte von Z und W I/II einen gemeinsamen Verfasser haben.

III. Zur Ausgabe

1. Zu den Ausgaben von Moriz Haupt bis Albert Leitzmann

Die erste kritische Ausgabe des ›Erec‹ brachte 1839 der 31jährige Moriz Haupt heraus (Bibl. Nr. 1). Für die Vorbereitung der Ausgabe benutzte Haupt eine Abschrift der Ambraser Hs. A, die den jungen und noch unbekannten Privatgelehrten ohne akademisches Amt »beispiellos wohlfeil« zu stehen kam, die aber – wie Leitzmann später nachgewiesen hat (Bibl. Nr. 26, 158) – von Fehlern und Mißverständnissen nur so wimmelte. Über diese fehlerhafte Abschrift und die Entstehungsgeschichte der Ausgabe Haupts, einschließlich der zweiten Ausgabe, die der 63jährige hochangesehene Gelehrte 1871 herausbrachte (Bibl. Nr. 1), berichtet Albert Leitzmann 1935 in seinem für die Erec-Kritik grundlegenden großen Aufsatz über die Ambraser Erec-Überlieferung (Bibl. Nr. 26, 156–162). Auch für die zweite Ausgabe, die zu den großen Editionsleistungen des 19. Jhs. gehört, hatte Haupt die Ambraser Hs. nicht verglichen, sondern wieder nur mit der ungeprüften Abschrift gearbeitet. Die mit dieser fehlerhaften Abschrift verbundene Hypothek vererbte sich weiter auf alle anderen Ausgaben, die einzig und allein auf der Basis von Haupts Ausgaben erstellt wurden, und zwar auf die beliebte und mehrmals aufgelegte Ausgabe von Fedor Bech ([1]1867, [2]1870; nach Haupts 2. Ausgabe [3]1893, Nachdruck 1934; Bibl. Nr. 2) und die nie recht zum Zuge gekommene Ausgabe von Hans Naumann (1933, Nachdruck 1964; Bibl. Nr. 3).

Haupts und Bechs Ausgaben beruhen nur auf der Überlieferung in A; Naumann dagegen hatte als erster die 1898 durch Otto von Heinemann (Bibl. Nr. 20) veröffentlichten Wolfenbütteler Fragmente W III–VI berücksichtigt, deren textkritische Bedeutung Konrad Zwierzina (Bibl. Nr. 22, 317–368) nach eingehender Untersuchung für sehr gering hielt und abwertend beurteilte. Immerhin aber schlossen die ›alten‹ Wolfenbütteler Fragmente mit 57 nur in ihnen erhaltenen Versen notdürftig die schon von Haupt in der Ambraser Hs. A festgestellte Lücke nach 4629, die vermutlich insgesamt 78 Verse umfaßt. Naumanns Ausgabe enthielt also 57 Verse mehr als die Ausgaben von Haupt und Bech. Unter diesen nur in W bezeugten ›Mehrversen‹ ist auch die bekannte Quellenberufung 4629.12 *alse uns Crestiens saget*, die einzige mit der Erwähnung von Chrétiens Namen. Weder W noch A hatte Naumann selbst eingesehen, denn auch er arbeitete nur mit Haupts Ausgabe und Heinemanns fehlerhaftem Abdruck von W.

Erst Albert Leitzmanns Ausgabe, die 1939 – genau 100 Jahre nach Haupts erster Ausgabe – in erster Auflage herauskam (Bibl. Nr. 4) und jetzt in siebter Auflage erscheint, bedeutete einen großen Fortschritt. Sein erwähnter Aufsatz von 1935 bot nicht nur eine Bilanz der bisherigen Erec-Kritik, sondern umfaßte zugleich auch die Vorstudien zu seiner Neuausgabe. Was Haupt während seiner fast lebenslangen Beschäftigung mit dem ›Erec‹ versäumt hatte, den direkten Vergleich mit der Hs. nämlich, hatte der nicht mehr junge Leitzmann endlich nachgeholt. Als erster Herausgeber ging er direkt auf die Hs. A zurück und revidierte den Text gründlich, nachdem er die Handschrift anhand von Fotografien verglichen hatte. Auch die seit Haupt erschienenen Arbeiten über Sprache und Stil Hartmanns berücksichtigte Leitzmann bei seiner Textrevision. Die Ausgabe widmete er »Dem Andenken MORIZ HAUPT'S (Erec 1839)« und bezeugte dadurch seine Verbundenheit gerade mit dem jungen Haupt und seiner ersten großen germanistischen Textausgabe, die vom stets zum Handschriftenvergleich mahnenden Lachmann so gefördert worden war. Haupts zweite Ausgabe mit ihrem umfangreichen Anmerkungsteil machte nach Leitzmanns Ansicht deutlich, wie der germanistische Schulstreit auch die Erec-Kritik beherrschte und das Urteil des großen Gelehrten Haupt trübte und ihn vermutlich davon abhielt, das Zunächstliegende nachzuholen, nämlich die Kontrolle seines Textes an der einzigen Hs.

Leitzmann hat für seine Textherstellung ebenfalls die Wolfen-
bütteler Fragmente W verwertet und Zwierzinas abwertendes Ur-
teil über die textkritische Qualität von W etwas revidiert. W selbst
benutzte allerdings auch Leitzmann nur anhand des fehlerhaften
Abdrucks von Heinemann und vernachlässigte in diesem Falle
seine nachdrücklich und unter Berufung auf Lachmann erhobene
Forderung nach einer Handschriftenkontrolle, die alle Erec-Her-
ausgeber vor ihm nicht beherzigt hatten.

Den Text seiner Ausgabe hatte Leitzmann wohl neu aus der
Hs. A erarbeitet; dennoch löste er seine Ausgabe nicht von Haupts
großer Ausgabe. Statt eines kritischen Apparats brachte er näm-
lich am Schluß seiner Einleitung nur eine schwer benutzbare lange
Liste mit den Abweichungen seines Textes vom Text in Haupts
zweiter Ausgabe. In dieser Liste sind außerdem die Besserungs-
vorschläge anderer verzeichnet, denen er gegen Haupt gefolgt war.

Die Ausgabe von Leitzmann wurde zur maßgebenden wissen-
schaftlichen Erec-Ausgabe, und sie ist es bis heute geblieben. Der
Text der ersten und einzigen von Leitzmann selbst herausgebrach-
ten Auflage von 1939 ist heute noch erhältlich, und zwar zusam-
men mit Thomas Cramers Übersetzung als Fischer-Taschenbuch
(Bibl. Nr. 6; vgl. zum mhd. Text Hans Blosen, Bibl. Nr. 35).
Unverändert nachgedruckt wurde die 1. Auflage in der 1957 in
Tübingen erschienenen 2. Auflage und der in Halle 1960 erschie-
nenen 2. Auflage, letztere jedoch war von Willi Steinberg mit
einem weiteren Vorwort versehen worden. Für die 3. Auflage,
Tübingen 1963, hatte Ludwig Wolff, der die Leitzmannsche Aus-
gabe von nun an betreute, zum ersten Mal das 1948 veröffentlichte
Wiener Erec-Fragment V verwertet und dessen Überlieferung an
insgesamt 8 Stellen für die Besserung des Textes herangezogen.
Im übrigen hatte Wolff nur an wenigen Stellen zu ändern gewagt,
da das photomechanische Nachdruckverfahren den Änderungs-
wünschen des Betreuers enge Grenzen setzte. Über alle von ihm
durchgeführten Besserungen und Veränderungen des Leitzmann-
schen Textes gab Wolff genaue Rechenschaft in der Einleitung
zu den einzelnen Auflagen, zusammenfassend in der fünften, der
letzten von ihm betreuten Auflage (1972, XV–XXIII). Diese weist
eine Neuerung gegenüber den früheren Auflagen auf: Am Rande
sind Blatt und Spalte der Ambraser Hs. A und das Einsetzen der
Fragmente vermerkt. Dies war für Ludwig Wolff der einzig mög-

liche, wenn auch nur kümmerliche Ersatz für einen Lesarten-
apparat, den er so gerne beigegeben hätte, aber nicht beigeben
konnte.

Zur 6. und 7. Auflage der Ausgabe von Albert Leitzmann

Die Absicht Ludwig Wolffs, den Text statt auf die 2. Ausgabe
Haupts wieder direkt auf die Überlieferung selbst zu beziehen,
haben Christoph Cormeau und ich in der 6. Auflage zu verwirk-
lichen gesucht. Ihr Textteil unterschied sich von der 1.–5. Auflage
also hauptsächlich dadurch, daß ebenso wie in der 1839 erschie-
nenen Erstausgabe Haupts unter dem kritischen Text wieder ein
Apparat erschien; dieser war aus der Überlieferung neu erarbeitet
worden.

Neue Handschriftenfunde und eine durch diese geschaffene
neue Überlieferungs- und Forschungslage machten noch einige
weitere Veränderungen gegenüber den früheren Auflagen nötig.
Erstmals war das Koblenzer Fragment K mit seiner wertvollen
Überlieferung für die Textherstellung berücksichtigt worden, und
erstmals waren auch die Erec-Exzerpte im ›Friedrich von Schwa-
ben‹ textkritisch verwertet worden.

Auch die neuen Wolfenbütteler Fragmente W I/II mit ihrem
unabhängig von A direkt auf Chrétien zurückgehenden Text wa-
ren in die Ausgabe eingebracht worden. Ihren unbequemen Text
wollten wir nicht einfach in das Beiwerk der Ausgabe abschieben,
vielmehr erschien W I/II im Textteil der Ausgabe, damit die Dis-
kussion über die durch die neuen Fragmente aufgeworfenen Fra-
gen, insbesondere über die Priorität von W und A, offen und unbe-
einflußt von Herausgeberentscheidungen geführt werden konnte.
Mit dieser Art der Darbietung von W in der 6. Auflage wollten
wir also nichts vorentscheiden. Wir hatten daher den in W über-
lieferten Text von dem A-Text getrennt, und zwar auch im Bereich
der alten W-Fragmente, wo W weitgehend mit A übereinstimmt
wie die übrigen Fragmente K und V sowie der FvS. Mit der Syn-
opse des sogen. ›Ambraser Erec‹ (A) und des sogen. ›Wolfen-
bütteler Erec‹ (W) in der Ausgabe sollten die noch unentschie-
denen Fragen und Rätsel im Hinblick auf die Entstehungs- und
Überlieferungsgeschichte des ›Erec‹ an die Forscher unter den
Benutzern der Neuauflage weitergegeben werden als eine Auf-

gabe, die von den Herausgebern nicht vorschnell gelöst werden sollte.

Für die vorliegende 7. Auflage war zu berücksichtigen, daß sich durch den Fund der Zwettler Fragmente eine ganz neue Grundlage für die Beurteilung der Überlieferung in W ergeben hat. Die durch die neuen Wolfenbütteler Fragmente W I/II für die 6. Auflage aufgeworfenen Fragen, insbesondere die nach einem zweiten deutschen Erec-Roman, dürften geklärt sein: Mit W I/II und Z sind nunmehr zwei Zeugen vorhanden für einen vermutlich mitteldeutschen Erec-Roman, der auf Grund der Datierung von Z spätestens im 2. Viertel des 13. Jhs. bekannt war. Dieser wurde kompiliert mit Hartmanns ›Erec‹, dessen Überlieferung in A durch die Fragmente K, V und W III–VI sowie alle textgeschichtlich relevanten Rezeptionszeugnisse (vgl. Edrich-Porzberg, Bibl. Nr. 51, 76 ff.) bestätigt wurde. Der mitteldeutsche Erec-Roman gehört zur Überlieferungsgeschichte von Hartmanns ›Erec‹; der Abdruck der erhaltenen Fragmente W I/II und Z in einem Anhang bedarf daher keiner besonderen Begründung. Die in der 6. Auflage gebotene Synopse von W und A war aufzugeben.

In den übrigen, nicht von der veränderten Überlieferungslage betroffenen Partien des Textes hatten wir in der 6. Auflage nur zurückhaltend an Leitzmanns Text geändert. Wo neue Forschungsergebnisse Textänderungen nötig machten (z. B. Negation, Abschnittsgrenzen), wurden sie in der 6. Auflage durchgeführt. Im übrigen war aber nur in begrenztem Maße geändert worden, in der Regel waren wir dabei gegen Leitzmann zur Hs. und damit meist zugleich auch zum Text Haupts zurückgekehrt. Nennenswerte textkritische Vorschläge waren kaum zu berücksichtigen gewesen; denn abgesehen von dem Beitrag Hans Blosens (Bibl. Nr. 35) und den auch textkritisch bedeutsamen Beiträgen zur Metrik des ›Erec‹ von Ursula Hennig (Bibl. Nr. 30) und Helmut de Boor (Bibl. Nr. 32) war damals seit dem Erscheinen von Leitzmanns Ausgabe die Kritik des ›Erec‹ nicht sehr gefördert worden (vgl. Haase, Bibl. Nr. 83, 94–102 und 366–380).

Für die vorliegende 7. Auflage war dagegen eine günstigere Situation entstanden durch die ausführliche Rezension der 6. Auflage von Eberhard Nellmann (Bibl. Nr. 46) und die textkritischen Beiträge von Lambertus Okken (Bibl. Nr. 48 und 53) und seinen Kommentar (Bibl. Nr. 85) sowie schließlich durch die Ausgabe von Manfred Günter Scholz (Bibl. Nr. 10) mit ihrem ausführlichen Kommentar. Von der Ausgabe von Scholz mit ihrer umfassenden Aufarbeitung der Forschung habe ich in erheblichem Maße profitiert. Viele seiner textkritischen Entscheidungen sind in die vorliegende Ausgabe übernommen worden, aber eine so weitgehende Rückkehr zum Text von A, wie sie Scholz – vielfach den Vorschlägen von Okken folgend – vornimmt, scheint mir noch verfrüht, solange Leitzmanns Forderung nach einer Gesamtuntersuchung von A noch nicht erfüllt ist. Im übrigen ist der Text von Scholz auf die 6. Auflage dieser Ausgabe bezogen, und die Abweichungen von ihr sind verzeichnet (ebd., 603–619).

Eine weitere unerledigte Aufgabe, die nach dem Zwettler Fund noch dringlicher geworden ist, besteht in der Kennzeichnung der Chrétien-Entsprechungen: Wie in Ludwig Wolffs Iwein-Ausgabe sollten auch in einer Erec-Ausgabe die Entsprechungen des mhd. Textes zum Texte Chrétiens verzeichnet werden und die für viele Arbeiten unerläßliche vergleichende Lektüre Hartmanns und Chrétiens fördern. Die Entsprechungen zu Chrétiens Text verzeichnet Wolfgang Mohr in seiner verdienstvollen Versübertragung von Hartmanns ›Erec‹ (Bibl. Nr. 8). Auf sie muß deshalb nach wie vor besonders hingewiesen werden, denn der am deutschen wie am französischen ›Erec‹ interessierte Leser wird kaum ohne die Arbeit Mohrs auskommen.

IV. Zum Text

Der kritische Text der 7. Auflage weicht nur in begrenztem Maße von der 6. Auflage und damit von der Fassung ab, die Albert Leitzmann in der Erstauflage geboten hat und die Ludwig Wolff in den folgenden Auflagen nur wenig veränderte. Wie bisher werden im Text die Abweichungen von der Überlieferung nicht durch besondere Drucktypen und Zeichen signalisiert, ausgenommen die von den Hgg. ergänzten Verse, die in eckige Klammern eingeschlossen sind wie bisher. Versverlust in A wird also angezeigt, Wortverlust und sonstige Abweichungen aber nicht.

Im Hinblick auf Übereinstimmungen und Abweichungen des Textes der 6. und 7. Auflage vom Text der 5. Auflage sowie der

7. Auflage von der 6. Auflage ist das folgende unter 1. bis 4. zu bemerken:

1. Der Text im Bereich der Fragmente K, V, W und des FvS ist nach Maßgabe der Überlieferung durchgehend revidiert worden.

2. Im Bereich von K, V und FvS ist bei der Textrevision nicht ohne zwingenden Grund von der Hauptüberlieferung in A abgewichen worden.

3. Im Bereich von W sind erhebliche Änderungen gegenüber der 6. Auflage vorgenommen worden. Die Synopse von A und W ist aufgegeben, W I/II wird im Anhang abgedruckt, W III–VI ist dagegen wie die anderen Fragmente für die Kritik des Textes herangezogen und im Apparat berücksichtigt worden.

4. Die nur in W überlieferten Verse 4629.1–57, die vermutlich in ähnlichem Wortlaut auch in einer Vorstufe von A enthalten waren, aber in A selbst fehlen, werden in der vorliegenden Auflage wieder in der von Leitzmann hergestellten normalisierten Form geboten, aber nicht kursiviert wie in der 6. Auflage. Die ermittelten Lücken in W nach 4629.5 und 4629.13 sind durch Punktreihen für die fehlenden Verse angezeigt, und am rechten Rand ist in runden Klammern eine fortlaufende Zählung des erschlossenen Versbestandes angegeben. Die vermutete Lücke nach 4317 ist ebenfalls durch eine Punktreihe angezeigt.

Die folgenden Punkte 5. bis 9., die für die Abweichungen der 6. Auflage von der 5. Auflage maßgebend waren, gelten − wenn nichts anderes bemerkt ist − auch für die vorliegende 7. Auflage.

5. Die alte Negationspartikel *ne/en*, die in A in der Regel nicht mehr bewahrt worden ist, wurde von Leitzmann z. T. in Anlehnung an Bech an sehr vielen Stellen in den Text gesetzt, wo sie − wie neuere Forschungsergebnisse gezeigt haben − nicht hingehört. Schon Wolff hatte viele dieser ungerechtfertigten *ne/en* gestrichen. Alle in Frage kommenden Textstellen sind aufgrund der Ergebnisse der Untersuchung von Herta Zutt (Bibl. Nr. 33) durchgehend revidiert worden nach den beiden folgenden, etwas vereinfacht formulierten Regeln, die aber die große Masse der Fälle umfassen:

a) *Ne/en* als einzige Negation wird gesetzt in Kurzsätzen bei *wizzen* und *ruochen*, meist mit eng anschließendem Nebensatz, z. B. 47 *si enweste* (*Sy wiste* A) *war nâch si rite*, und ferner vor allem in den zahlreichen abhängigen Sätzen mit konjunktivischem Verbum in Hauptsatzstellung, z. B. 48 f. *diu maget lie niht umbe daz, si enwolde* (*Sy wolt* A) *rîten vürbaz* (Objektsatz als Ergänzung zu einem übergeordneten negativen Satz); 122–128 *des* (nämlich *leides*) *schame ich mich sô sêre, daz ich iuch nimmer mêre vürbaz getar schouwen . . ., ez ensî daz* (*es sey deñ daz* A) *ich mich des erhol* (Exzeptivsatz), ähnlich 489–491 *daz* (nämlich *laster*) *sol mîn herze immer klagen, mirn gevüege* (*mir gefüege* A) *got noch den tac daz ich ez gerechen mac*; 3706–3708 *nû enhât aber niemen selhe kraft, und ergrîfet in ir meisterschaft, er enmüeze* (*er musse* A) *ir entwîchen* (negativer Konsekutivsatz).

b) *Ne/en* wird als weitere Negation gesetzt in allen Hauptsätzen, die durch einsilbige Pronomina, Adverbien und Konjunktionen im Auftakt oder einer Senkung vor dem finiten Verbteil eingeleitet sind (*ich, du, er si ez, wir, ir, si; der, diu, daz* usw.; *dô, nû, hie, sô, ouch, und*) und durch *niht, nieman, dehein, nie, niemer, niender* usw. oder *noch* verneint sind; bei *noch* ausnahmsweise auch in anderen Fällen. Gesetzt wird *en* z. B. 88 *ir ensît* (*Ir seyt* A) *niht wîse liute*, aber nicht 21 *diu vrouwe des niht wolde*.

Über alle gegen A in den Text gesetzten *ne/en* gibt der Apparat lückenlos Auskunft. Ist in A jedoch ausnahmsweise *ne/en* erhalten geblieben, dann wird es auch gegen die beiden Regeln in den Text genommen, z. B. 1063 *daz er im des niht entete* (*entet* A). In diesem Falle enthält der Apparat keine Angabe zu *entete*.

6. Die Gliederung des Textes in A b s ä t z e, die durch Zeileneinzug kenntlich gemacht ist, ist revidiert worden. Die Setzung der Lombarden in A ist wohl nicht frei von offensichtlichen Fehlern (z. B. 4, 112, 6588), doch wie die Übereinstimmungen zwischen A und K zeigen, bieten sie eine weit zurückreichende und nicht zufällige Untergliederung des Textes. Deshalb sind sie wieder stärker berücksichtigt worden; die Überlegungen Hansjürgen Linkes (Bibl. Nr. 29) wurden jeweils herangezogen.

7. Die von Ludwig Wolff am rechten Rand vermerkten Blatt- und Spaltenangaben von A wurden berichtigt; sie stehen immer neben den Versen oder Versteilen, mit denen eine neue Spalte beginnt. Der Anfang der Fragmente K und V wird ebenfalls am rechten Rand angemerkt. Im Bereich von W wird zur Veranschaulichung der durch Beschneidung am oberen bzw. unteren Blattrand von W verursachten Lücken am rechten Rand des Textes auch die Blattzählung geboten.

8. Die Parenthesen sind nicht mehr durch runde Klammern, sondern durch Satzzeichen vom Kontext getrennt.

9. Die von Leitzmann eingeführten Elisionspunkte, die er unter ein beim Vortrag zu verschleifendes oder zu unterdrückendes *e* oder *i* gesetzt hatte, waren bereits in der 6. Auflage ganz weggelassen worden. Schon Ludwig Wolff hatte ihnen mißtraut und sie seit der 3. Auflage beträchtlich reduziert.

Einige der meist erst von Leitzmann gegen A und Haupt eingeführten Wortzusammenziehungen von unbetonten Präpositionen, Pronomina, Adverbien und Artikelformen miteinander oder mit dem folgenden oder vorausgehenden Wort (Krasis, Proklise, Enklise) werden in folgenden Fällen rückgängig gemacht, ohne daß dies im Apparat vermerkt wird:

a) die Zusammenziehung von *ze* mit folgendem vokalisch anlautenden Wort, z. B. 709 *ze ihte* wieder mit Haupt gegen Leitzmann *zihte* (*leicht* A vermutlich aus *ze ihte*); 1642 *ze allen* gegen *zallen* (*zu allen* A) usw;

b) die Verschmelzung der Artikelform *s-* für *des* mit dem folgenden Substantiv: 4355 *des lasters* statt *slasters* Leitzmann, ebenso 4629.5, 5430, 5493, 7156, 7614, 8439;

c) ferner noch in den folgenden Fällen: 1790, 4454, 6294, 7109, 7767, 10133.

10. Über das, was gegenüber der 5. Auflage in der 6. und 7. Auflage sonst noch im Bereich des nur von A Überlieferten am Text geändert und gebessert wurde, gibt der Apparat lückenlos Auskunft. Dort sind unter Leitzmanns bzw. Wolffs Namen auch alle Lesungen verzeichnet, die im Text der 6. Auflage nicht mehr beibehalten wurden. Gleiches gilt weitgehend auch für die Bereiche von K und V, in der 7. Auflage auch für W.

Nicht verzeichnet sind im Apparat in der Regel nur die Änderungen in der Interpunktion. Von den unter 8. erwähnten Parenthesen abgesehen handelt es sich in der 6. Auflage um die folgenden:

75 Doppelpunkt statt Punkt; 284 Komma statt Doppelpunkt; 379 Komma statt Gedankenstrich; 886 Doppelpunkt statt Punkt; 1672/73: 1672 Komma gestrichen, 1673 Komma eingefügt hinter *Hochturasch*, Komma am Versende gestrichen; 1684 Komma hinter *Machmerit* eingefügt; 3759–65: 3759 Komma statt Punkt, 3762 Punkt statt Komma, 3764 Punkt gestrichen, 3765 Punkt eingefügt; 3912 Komma statt Doppelpunkt; 4150/52: 4150 Komma statt Doppelpunkt, 4152 Punkt statt Fragezeichen; 4317/18 (s. u. zur 7. Auflage): 4317 Komma statt Punkt, 4318 Punkt statt Komma; 5340 Fragezeichen gestrichen; 6641 Komma statt Doppelpunkt; 7615/17: 7615 Fragezeichen statt Komma, 7617 Komma statt Punkt; 7681 Punkt statt Fragezeichen; 7690/91: 7690 Punkt statt Komma, 7691 Fragezeichen hinter *war umbe* (in K überliefert!); 8052 Komma statt Punkt; 8053 Punkt statt Komma (nach Cramer, vgl. Blosen, Bibl. Nr. 31, 68 f.); 8181 Komma statt Punkt; 8431 Fragezeichen gestrichen; 8470 Punkt statt Komma; 9512/17: 9512 Fragezeichen statt Komma, 9517 Komma statt Fragezeichen; 10049 Komma statt Doppelpunkt.

In der vorliegenden 7. Auflage kommen noch die folgenden Änderungen hinzu:

1040 Anführungszeichen statt Komma am Versende und 1041 Vers in Parenthese gestrichen, 1042 Anführungszeichen am Versanfang (vgl. Okken, Bibl. Nr. 48, 81); 1124 Doppelpunkt vor Anführungszeichen; 3282 Komma; 3595 Anführungszeichen am Versende und 3596 am Versanfang gestrichen; 3598 Anführungszeichen am Versende und 3599 am Versanfang eingefügt; 4317/18: 4317 Punkt und 4318 Komma; 4629.29 Komma; 5106 Punkt; 5554 Punkt statt Komma; 8154 Punkt; 8963 Punkt; 9004 Punkt; 9479 Komma statt Punkt; 9594 Punkt gestrichen.

V. Zum Apparat

Der Apparat dient in erster Linie dazu, die Abweichungen der Hss. vom kritischen Text zu dokumentieren. Erst in zweiter Linie dokumentiert er möglichst knapp die Forschungsgeschichte und ist so angelegt, daß die Urheber der in den kritischen Text aufgenommenen Besserungen genannt sind oder zumindest erschlossen werden können.

Die Erläuterungen zum Apparat im Bereich von A, K, V und W III–VI sowie allgemeinere Bemerkungen zur Apparatgestaltung werden unter 1–13 und zum Apparat im Bereich von A und FvS unter 14 gegeben; unter 15 schließlich werden die die Namen betreffenden Regelungen erläutert.

Der Apparat zu dem in A, K, V und W III–VI überlieferten Text ist nach den folgenden Gesichtspunkten angelegt:

1. Er bietet alle textkritisch relevanten Abweichungen der Hss. vom kritischen Text. Die Abweichungen werden überwiegend in der Schreibweise der Hss. geboten. Dabei steht *ß* für *ſs* in A; die übrigen *s*-Formen in A und den anderen Hss. werden nicht unterschieden. Die Punkte über *y* sind nicht wiedergegeben. Ferner sind die graphischen Varianten für *I/J* und *i/j* einheitlich als *I* und *i* wiedergegeben. Die Reimpunkte in A (Punkt und Doppelpunkt) werden in über die Versgrenze reichenden Lesartenangaben verzeichnet und als halbhohe Punkte wiedergegeben.

Es bedeuten ferner:
  / Zeilengrenze oder Versgrenze,
  () Einklammerung für unsicher Lesbares,
  [] Einklammerung für Vermutetes und Erschlossenes.

2. Die Absatzmarkierungen in den Hss. durch Lombarden sind immer verzeichnet, und zwar so, daß die Wortform an einem Absatzanfang mit einem fettgedruckten Initialbuchstaben notiert wird oder – bei nicht ausgeführten Lombarden – auf den dafür ausgesparten Raum hingewiesen wird. Zu den nicht durch die Hss. bezeugten Absatzmarkierungen des Textes macht der Apparat keine Angaben.

3. Zu den nur in A überlieferten Textpartien werden die Abweichungen der Hs. vom Text in der Regel ohne Sigle verzeichnet. Zu den in AK, AV und AW überlieferten Textpartien werden die Abweichungen der Hss. vom Text mit Siglen verzeichnet, die Übereinstimmungen dagegen nur bei Divergenzen der Hss., die mit gewichtigeren Veränderungen des Textes gegenüber der 5. Auflage verbunden sind.

Wegen des unzureichenden Abdruckes von K und der nicht überall zugänglichen Veröffentlichung von V werden die Lesarten dieser Fragmente in der

Regel ausführlich und diplomatisch dokumentiert. Bei nur graphischen Abweichungen sonst übereinstimmender Lesarten bietet der Apparat die Schreibung von A, z.B. 7564 *ynnerhalb* AK = *ynnerhalb* A, *innerhalp* K.

4. Lesarten, die sich auf einen g a n z e n Vers beziehen, gehen den Lesarten, die sich nur auf T e i l e eines Verses beziehen, voraus.

5. Alle Lesarten v o r der Lemmaklammer entsprechen der normalisierten Schreibung des kritischen Textes, sie sind daher nicht immer identisch mit den Schreibformen des Forschers, dessen Name vor der Lemmaklammer verzeichnet ist.

6. In eindeutigen Fällen wird vor der Lemmaklammer der Text nicht wiederholt, sondern nur der Forschername verzeichnet.

7. Mehrere Lesarten zur selben Texteinheit bzw. demselben Lemma sind durch K o m m a s getrennt. Nach S e m i k o l o n folgen Bemerkungen, Hinweise usw. zu der vorausgehenden Lesart bzw. dem Vers, auf den sich die Lesart bezieht.

Außer den Abweichungen der Hss. vom kritischen Text der 6. und 7. Auflage werden im Apparat auch die Differenzen zwischen den Texten H a u p t s (2. Ausg. 1871) und L e i t z m a n n s (5. Aufl. 1972) dokumentiert, jedoch nicht mehr in der Ausführlichkeit wie in dem den früheren Auflagen beigegebenen Verzeichnis der Abweichungen vom Texte Haupts; denn die Neuauflage ist nicht mehr wie die früheren Auflagen auf die Ausgabe Haupts bezogen, sondern auf die Überlieferung selbst. Weiter werden in der Regel die Differenzen zwischen der 6 . u n d 7 . A u f l a g e und dem Text der 5 . A u f l a g e festgehalten. Schließlich wird angegeben oder kann aus dem Apparat zumindest weitgehend erschlossen werden, von welchen Forschern die im Text berücksichtigten B e s s e r u n g e n stammen. Da jedoch der Apparat in erster Linie das Verhältnis des Textes zur Überlieferung dokumentieren soll und nicht die Geschichte der Erec-Kritik, gelten zu seiner Entlastung die folgenden unter 8. und 9. beschriebenen Regelungen:

8. Die Abweichungen von Haupt und Leitzmann im Bereich des nur von A Überlieferten werden im Apparat n i c h t in vollem Umfang kenntlich gemacht (zu den Übereinstimmungen s. 9).

a) Die A b w e i c h u n g e n vom Texte H a u p t s sind in der Regel erschließbar, werden aber nur a u s n a h m s w e i s e explizit festgehalten; z. B. wenn Haupts Lesung mit der Hs. gegen eine Konjektur Leitzmanns steht: 74 *unz*] *vnd als* A Haupt. Nicht von Leitzmann übernommene Konjekturen im Texte Haupts bleiben in der Regel unerwähnt. Nicht berücksichtigt werden ferner alle Lesungen Haupts, die erstens auf Fehler seiner Abschrift von A zurückgehen, metrisch bedingt sind oder nur die Normalisierung betreffen und zweitens der heutigen Beurteilung der Überlieferung und Kenntnis des Hartmannschen Sprachgebrauchs nicht mehr entsprechen. Unerwähnt bleiben insbesondere Haupts Entscheidungen (mit A!), wenn er dem als sekundär erkannten Artikel- und Präfixgebrauch in A folgt (vgl. die Zusammenstellungen Leitzmanns, Bibl. Nr. 26, 201–203, 207–209, 212).

b) Die Abweichungen der 6. und 7. Auflage von der 5. Auflage werden regelmäßig dokumentiert und die nicht beibehaltenen Lesungen Leitzmanns oder die wenigen Wolffs angeführt; vgl. z. B. zu 72, 94, 98 usw. Zahlreiche Abweichungen der 7. Auflage von den mit »die übr.« zusammenfassend bezeichneten Vorgängerauflagen und früheren Editionen teilt der neue Text in der Regel mit Scholz und den Vorschlägen von Nellmann (Bibl. Nr. 46) und Okken (Bibl. Nr. 48 und 53). Nicht berücksichtigt werden jedoch Abweichungen, die die negierten Sätze (s. IV.5 und V.10), die Absatzgliederung (s. IV.6) und die veränderte Interpunktion (s. IV.8 und 10) betreffen.

9. Die Urheber von Konjekturen und Emendationen werden mit ihren Lesungen angeführt oder können erschlossen werden:

a) Nicht eigens mit Haupts Namen verzeichnet sind die zahlreichen Besserungen Haupts, die Leitzmann übernommen hat. Die meisten der nicht namentlich gekennzeichneten Besserungen stammen also von Haupt.
Beispiel: 3 *der baiden frumbkait* = *der vrümekait* Haupt Leitzmann] *der baiden frumbkait* A.

b) Nur mit Namen verzeichnet – wie in Haupts Apparat – sind die schon von Haupt berücksichtigten Besserungen von Lachmann, Benecke, Wilhelm Grimm, Wackernagel und Wilhelm Müller, sofern sie Leitzmann übernommen hat. Die zahlreichen Besserungen Lachmanns sind also immer gekennzeichnet.

Beispiel: 59 *antwurt* Lachmann] *abentewr = antwurt* Lachmann Haupt Leitzmann] *abentewr* A.

c) Mit N a m e n   u n d   S e i t e n z a h l der Veröffentlichung des textkritischen Vorschlags sind die erst von Leitzmann berücksichtigten und von Haupts Text in der Regel abweichenden Vorschläge von Wilhelm Grimm, Pfeiffer, Bech, Wilhelm Müller, Jänicke, Paul, Bechstein, Ehrismann, Zwierzina, Gierach, Naumann und Leitzmann selbst verzeichnet.
Beispiel: 79 *zuht* Pfeiffer 194] *ewr zucht = zuht* Pfeiffer 194 Leitzmann] *ewr zucht* A Haupt; d. h. die Nennung Pfeiffers impliziert Leitzmanns Gefolgschaft und zugleich den Gegensatz zu Haupt und dessen Lesung mit A.

d) Wieder n u r mit N a m e n verzeichnet werden die von Leitzmann übernommenen und ebenfalls von Haupt in der Regel abweichenden Lesungen aus Bechs Ausgabe (3. Aufl. 1893; Bibl. Nr. 2); z. B. 67 *dehein* Bech] *nit ein = dehein* Bech Leitzmann] *nit ein* A Haupt; ferner die Vorschläge Georg Baeseckes und Carl Wesles, die Leitzmann bei seiner Arbeit unterstützten (s. Vorwort zur 1. Auflage, XIV). Ebenfalls nur mit Namen verzeichnet sind alle Besserungen von Leitzmann oder von Wolff gegen Haupt, die in den früheren Auflagen dieser Ausgabe erscheinen.

10. Abweichend von 8. und 9. werden alle Abweichungen von den Hss., welche die Setzung der N e g a t i o n s p a r t i k e l *ne/en* betreffen, ohne Rücksicht auf die früheren Ausgaben und Auflagen bzw. Herausgeber verzeichnet, weil der Text der negativen Sätze für die Neuauflage aufgrund der Untersuchungen Herta Zutts durchgehend revidiert worden ist (s. IV.5).

11. Im Bereich der Überlieferung von K, V und W werden im Unterschied zu 8. und 9. die lediglich auf der Kenntnis von A basierenden textkritischen Entscheidungen früherer Herausgeber und Forscher nur gelegentlich da angeführt, wo K, V oder W eine Konjektur bestätigen.

12. Die I n t e r p u n k t i o n betreffende Abweichungen der Ausgaben Haupts und Leitzmanns und die Vorschläge anderer Forscher zur Interpunktion sind nur ausnahmsweise aufgenommen (vgl. IV.10).

Nicht in den Apparat aufgenommen werden alle durch die graphische, lautliche, morphologische und metrische N o r m a l i s i e r u n g bedingten Abweichungen der Überlieferung. Im Bereich von AK, AV und AW wird jedoch gelegentlich etwas von diesem Gesichtspunkt abgewichen.

13. Zu den nicht aufgenommenen Abweichungen von den Hss. gehören insbesondere:

a) Apokopen und Synkopen; z. B. 44 *wolde*] *wolt* A; 48 *maget*] *magt* A; 54 *geisel*] *gaysl* A; 3162 *verlorn*] *verloren* A; 7201 *bettewœte*] *petwat* A.

b) Wortzusammenziehungen (Proklise, Enklise, Krasis), außer wenn der bestimmte Artikel dabei reduziert wird; z. B. nicht aufgenommen 64 *dazz*] *daz es* A; 114 *irz*] *Ir es* A; 345 *siz*] *sy es* A; dagegen aufgenommen 30 *siz*] *sy das* A; 35 *überz*] *vber daz* A. Die Wortbildung betreffende Getrennt- und Zusammenschreibungen werden nur ausnahmsweise vermerkt, z. B. 6284 *herzensêre*] *hertzen sere* A; aber nicht 169 *widertuo*] *wider thue* A.

c) Jüngere Flexionsformen, vor allem das flektierte fem. Possessivum *ir*, z. B. 1882 *ir gruoz*] *Irn grus* A; 2829 *ir gesellen*] *Irem gesellen* A, und der unflektierte Infinitiv bzw. Dativ des Gerundiums, z. B. 841 *ze gebenne*] *zegeben* A; 1292 *ze lobenne*] *ze loben* A; bei den starken Verben im Prät. Sing. das analogische *e*, z. B. 1488 *si sach*] *sy sahe* A. Die 2. Pers. Pl. auf *-nd* statt *-t*, z. B. 79 *ir soldetz*] *Ir soltend es* A; 966 *ir spottet*] *Ir spottend* A; 980 *hetet ir*] *hettend Ir* A; 1026 *ir butet*] *Ir putend* A (vgl. Wolff zu Iwein 2172 und Yokoyama, Bibl. Nr. 50).

d) Die Unterscheidung von Präsens und Präteritum bei den schwachen Verben, die in A nicht mehr eindeutig ist, z. B. 185 *saget*] *sagt* A gegen 210 *sagete*] *sagt* A; die – vielfach nur am Umlaut kenntliche – Unterscheidung der Modi, vor allem bei den häufig gebrauchten Hilfs- und Modalverben, z. B. 815 *mohten*] *mochten* A gegen 2121 *möhten*] *mochten* A; 643 *hœte*] *het* A gegen 2439 *hâte*] *het* A.

e) Zu Suffix- und Wortbildungsvarianten im Text werden nur ausnahmsweise die hsl. Abweichungen notiert. So werden keine Angaben gemacht zu Wortformen mit dem Ableitungssuffix *-ec/eg*, das in A fast regelmäßig als *-ig/-ig-/-ik-* erscheint, im Text aber sowohl mit *e* wie mit *i*, z.B. 8638 *heilegen* und 664 *heiligen*. Einige Komposita erscheinen sowohl als ›eigentliche‹ wie als ›uneigentliche‹, d.h. mit Flexionssuffix in der Fuge; z.B. steht im Text *herze-leit* wie *herzen-leit*, während A überwiegend *hertzen-laid* hat; es ist also vermutlich nur inkonsequent normalisiert worden. Ähnlich verhält es sich mit dem Fugenelement *-en-* bei Ableitungen; z.B. erscheint im Text *herzen-lîche* teils mit (1303, 4018), teils gegen die Hs. (*hertzlichen* A 1261, 1846), der Apparat bietet aber nur die wortklassenrelevanten Varianten. Hier müßte eine gründliche Textrevision unter Berücksichtigung von Wolffs Iwein-Ausgabe Ordnung schaffen.

Zu den Adverbien auf *-lîche* und *-lîchen* im Text sind die Abweichungen von A verzeichnet, ausgenommen die apokopierten Formen wie z.B. 9429 *offenlîche*] *offenlich* A.

f) Wörter, deren Form im kritischen Text regelmäßig abweicht von der Form in A, vor allem die folgenden:

als] *also* an folgenden Stellen: 850, 2196, 3001, 4159, 4542, 4921, 4984, 5182, 6923, 7261, 8253, 8341, 9387, 9487
alsam] *als sam*, vgl. Leitzmann, Bibl. Nr. 26, 206.
alse] *als*
alsô] *als* an folgenden Stellen: 670, 1284, 5055, 6813, 7244, 7480, 7664
beide] *bede* an folgenden Stellen: 556, 867, 1982, 4396, 5834, 6862, 7052, 8419, 9582
beiden] *beden* 2243
beidiu] *baide* 285, 592, 871, 880, 6657
benamen] *bey namen*
dan] *dann, denn, den*
daz] *daz* Konjunktion, *das* Artikel und Pronomen; von Ried systematisch unterschieden, vgl. Schützner, Bibl. Nr. 25, 27; Thornton, Bibl. Nr. 28, 79.
dirre] *diser*
dô] *da*
dran, drûf, drumbe, drunder] *daran, darauf, darumb, darundter*
eht] *et* ab 8108, *ot* ab 8503; vgl. Leitzmann 218f.
entriuwen] *entraun*

garwe] *garbe*

helfe] *hilf(f)e*

iender] *ynndert*

iu] *ewch*

iuwer, iuwerm usw.] *ewr, ewrem* usw.

mê, mêre] im Versinnern fast immer *mer*

minner] *mynder* 842, 2221, 9318

nieman] *nyemand*

niender] *nynndert*

niuwan] *nur, nun, nŭn*; gelegentlich angemerkt, vgl. Leitzmann 206f., Schützner 110.

nû] *nun* an folgenden Stellen: 3358, 3768, 4769, 5791, 8657

od, ode] *oder*

pherit] *phard*

sâ] *so*; gelegentlich angemerkt

schœne] *schon(e)* an folgenden Stellen: 1586, 2738, 6028, 6325, 7266, 7295, 7365, 7890, 8202, 9230, 10101

selp, selbe, selben usw.] *selbs*

selbe] *selber*

sus] *sŭnst, sunst*; vgl. Schützner 122f.

sw-] *w-* bei verallgemeinernden Pronomina und Pronominaladverbien; vgl. Leitzmann 207, Schützner 152–154.

tjost] *iust* mask.; vgl. Leitzmann 218, Schützner 180.

(ge)tjostieren] *iustieren*

wâ, war] *wo*; vgl. Leitzmann 207.

wand(e)] *wann*

wenn(e)] *wann*

ze] *zu*

ze-] *zer*

zewâre] *zwar*; vgl. Leitzmann 216f.

zuo] *ze, zŭ, zů*

Der Apparat zu den in A und im FvS und zu den in W überlieferten Textteilen ist etwas abweichend von den unter 1–13 angeführten Gesichtspunkten gestaltet.

14. Die Erec-Exzerpte im FvS sind nicht nur in den anderen Kontext eingepaßt, sondern auch sprachlich geringfügig verändert worden. Berücksichtigt werden deshalb in der Regel im Apparat nur die Varianten, die textkritische Entscheidungen über den in A überlieferten Text stützen können. Eine Synopse der FvS-Teile und der entsprechenden Erec-Stellen bietet Edrich-Porzberg, Bibl. Nr. 51, 82–103.

15. Zu den im Text erscheinenden N a m e n werden in der Regel Hinweise auf die Entsprechungen bei Chrétien nach Foersters großer Ausgabe gegeben. Zusätzlich wird bei einigen Namen noch auf andere Werke hingewiesen, wenn diese neben Chrétien zur Besserung der in A oft sehr entstellt überlieferten Namenformen herangezogen wurden. Im N a m e n r e g i s t e r am Ende der Ausgabe sind die Varianten zu den Namen noch einmal vollständig und mit Stellenangaben verzeichnet. Für die verschiedenen Formen der Einträge gilt folgendes:

a) In der Regel wird die Namenform von A beim ersten Auftreten im Apparat verzeichnet und ihr der Hinweis auf Chrétien beigegeben, vgl. zu 428, 430 usw. Der Zusatz »und Varianten« im Hinweis auf Chrétien erfolgt immer, wenn Varianten der Chrétien-Handschriften der in A überlieferten Namenform näherstehen als die Formen in Foersters kritischem Text, vgl. zu 1632, 1637 usw.

b) Für die häufig vorkommenden Namen *Êrec, Ênîte, Artûs* und *Guivreiz* erfolgt beim ersten Auftreten zunächst ein Eintrag wie unter a), doch sind dann die übrigen A-Varianten für diese vier Namen zur Entlastung des Apparats nur im Namenregister zusammengestellt.

c) Der Hinweis »bei Chr. ohne Namen« besagt, daß die betreffenden Namenträger bei Chrétien ohne Namen erscheinen, vgl. zu 175, 176, 1077 usw.; der Hinweis »fehlt bei Chr.« dagegen besagt, daß sie bei Chrétien ganz fehlen und nur bei Hartmann erscheinen, vgl. zu 1650 *Garel*, 1651 *Titurel*; besonders zu 1666–93 usw.

VI. Zum Text und zum Apparat des Anhangs

Die neuen Wolfenbütteler Fragmente (W I/II) und die Zwettler Fragmente (Z), die den ›Mitteldeutschen Erec‹ überliefern, werden im Anhang dieser Ausgabe abgedruckt, denn sie gehören zur Überlieferungsgeschichte von Hartmanns ›Erec‹ und zur Rezeptionsgeschichte des ersten Artusromans im deutschen Sprachraum. Die erhaltenen Reste dieses zweiten deutschen Erec-Romans sind wohl wenig umfangreich, aber sie geben immerhin zu erkennen, daß ihr Text unabhängig von Hartmanns ›Erec‹ direkt auf Chrétiens Roman zurückgeht und diesem verhältnismäßig genau folgt.

Die Textreste von W I/II und Z sind in unterschiedlicher Qualität überliefert. Die genaue Feststellung des Überlieferten ist für W I/II wesentlich weniger problematisch als für Z; daher wurden für den Abdruck von W I/II und Z unterschiedliche Verfahren gewählt. W I/II überliefert vollständig erhaltene oder mit großer Wahrscheinlichkeit ergänzbare Textstücke von mehreren zusammenhängenden Versen, während in Z kaum ein Reimpaar vollständig erhalten ist und die Textreste teils äußerst schwer lesbar, teils bis auf einzelne Buchstaben oder Buchstabengruppen gar nicht mehr zu entziffern sind. Soweit es jedoch möglich ist, wird für W I/II wie für Z auf die Entsprechungen zu Chrétien am rechten Rand hingewiesen, so daß der Benutzer der Abdrucke für den Vergleich mit dem französischen Text ausreichende Anhaltspunkte hat.

Der besser überlieferte Text von W wird wie in der 6. Auflage in abgesetzten Versen und einer möglichst lesbaren Form ediert, die auch zahlreiche Ergänzungsvorschläge berücksichtigt. In eckigen Klammern und kursiv steht alles, was nur erschlossen oder vermutet werden konnte. Nur kursiv ist alles gesetzt, was aufgrund von erhaltenen Buchstabenresten mit mehr oder weniger Sicherheit ergänzt werden konnte; über den Grad der Sicherheit gibt in der Regel der Apparat Auskunft. Ein textkritisch interessierter Benutzer sollte neue Lesungsvorschläge nie ohne Heranziehung der Faksimiles wagen; am besten eignen sich die Abbildungen in Mildes Erstveröffentlichung von W I/II (Bibl. Nr. 37).

Im Abdruck von W sind die Abkürzungen und Nasalstriche aufgelöst, *vñ* als *unde* und *wañ* als *wande* wiedergegeben bzw. als *und* und *wand* vor vokalisch anlautendem Enklitikon; *u* und *v* und wenige andere graphische Kleinigkeiten sind ausgeglichen worden. Eigennamen erscheinen gegen die Hs. mit Majuskeln. Für Detailfragen sind der alle W-Fragmente umfassende Abdruck Gärtners (Bibl. Nr. 40) und die Faksimiles von W in Mildes Beitrag von 1982 (Bibl. Nr. 39), für alles W I/II Betreffende zusätzlich Nellmanns Abdruck (Bibl. Nr. 41) und das schon genannte

Faksimile in Mildes Erstveröffentlichung (Bibl. Nr. 37) heranzuziehen.

Der Apparat zu W informiert über die Lesbarkeit des nicht vollständig Erhaltenen, über die Sicherheit der Ergänzungen und über die Ergänzungsvorschläge. Ausführlicheres findet sich in den Beiträgen Mildes, Gärtners und Nellmanns, ihren Abdrucken und Abbildungen (Bibl. Nr. 37–41). Übereinstimmende oder weitgehend übereinstimmende Lesungen und Ergänzungsversuche Mildes, Gärtners und Nellmanns werden nicht immer besonders angemerkt. Nur in einigen Fällen werden die Lesungen Mildes, die vor der Restaurierung von W I/II erfolgten, angeführt. Die Kursive im Abdruck Mildes bzw. die runden Klammern Nellmanns, mit der bzw. denen die aufgelösten Kürzel wiedergegeben werden, bleiben beim Zitieren ihrer Lesungen im Apparat unberücksichtigt. Die Ergebnisse der veröffentlichten Entzifferungs- und Ergänzungsversuche werden nicht sämtlich angeführt, sondern nur diejenigen, die sich beim erneuten Vergleich von W I/II und der bisherigen Versuche als gültig oder beachtenswert erwiesen haben.

Der Text von Z, der im Original teilweise sehr schwer lesbar ist und an vielen Stellen nur mit Hilfe aller technischen Möglichkeiten zu entziffern war, wird diplomatisch abgedruckt mit genauer Kennzeichnung des Zeilenfalls auch für die wenigen in abgesetzten Versen präsentierten Teile. Auf die Einfügung von möglichen Ergänzungen und auf Versuche einer über das Entzifferbare hinausgehenden Textrekonstruktion wurde dabei in der Regel verzichtet und nur mit hinreichender Sicherheit Erschließbares ergänzt. Der Abdruck folgt weitgehend der von Margarete Springeth und Charlotte Ziegler unter Mitwirkung von Kurt Gärtner und Ulrich Müller (Bibl. Nr. 62, 38–59) veröffentlichten Transkription, die für die vorliegende Ausgabe überarbeitet und modifiziert wurde: Abweichend von ihr werden wie bei W I/II die identifizierbaren Entsprechungen in Chrétiens Roman, um deren Nachweis sich vor allem Nellmann (Bibl. Nr. 61) bemüht hat, am rechten Rand angezeigt.

Die in den Zeilen erkennbaren Reimpunkte werden immer berücksichtigt und als über die Zeile gestellte Punkte wiedergegeben, denn sie können in einigen Fällen Anhaltspunkte für die Vorstellung von der Länge eines Verses geben. Undeutliche, un-

sichere und/oder an Hand von Buchstabenresten erschlossene Text-
teile werden kursiv gesetzt, ebenso die in eckigen Klammern ein-
geschlossenen Ergänzungen. Nicht mehr lesbare, aber auf Grund
des Schriftraumes erschließbare Buchstaben sind durch Doppel-
punkte gekennzeichnet, längere, nicht mehr lesbare Passagen
durch Punkte. Der Beschnitt der Schriftspalte wird im Apparat
beschrieben. Langes ∫, das bis auf wenige Ausnahmen die Nor-
malform des Buchstabens ist, wird immer durch s wiedergegeben,
ebenso wird das runde r nicht besonders gekennzeichnet, da es
ganz auf die or-Ligatur beschränkt bleibt. Die Nasalstriche wer-
den nicht aufgelöst, ebenso nicht die er-Kürzung und die ra-Kür-
zung, sie werden durch hochgestelltes s bzw. a wiedergegeben.
Auf die Wiedergabe der feinen langen Schrägstriche, die unregel-
mäßig über das i gesetzt wurden, wird verzichtet.

Der Apparat zu Z verzeichnet die mit einiger Wahrschein-
lichkeit haltbaren Lesungen, die vom Transkriptionstext abwei-
chen, z. T. auch die ihn bestätigenden ersten Lesungen von Joa-
chim Heinzle (Bibl. Nr. 58), Eberhard Nellmann (Bibl. Nr. 61)
und Kurt Gärtner (Bibl. Nr. 60). Für nicht eindeutig lesbare Buch-
staben oder Wortreste werden im Apparat andere mögliche Lesun-
gen angeführt. Dies gilt vor allem für die Schäfte von m, n und u
und für die oft schwer unterscheidbaren Schreibungen von e und
o sowie von i und r. Die metasprachlichen Passagen im Apparat
sind kursiv, die objektsprachlichen recte gesetzt, die Kursivierung
der unsicheren Lesungen und der Ergänzungen ist im Apparat
aber nicht beibehalten.

VII. Bibliographie

a) Ausgaben, Faksimile, Übersetzungen

1. Moriz Haupt: Erec. Eine Erzählung von Hartmann von Aue, Leipzig 1839, [2]1871 Nachdruck Hildesheim – New York 1979.
2. Fedor Bech: Hartmann von Aue. Erster Theil. Erec der wunderære, Leipzig 1867, [2]1870, [3]1893 Nachdruck 1934 (Deutsche Klass. d. Mittelalters 4).
3. Hans Naumann – Hans Steinger: Hartmann von Aue. Erec – Iwein, Leipzig 1933 Nachdruck Darmstadt 1964 (Deutsche Literatur in Entwicklungsreihen. Höfische Dichtung 3).
4. Albert Leitzmann: Erec von Hartmann von Aue, Halle 1939 (Nachdruck mit einem Vorwort von W. Steinberg Halle 1960), Tübingen [2]1957, 3. Aufl. besorgt v. Ludwig Wolff 1963, [4]1967, [5]1972, 6. Aufl. besorgt v. Christoph Cormeau und Kurt Gärtner 1985 (ATB 39).
5. Ernst Schwarz: Erec. Iwein. Text, Nacherzählung, Worterklärungen, Darmstadt 1967, [2]1986 [Text nach Leitzmann – Wolff [3]1963].
6. Thomas Cramer: Hartmann von Aue. Erec. Mittelhochdeutscher Text und Übertragung, Frankfurt 1972, [25]2003 (Fischer Taschenbuch 6017) [Text nach Leitzmann 1939].
7. Ambraser Heldenbuch. Vollständige Faksimile-Ausgabe im Originalformat des Cod. vindob. ser. nova 2663 der Österreichischen Nationalbibliothek. Kommentar von Franz Unterkircher, Graz 1973 (Codices selecti 43).
8. Wolfgang Mohr: Hartmann von Aue. Erec. Übersetzt und erläutert, Göppingen 1980 (GAG 291).
9. Rodney W. Fisher: The narrative works of Hartmann von Aue, translated, Göppingen 1983 (GAG 370).
10. Michael Resler: Erec by Hartmann von Aue. Translated, with introduction and commentary, Philadelphia [2]1992.
11. Lambertus Okken: Hartmann von Aue erzählt. Erec, Iwein oder Der Löwenritter, Gregorius oder Der gute Sünder, Der arme Heinrich. Aus dem Mittelhochdeutschen, Frankfurt – Leipzig 1992 (Insel Taschenbuch 1417).
12. Manfred Günter Scholz: Hartmann von Aue, Erec. Übersetzt von Susanne Held, Frankfurt 2004 (Bibliothek des Mittelalters 5).

b) Beiträge zur Überlieferung und Textkritik

13. Moriz Haupt: Zu Hartmann von Aue. Berichtigungen und Nachträge. Zum Erec, ZfdA 3, 1843, 266–273.
14. Franz Pfeiffer: Über Hartmann von Aue. 1. Zum Erek, Germania 4, 1859, 185–237.

15. Wilhelm Müller: Zu Hartmann's Erek, Germania 7, 1862, 129–140.
16. Fedor Bech: Zu Hartmanns Erek, Germania 7, 1862, 429–469.
17. Oskar Jänicke: [Rezension von Haupts zweiter Ausgabe 1871, Bibl. Nr. 1], ZfdPh 5, 1874, 109–116.
18. Hermann Paul: Zum Erec, Beitr. 3, 1876, 192–197.
19. Reinhold Bechstein: Zu Hartmanns Erec. 14. Aventiure. Conjecturen und Restitutionen, Germania 25, 1880, 319–329.
20. Otto von Heinemann: Wolfenbütteler Bruchstück des Erec, ZfdA 42, 1898, 259–267.
21. Gustav Ehrismann: Textkritische Bemerkungen. 1. Zum Erec, Beitr. 24, 1899, 384–386.
22. Konrad Zwierzina: Mhd. Studien. 13. Zur Textkritik des Erec, ZfdA 45, 1901, 317–368.
23. Erich Gierach: Untersuchungen zum Armen Heinrich.
I. Die Bruchstücke des Armen Heinrich, ZfdA 54, 1913, 257–295.
II. Fehler in der Textbehandlung, ZfdA 55, 1914, 303–336.
III. Schreibformen von A im kritischen Text, IV. Weitere Verbesserungsvorschläge, V. Das Handschriftenverhältnis, ZfdA 55, 1914, 503–568.
24. Hans Naumann: Zu Hartmanns Erec, ZfdPh 47, 1918, 360–372.
25. Hubert Schützner: Die Abschrift des Iwein im Ambraser Heldenbuch, Diss. (masch.) Wien 1930.
26. Albert Leitzmann: Die Ambraser Erecüberlieferung, Beitr. 59, 1935, 143–234.
27. Kurt Vancsa: Wiener ›Erec‹-Bruchstück, Jahrbuch für Landeskunde von Niederösterreich NF 29, 1944/48, 411–415.
28. Thomas P. Thornton: Die Schreibgewohnheiten Hans Rieds im Ambraser Heldenbuch, ZfdPh 81, 1962, 52–82.
29. Hans-Jürgen Linke: Epische Strukturen in der Dichtung Hartmanns von Aue. Untersuchungen zur Formkritik, Werkstruktur und Vortragsgliederung, München 1968.
30. Ursula Hennig: Untersuchungen zur frühmittelhochdeutschen Metrik am Beispiel der ›Wiener Genesis‹, Tübingen 1968 (Hermaea NF 24), 187–246 [Kap. 4: Zur beschwerten Hebung im ›Erec‹ Hartmanns von Aue].
31. Iwein. Eine Erzählung von Hartmann von Aue. Hg. v. G.F. Benecke – K. Lachmann, neu bearb. von Ludwig Wolff, Bd. 2: Handschriftenübersicht, Anmerkungen und Lesarten, 7. Ausg., Berlin 1968 [In den Anm. zahlreiche Beiträge auch zur Textkritik des ›Erec‹; Register 222–227].
32. Helmut de Boor: Über dreisilbige und zweisilbige Komposita und Derivata im Nibelungenlied, bei Gottfried und Hartmann. Ein Beitrag zur Frage des Verhältnisses von Sprachrhythmus und Versrhythmus, Beitr. 94, 1972, Sonderheft (Festschrift H. Eggers), 703–725 [zum ›Erec‹ 719–723].

33. Herta Zutt: Der Gebrauch der Negationen in der Gießener Iwein-Handschrift, Alemannisches Jahrbuch 1973/75 (Festschrift B. Boesch), 373–391.

34. Peter Brommer: Ein unbekanntes ›Erec‹-Fragment in Koblenz, ZfdA 105, 1976, 188–194.

35. Hans Blosen: Bemerkungen zur Textkritik in Thomas Cramers Erec-Ausgabe mit Übertragung [Bibl. Nr. 6], Kopenhagener Beiträge zur germanistischen Linguistik 7, 1976, 59–72.

36. Roger Middleton: Studies in the Textual Relationships of the Erec/Gereint Stories, Phil. Diss. (masch.) Oxford 1976.

37. Wolfgang Milde: »daz ih minne an uch suche«. Neue Wolfenbütteler Bruchstücke des Erec, Wolfenbütteler Beiträge 3, 1978, 43–58.

38. Kurt Gärtner: [Anzeige von Wolfgang Milde, »daz ih minne an uch suche«, Bibl. Nr. 37], Bulletin Bibliographique de la Société Internationale Arthurienne 31, 1979, 43.

39. Wolfgang Milde: Zur Kodikologie der neuen und alten Wolfenbütteler Erec-Fragmente und zum Umfang des darin überlieferten Erec-Textes, Beitr. 104, 1982, 190–206.

40. Kurt Gärtner: Der Text der Wolfenbütteler Erec-Fragmente und seine Bedeutung für die Erec-Forschung, Beitr. 104, 1982, 207–230 und 359–430.

41. Eberhard Nellmann: Ein zweiter Erec-Roman? Zu den neugefundenen Wolfenbütteler Fragmenten, ZfdPh 101, 1982, 28–78 und 436–441.

42. Kurt Gärtner: Zur Rezeption des Artusromans im Spätmittelalter und den Erec-Entlehnungen im ›Friedrich von Schwaben‹, in: Friedrich Wolfzettel (Hg.), Artusrittertum im späten Mittelalter. Ethos und Ideologie, Gießen 1984 (Beiträge zur deutschen Philologie 57), 60–72.

43. Kurt Gärtner: Probleme einer Neuausgabe von Hartmanns ›Erec‹, in: Georg Stötzel (Hg.), Germanistik. Forschungsstand und Perspektiven. Vorträge des Deutschen Germanistentages 1984, 2. Teil: Ältere deutsche Literatur, Neuere deutsche Literatur, Berlin – New York 1985, 27–40.

44. Thomas Klein: Ermittlung, Darstellung und Deutung der Verbreitungstypen in der Handschriftenüberlieferung mittelhochdeutscher Epik, in: Deutsche Handschriften 1100–1400. Oxforder Kolloquium 1985. Hg. v. Volker Honemann und Nigel F. Palmer, Tübingen 1988, 110–167.

45. Michael Resler: Anmerkungen zum Textverständnis in Hartmanns ›Erec‹, Studia Neophilologica 60, 1988, 77–95.

46. Eberhard Nellmann: Rezension zu Chr. Cormeau und K. Gärtner, Erec ⁶1985 [Bibl. Nr. 4], ZfdA 119, 1990, 239–248.

47. Rüdiger Brandt: Bemerkungen zur neuen ›Erec‹-Ausgabe, ABäG 34, 1991, 153–155.

48. Lambertus Okken: Zu Hartmanns Erec, ABäG 34, 1991, 77–109.

49. Kurt Gärtner: Stammen die französischen Lehnwörter in Hartmanns ›Erec‹ aus Chrétiens ›Erec et Enide‹?, LiLi 83, 1991, 76–88.

50. Yoshihiro Yokoyama: Die Flexive der zweiten Person Plural im ›Erec‹ Hartmanns von Aue, Hiyoshi-Studien zur Germanistik 14, Keio Universität Yokohama 1992, 17–74.

51. Brigitte Edrich-Porzberg: Studien zur Überlieferung und Rezeption von Hartmanns Erec, Göppingen 1994 (GAG 557).

52. Werner Schröder: Irrungen und Wirrungen um den Text von Hartmanns ›Erec‹, Stuttgart 1996 (Abhandlungen der Akademie der Wissenschaften und der Literatur [Mainz], Geistes- und sozialwissenschaftliche Klasse 1996,11) = W. S.: Critica Selecta. Zu neueren Ausgaben mittelhochdeutscher und frühneuhochdeutscher Texte. Hg. v. Wolfgang Maaz und Fritz Wagner, Hildesheim 1999 (Spolia Berolinensia 14), 179–200.

53. Lambertus Okken: Nochmals zu Hartmanns ›Erec‹, ABäG 53, 2000, 167–186.

54. Manfred Günter Scholz: »Der hövesche got« und »der Sælden wec«. Zwei ›Erec‹-Konjekturen und ihre Folgen, in: Geistliches in weltlicher und Weltliches in geistlicher Literatur des Mittelalters, hg. v. Christoph Huber, Burghart Wachinger und Hans-Joachim Ziegeler, Tübingen 2000, 135–151.

55. Wolfgang Achnitz: Die Bedeutung der Drei- und Vierreime für die Textgeschichte des ›Erec‹ Hartmanns von Aue, editio 14, 2000, 130–142.

56. Christoph J. Steppich: Geoffrey's ›Historia Regum Britanniae‹, Wace's ›Brut‹: Secondary Sources for Hartmann's ›Erec‹? Monatshefte 94, 2002, 165–188.

57. Charlotte Ziegler: Neue Materialien aus der Stiftsbibliothek Zwettl. Walther von der Vogelweide, Nibelungentext, Erec. Das Gebetbuch von 1717, ein unbekanntes Werk von Paul Troger, Zwettl 2002 (Scriptorium Ordinis Cisterciensium Monasterii BMV in Zwettl VI) [zu den Erec-Fragmenten 43–59 und Abb. 8–17].

58. Joachim Heinzle: Neues zu den Nibelungen? Was wirklich in dem »Sensationsfund« aus dem Kloster Zwettl steht, Marburger UniJournal Nr. 16, Juli 2003, 33 f.

59. Michael Müller: Namenkataloge. Funktionen und Strukturen einer literarischen Grundform in der deutschen Epik des hohen Mittelalters bis zum Beginn der Neuzeit, Hildesheim – Zürich – New York 2003 (DOMA B, Studien 3), 156–203 [3.3.1 Die Kataloge in Chrétiens und Hartmanns ›Erec‹].

60. Kurt Gärtner: Die Zwettler Erec-Fragmente. Versuch einer ersten Auswertung, in: Literatur als Erinnerung, Winfried Woesler zum 65. Geburtstag, hg. v. Bodo Plachta, Tübingen 2004, 35–50.

61. Eberhard Nellmann: Der Zwettler Erec. Versuch einer Annäherung an die Fragmente, ZfdA 133, 2004, 1–21.

62. Margarete Springeth, Charlotte Ziegler unter Mitwirkung von Kurt Gärtner und Ulrich Müller: Die Stift Zwettler Fragmente: Beschreibung und Transkription, Beitr. 127, 2005, 33–61.

c) Ausgaben und Übersetzungen der übrigen Fassungen des Erec-Stoffes

Chrétien de Troyes: Erec et Enide

63. Erec und Enide von Christian von Troyes. Hg. v. Wendelin Foerster (Christian von Troyes. Sämtl. Werke nach allen bekannten Hss. hg. v. W.F., 3. Bd., Halle 1890 Nachdruck Amsterdam 1965 [Große Ausgabe].
64. Kristian von Troyes: Erec und Enide. Hg. v. Wendelin Foerster, Halle 1896, [2]1909, [3]1934 (Roman. Bibl.) [Kleine Ausgabe].
65. Les romans de Chrétien de Troyes, édités d'après la copie de Guiot (Bibl. nat., fr. 794). I. Erec et Enide. Publié par Mario Roques, Paris 1952 u. ö. (Les Classiques français du moyen âge 80).
66. Chrétien de Troyes: Erec et Enide. Nach der Ausgabe von Mario Roques [Bibl. Nr. 65] übersetzt und eingeleitet von Heinz Klüppelholz, Bensberg 1977 (Reihe Romanistik 15).
67. Chrétien de Troyes: Erec und Enide. Übersetzt und eingeleitet von Ingrid Kasten, München 1979 (Klass. Texte des roman. Mittelalters in zweisprachigen Ausgaben 17) [Übersetzung nach der Ausgabe von Foerster, Bibl. Nr. 64].
68. Chrétien des Troyes: Erec et Enide. Altfranzösisch/Deutsch. Übersetzt und hg. v. Albert Gier, Stuttgart 1987, Nachdr. 2000 (rub 8360 [6]) [Übersetzung nach der Ausgabe von Roques, Bibl. Nr. 65].

Erex-Saga

69. Erex Saga Artuskappa. Ed. by Foster W. Blaisdell, Copenhagen 1965 (Editiones Arnamagnaeanae. Ser. B., Vol. 19).
70. Norse Romance. Vol. II: The Knights of the Round Table. Ed. by Marianne E. Kalinke, Cambridge 1999 (Arthurian Archives 4), 217–265 [Erex Saga, ed. and transl. by Marianne E. Kalinke].

Mabinogi von Gereint

71. Ystorya Gereint uab Erbin. Ed. by Robert L. Thomson, Dublin 1997 (Medieval and modern Welsh series 10).
72. The Mabinogion. Transl. by Gwyn Jones and Thomas Jones, [zuerst London 1948] London – New York 1949; Rev. Ed. by Gwyn Jones und Mair Jones, London 1974 (Everyman's Library 97).
73. The Mabinogion. Transl. with an introduction by Jeffrey Gantz, Harmondsworth 1976 u. ö. (Penguin Classics).
74. Keltische Erzählungen vom Kaiser Arthur. Teil 1 [Nach dem Text des ›Weissen Buches‹ aus dem Mittelkymrischen übertragen, mit einer Einführung und Anmerkungen versehen von Helmut Birkhan]. Hg. v. Hel-

mut Birkhan, Wien ²2004 (Erzählungen des Mittelalters 1), 177–244 [Die Geschichte von Gereint, dem Sohne Erbins].

d) Hilfsmittel und Einführungen

75. Franz Jandebeur: Reimwörterbuch und Reimwortverzeichnisse zum Ersten Büchlein, Erec, Gregorius, Armen Heinrich, den Liedern von Hartmann von Aue und dem sog. Zweiten Büchlein. Mit einem Vorwort über die Entwicklung der deutschen Reimlexikographie, München 1926 (Münchener Texte. Erg. R. 5).
76. Hendricus Sparnaay: Hartmann von Aue. Studien zu einer Biographie, 2 Bände, Halle 1933/38, Nachdruck in einem Band mit einem Vorwort von Christoph Cormeau, Darmstadt 1975.
77. Hugo Kuhn – Christoph Cormeau (Hgg.): Hartmann von Aue, Darmstadt 1973 (Wege der Forschung 359).
78. Elfriede Neubuhr: Bibliographie zu Hartmann von Aue, Berlin 1977 (Bibliographien zur dt. Lit. des Mittelalters 6).
79. Peter Wapnewski: Hartmann von Aue, Stuttgart 1962, ⁷1979 (Sammlung Metzler 17).
80. Roy A. Boggs: Hartmann von Aue. Lemmatisierte Konkordanz zum Gesamtwerk, 2 Bände, Nendeln 1979 (Indices zur dt. Lit. 12/13).
81. Christoph Cormeau: Hartmann von Aue, in: Verfasserlexikon 3, ²1981, 500–520.
82. Christoph Cormeau – Wilhelm Störmer: Hartmann von Aue. Epoche, Werk, Wirkung, München 1985, ²1993.
83. Gudrun Haase: Die germanistische Forschung zum ›Erec‹ Hartmanns von Aue, Frankfurt u. a. 1988 (Europäische Hochschulschriften R. 1, Deutsche Sprache und Literatur 1103).
84. Lambertus Okken: Kommentar zur Artusepik Hartmanns von Aue. Im Anhang: Bernhard Dietrich Haage: Die Heilkunde und Der Ouroboros, Amsterdam – Atlanta 1993 (Amsterdamer Publikationen zur Sprache und Literatur 103).
85. W. H. Jackson: Chivalry in twelfth-century Germany. The works of Hartmann von Aue, Cambridge 1994.
86. Petra Hörner: Bibliographie 1976–1997, in: Petra Hörner (Hg.): Hartmann von Aue. Mit einer Bibliographie 1976–1997, Frankfurt u. a. 1998 (Information und Interpretation 8), 181–215.
87. Francis G. Gentry (Hg.): A Companion to the Works of Hartmann von Aue, Rochester, NY – Woodbridge, Suffolk 2005 (Studies in German literature, linguistics, and culture).
88. Roy A. Boggs, Kurt Gärtner: Das Hartmann von Aue-Portal. Eine Internet-Plattform als Forschungsinstrument, ZfdA 134, 2005, 134–137.

Schlüssel zu den Apparaten

Baesecke	=	in der Liste der Abweichungen von Haupts Text in Leitzmanns Ausgabe, Bibl. Nr. 4; vgl. die Einleitung zu dieser Auflage oben unter V.9d
Bartsch bei Bech	=	Anmerkungen in Bechs Ausgabe, Bibl. Nr. 2
Bech	=	Bechs Ausgabe 3. Auflage, Bibl. Nr. 2, vgl. V.9d
Bech 1./2. Auflage	=	Bechs Ausgabe, Bibl. Nr. 2
Bech 429 ff.	=	Bibl. Nr. 16, vgl. V.9c
Bechstein 319 ff.	=	Bibl. Nr. 18, vgl. V.9c
Benecke	=	Anmerkungen in Haupts Ausgabe, Bibl. Nr. 1, vgl. V.9b
Blosen 59 ff.	=	Bibl. Nr. 35
Brandt 153 ff.	=	Bibl. Nr. 47
Cormeau/Gärtner	=	Bibl. Nr. 4
die übr.	=	vgl. V.8b
Ehrismann 384 ff.	=	Bibl. Nr. 21, vgl. V.9c
Gärtner 207 ff.	=	Bibl. Nr. 40
Gärtner 76 ff.	=	Bibl. Nr. 49
Gierach 207 ff.	=	Bibl. Nr. 23, vgl. V.9c
Gierach 303 ff.	=	Bibl. Nr. 23, vgl. V.9c
Gierach 503 ff.	=	Bibl. Nr. 23, vgl. V.9c
Grimm, W.	=	Anmerkungen in Haupts Ausgabe, Bibl. Nr. 1, vgl. V.9b
Grimm, W. 266 ff.	=	bei Haupt 266 ff., Bibl. Nr. 13
Haupt	=	Haupts Ausgabe, 2. Auflage, Bibl. Nr. 1
Haupt 266 ff.	=	Bibl. Nr. 13
Heinemann 259 ff.	=	Bibl. Nr. 21
Heinzle	=	Bibl. Nr. 58
Jänicke 109 ff.	=	Bibl. Nr. 17, vgl. V.9c
Lachmann	=	Anmerkungen in Haupts Ausgabe, Bibl. Nr. 1, vgl. V.9b
Leitzmann	=	Leitzmann Ausgabe 1.–5. Auflage, Bibl. Nr. 4
Leitzmann 143 ff.	=	Bibl. Nr. 26
Milde 43 ff.	=	Bibl. Nr. 37
Müller	=	Anmerkungen in Haupts Ausgabe, Bibl. Nr. 1, vgl. V.9b
Müller 129 ff.	=	Bibl. Nr. 15, vgl. V.9c
Naumann 360 ff.	=	Bibl. Nr. 24, vgl. V.9c
Nellmann	=	Bibl. Nr. 61
Nellmann 28 ff.	=	Bibl. Nr. 41
Nellmann 239 ff.	=	Bibl. Nr. 46
Okken 77 ff.	=	Bibl. Nr. 48

Okken 167 ff.	=	Bibl. Nr. 53
Paul 192 ff.	=	Bibl. Nr. 18, vgl. V.9c
Pfeiffer 185 ff.	=	Bibl. Nr. 14, vgl. V.9c
Resler 77 ff.	=	Bibl. Nr. 45
Scholz	=	Bibl. Nr. 12
Springeth u. a.	=	Bibl. Nr. 62
Wackernagel	=	Anmerkungen in Haupts Ausgabe, Bibl. Nr. 1, vgl. V.9b
Wesle	=	in der Liste der Abweichungen von Haupts Text in Leitzmanns Ausgabe, Bibl. Nr. 4, vgl. V.9d
Wolff	=	Leitzmanns Ausgabe 3.–5. Auflage, vgl. sein Vorwort, 3. Auflage XIV–XVII und 5. Auflage XV–XXIII
Yokoyama 17 ff.	=	Bibl. Nr. 50
Zwierzina 317 ff.	=	Bibl. Nr. 22, vgl. V.9c

In Text und Apparaten verwendete Zeichen (vgl. V.1 und VI):

/   Zeilen- oder Versgrenze
( ) Einklammerung für unsicher Lesbares
[ ] Einklammerung für Vermutetes oder Erschlossenes
::: zerstörte oder nicht mehr lesbare Buchstaben
·   Reimpunkt (halbhoch über der Zeile)

Erec

. . . .
bî ir und bî ir wîben.   30ʳᵇ
diz was Êrec fil de roi Lac,
der vrümekeit und sælden phlac,
durch den diu rede erhaben ist.
5   nû riten si unlange vrist
neben einander beide,
ê daz si über die heide
verre in allen gâhen ›
zuo rîten sâhen ›
10 einen ritter selbedritten,
vor ein getwerc, dâ enmitten
eine juncvrouwen gemeit,
schœne unde wol gekleit.
nû wunderte die künegîn
15 wer der ritter möhte sîn.   30ʳᶜ
er was ze harnasche wol,
als ein guot kneht sol.
Êrec der junge man
sîn vrouwen vrâgen began
20 ob erz ervarn solde.
diu vrouwe des niht wolde:
si bat in dâ bî ir tweln.
ein juncvrouwen begunde si ûz weln
die si möhte senden dar.
25 si sprach: ›rît und ervar
wer der ritter müge sîn
und sîn geverte, daz magedîn.‹
diu juncvrouwe huop sich an die vart,
als ir geboten wart,

2 Erech Vilderoilach; *vgl. Chr. 19.*   **3** der baiden frumbkait.   **4** Durch.
14 nû *Haupt*] vnd.   **23** Iunckfraẘ.   **27** mågetlein.   **28** Die.

30 dâ si daz getwerc rîten sach.
mit zühten si zuo im sprach:
›got grüeze iuch, geselle,
und vernemet waz ich welle.
mîn vrouwe hât mich her gesant,
35 diu ist künegîn überz lant:
durch ir zuht gebôt si mir
daz ich iuch gruozte von ir,
und weste gerne mære
wer der ritter wære
40 und disiu maget wol getân.
muget ir mich daz wizzen lân,
âne schaden ir daz tuot:
mîn vrouwe vrâget wan durch guot.‹
    Daz getwerc wolde ir niht sagen
45 unde hiez si stille dagen,
unde daz si in vermite:
si enweste war nâch si rite.
diu maget lie niht umbe daz
si enwolde rîten vürbaz,
50 den ritter vrâgen mære
selben wer er wære.
daz getwerc werte ir den wec:
daz sach diu künegîn und Êrec
daz ez si mit der geisel sluoc
55 die ez in der hant truoc,
über houbet und über hende
ze sîner missewende,
daz si mâl dâ von gewan.
mit selher antwurt schiet si dan
60 wider zuo ir vrouwen
unde liez si schouwen
wie sêre si was geslagen.
daz begunde si vil tiure klagen
daz ez ir sô nâhen was geschehen
65 daz siz muoste ane sehen.

35 v̆ber das. **43** vrouwe *fehlt.* wan] nŭr. **44 D**as. **47** Sy, ez *Leitzmann
nach Paul 192.* wiste. **49** wolt. **59** antwurt *Lachmann*] abentewr.

Êrec dô ahten began,
der ritter wære dehein vrum man,
daz er ez vor im vertruoc
daz sîn getwerc die maget sluoc.
70 er sprach: ›ich wil rîten dar,
daz ich iu diu mære ervar.‹
diu vrouwe sprach: ›nû rîtet enwec.‹
zehant huop sich Êrec,
unz er in sô nâhen kam
75 daz daz getwerc die rede vernam:
›muget ir wêniger mir gesagen,
wes habet ir die maget geslagen?
ir habet sêre missetân.
ir soldetz durch zuht lân.
80 iuwern herren sult ir mir nennen:
mîn vrouwe wolde in erkennen
und daz schœne magedîn.‹
daz getwerc sprach: ›lâ dîn klaffen sîn.
ich ensage dir anders niht
85 wan daz dir alsam geschiht.
waz wolde si der mære
wer mîn herre wære?
ir ensît niht wîse liute,
daz ir sô vil hiute
90 gevrâget von mînem herren:
ez mac iu wol gewerren.
wiltû daz ich dichs erlâze,
sô rît dîne strâze
und schabe dich der sunnen haz.‹
95 Êrec der wolde ouch vürbaz,
wan daz getwerc imz niht vertruoc:

66 Eregk.   **67** dehein *Bech*] nit ein.   **72** reytend weg, rît enwec *Leitzmann
nach Haupt.*   **74** unz] vnd als *A Haupt.*   **75** daz ditz getzwerg.   **76** *Leitz-
mann*] Er sprach nu mugt Ir weniger man mir gesagen.   **77/78** habet
Yokoyama 40 (A)] hânt *Wolff 5. Aufl. XVII.*   **77** warumb.   **79** zuht *Pfeiffer
194*] ewr zucht.   **82** Magetlin.   **83** las.   **84** sag.   **88** seyt.   **91** gewern.
94 sabe, hebe *Leitzmann 171 (Verlesung von* s *und* h*) und Lachmann auf-
grund von* habe, *eines Fehlers in Haupts Abschrift von A; vgl. dazu Blosen
60f., Scholz z. St. und Brandt 154.*   **96** im das gezwerg nit.

mit der geisel ez in sluoc,
als ez der maget hete getân.
ouch wolde er sich gerochen hân,
100 wan daz er wîslîchen
sînem zorne kunde entwîchen.
der ritter hete im genomen den lîp,
wan Êrec was blôz als ein wîp.
er gelebete im nie leidern tac
105 dan umbe den geiselslac
und enschamte sich nie sô sêre
wan daz dise unêre
diu künegîn mit ir vrouwen sach.
als im der geiselslac geschach,
110 mit grôzer schame er wider reit.
    alsô klagete er sîn leit,
schamvar wart er under ougen:
›vrouwe, ich enmac des niht verlougen,
wan irz selbe habet gesehen,
115 mir ensî vor iu geschehen
eine schande alsô grôz
daz ir nie dehein mîn genôz
eines hâres mê gewan.
daz mich ein sus wênic man
120 sô lasterlîchen hât geslagen
und ich im daz muoste vertragen,
des schame ich mich sô sêre
daz ich iuch nimmer mêre
vürbaz getar schouwen
125 und dise juncvrouwen,
und enweiz zwiu mir daz leben sol,
ez ensî daz ich mich des erhol
daz mir vor iu geschehen ist.
ich ensterbe in kurzer vrist,
130 sô sol ichz versuochen.
vrouwe, ir sult geruochen

98 der Magt, die maget *Leitzmann nach Bech 430.* **106** schamet.
12 Schamfar. *Müller 129*] vnder seinen augen. **13** mag. **15** sey.
16 grosse. **17** genosse. **18** mê] nye. **26** Vnd wayß nit wartzů.
27 es sey deñ daz. **29** ersterbe.

4

daz ich in iuwern hulden var.
der himelkeiser bewar,
vrouwe, iuwer êre.
135 ir gesehet mich nimmer mêre,
ichn gereche mich an disem man
von des getwerge ich mâl gewan.
ist daz mich got sô gêret
daz er mîn heil mêret,
140 daz mir dar an gelinget
sô doch mîn muot gedinget,
sô kum ich über den dritten tac,
ob ich vor siechtuome mac.‹
der küneginne was vil leit
145 daz er alsô junger reit
ûf sô grôze vreise:
si bat in lân die reise.
sô lange er dô urloubes gerte
unz daz si ins gewerte.
150 ouch gedâhte der juncherre,
im wære daz ze verre,
ob er zen selben zîten
hin wider wolde rîten
dâ er sînen harnasch hâte,
155 und daz er alsô drâte
in nimmer genæme,
swie schiere er wider kæme,
sô wæren si im entriten gar,
und îlte in nâch alsô bar.
160 dô er in begunde gâhen nâ,
dô kam er rehte ûf ir slâ
von den im schade was geschehen.
vil schiere begunde er si ane sehen.
zuo in was im niht ze gâch:
165 er reit in alsô verre nâch
daz er si sach und si in niht.
er tete als dem dâ leit geschiht:

36 Ich. **44** Der. **48** begerte. **49** unz] vnd. **52** zu denselben.
57 swie schiere] wie. **61** Irn. **62** In. **67** als der dem.

der vlîzet dicke sich dar zuo
wie erz mit vuoge widertuo.
170 si enkâmen ûf dem wege
ûzer sîner ougen phlege
des vil langen tages nie
unz daz der âbent ane gie.
nû sach er wâ engegen im schein
175 ein hûs geheizen Tulmein,
des wirt der herzoge Îmâin.
dâ reit der ritter vor im in:
dâ wart er emphangen wol,
sô man ze vriundes hûse sol   30vb
180 und als dem wirte wol gezam.
ich sage iu durch waz er kam
mit sîner vriundîn.
ez hete der herzoge Îmâîn
hôchzît dâ vor zwei jâr:
185 saget diu âventiure wâr,
sô hete er si dô zem dritten.
an eine wise enmitten
hete er hôhe an eine stat
einen sparwære ûf gesat
190 ûf eine stange silberîn.
diz muoste jærlîche sîn
ze vreuden sîner lantdiet.
von der rede er niemen schiet,
niuwan daz gelîche
195 arme unde rîche,
alte unde junge
durch schœne handelunge
ze sîner vreude kæmen
swenne siz vernæmen.
200 swes vriundinne den strît
behielte ze sîner hôchzît
daz si diu schœniste wære,
diu næme den sparwære.

68 sich dick *A Haupt.*   **70** komen.   **71** aus *A Haupt.*   **74** Nu.   gegen.
75 Dulimein; *bei Chr. ohne Namen.*   **76** des] der *A Haupt.*   Imain; *bei Chr.
ohne Namen.*   **86** zu dem.   **94** nun.   **200** Wes.

6

den hete der ritter genomen
205 zwir, ouch was er komen
daz er in zem dritten næme:
und ob ez alsô kæme,
sô hete er in immer mêre
âne strît mit voller êre.
210 nû sagete man daz mære
daz dâ manec wîp schœner wære
dan des ritters vriundîn.
dô was sîn vrümekeit dar an schîn:
er was alsô vorhtsam
215 daz er in mit gewalte nam.
in getorste dâ nieman bestân:
strîtes wart er gar erlân.
    nû enweste Êrec niht
umbe dise geschiht,
220 wan daz er im durch sîn leit
ûf âventiure nâch reit.
nû begunde sîgen der tac.
ein market underm hûse lac:
dâ kam er geriten in.
225 die burc meit er durch den sin
daz er sîn iht würde gewar
dem er hete gevolget dar.
nû er suochende reit
wer in durch sîne vrümekeit
230 des nahtes næme in sîne phlege,
nû vant er an dem wege
von den liuten grôzen schal.
diu hiuser wâren über al
beherberget vaste:
235 der sich sîn ze gaste
wolde underwinden,
den enkunde er niender vinden.
ouch was er habelôs dâ gar.
er enhete sich niht gewarnet dar:
240 wan in kam diu reise gâhes an,

5 zwar.　6 zu dem.　18 Nu weste.　23 vnder dem.　25 mẙte.
37 kunde.　39 het.

7

als ich iu dâ vor gesaget han.
er enhete dâ niht mêre,
daz bekumberte in dô sêre,
wan daz pherit und sîn gewant.
245 ouch was er dâ unerkant,
daz im niemen zuo sprach
noch ze guote ane sach.
die gazzen wâren spils vol,
als ez ze hôchzîten sol.
250   nû reit er alsô wîselôs
unz daz er verre vor im kôs
ein altez gemiure.
dô im dô sô tiure
die herberge wâren,
255 eins weges begunde er vâren
der in dar brâhte:
wan er im gedâhte
des nahtes belîben dâ,
wan er enmöhte anderswâ.
260 daz hûs er schouwen begunde
und enwânde niht daz er vunde
ieman dar inne:
daz vreute sîne sinne.
er gedâhte: ›mîn dinc daz vert nû wol,
265 wan ich in einem winkel sol
belîben hinne unz an den tac,   30ᵛᶜ
sît ich niht wesen baz mac.
des gan man mir doch âne strît:
ich sihe wol daz ez œde lît.‹
270   als er in daz hûs kam
und er der winkel war genam,
welher im dar zuo töhte
dâ er inne belîben möhte,
dô sach er sitzen dâ
275 einen man, der was grâ,
sîn hâr von alter snêwîz.

42 het.   **48** Die.   **53** do im die so.   **59** möchte.   **60** schouwen *fehlt*.
61 enwânde] mainet.   **65** in einem] meinen.   **67** pesser.   **68** gan
Lachmann] gunne.   **70** Als.

des hete er dannoch guoten vlîz
daz ers nâch reinem site phlac:
vil wol gestrælet ez lac
280   über sîn ahsel ze tal.
nâch der âventiure zal
sô hete der selbe altman
eine schâfkürsen an
und des selben ûf einen huot,
285   diu wâren beidiu alsô guot
als in sîn state leite:
ern phlac niht rîcheite.
sîn gebærde was vil hêrlîch,
einem edeln manne gelîch.
290   ein krücke was sîn stiure,
der dâ saz in dem gemiure.
diz was Êrecke leit:
wan er vorhte die gewonheit,
er solde in ûz getriben hân,
295   als im vor was getân.
daz pherit er ze stete bant:
dar ûf leite er sîn gewant.
sîn hende habete er vür sich,
einem wol gezogenem manne gelich,
300   und gienc dâ er den alten sach.
mit zwîvel er zuo im sprach:
›herre, mir wære herberge nôt.‹
diu bete machete in schamerôt.
als in der alte hete vernomen,
305   er sprach: ›nû sît mir willekomen
ze dem und ich nû haben mac.‹
des gnâdete im Êrec fil de roi Lac.
   nû hete er ingesindes
niuwan eines kindes
310   – diu was ein diu schœniste maget
von der uns ie wart gesaget –
und der hûsvrouwen.

87 reichete.   **89** eines Edlen mannes glich.   **92** Ereck.   **302** der herberg.
4 Als.   **5** gros willekomen.   **9** nun.

dar an man mohte schouwen
daz er rîches muotes wielt,
315 daz er den gast sô arm enthielt.
dem kinde rief er dar.
er sprach: ›genc und bewar
dises herren pherit, tohter mîn,
der unser gast geruochet sîn,
320 und begenc ez sâ ze vlîze
daz ich dirz iht verwîze.‹
si sprach: ›herre, daz tuon ich.‹
der megede lîp was lobelich.
der roc was grüener varwe,
325 gezerret begarwe,
abehære über al.
dar under was ir hemde sal
und ouch zebrochen eteswâ:
sô schein diu lîch dâ
330 durch wîz alsam ein swan.
man saget daz nie kint gewan
einen lîp sô gar dem wunsche gelîch:
und wære si gewesen rîch,
sô gebræste niht ir lîbe
335 ze lobelîchem wîbe.
ir lîp schein durch ir salwe wât
alsam diu lilje, dâ si stât
under swarzen dornen wîz.
ich wæne got sînen vlîz
340 an si hâte geleit
von schœne und von sælekeit.
  Êrecken muote ir ungemach.
zuo ir vater er sprach:
›wir sulns die juncvrouwen erlân.
345 ich wæne siz selten habe getân:
ez zimt mir selbem vil baz.‹
dô sprach der alte daz:

---

13 mocht man *A Haupt.*   **16** rief *Leitzmann 225*] rŭefft.   **17** gee.
18 ditz.   **20** begieng.   sâ *Bech*] so.   **25** *Müller*] giezieret.   bey garbe.
26 abhar.   **42** Erecken mŭet auch.   **46** gezimbt.

›man sol dem wirte lân
sînen willen, daz ist guot getân.
350 uns gebristet der knehte:
von diu tuot siz mit rehte.‹
diu juncvrouwe des niht enliez
si entæte als si ir vater hiez.
daz pherit begienc ze vlîze
355 ir hende vil wîze:
und wære daz got hie ûf erde rite,
ich wæne in genuocte dâ mite,
ob er selhen marstaller hæte.
swie si schine in swacher wæte,
360 sô weiz ich daz wîp noch man
süezern schiltkneht nie gewan
dan Êrec fil de roi Lac,
dô si sînes pherdes phlac.
im zam von selhem knehte
365 sîn vuoter wol mit rehte.
    hie wart der gast berâten
als si des state hâten.
guote teppeche gespreit
unde dar ûf geleit
370 alsô rîchiu bettewât
sô si diu werlt beste hât,
mit samîte bezogen,
dem daz golt was unerlogen,
daz daz bette ein man nie möhte erwegen
375 und selbe vierde müeste legen,
unde dar über gebreit
nâch grôzer herren werdekeit
kulter von zendâle,
rîche und gemâle,
380 diu wâren bî dem viure
des âbendes vil tiure.
si geleisten wol ein reine strô:

---

51 von des/wegen.   **53** tette.   **58** marstaller, marschalc *Leitzmann nach*
Pfeiffer 195.   **64** gezam.   **66 H**ie.   **68** gůt tepich.   **78** von *Müller*] vnd.
80 diu *Bech*] die.

dar über genuocte si dô
eines bettes âne vlîz,
385 daz bedahte ein lîlachen wîz.
ouch was dâ ritters spîse:
swes ein man vil wîse
möhte in sînem muote
erdenken ze guote,
390 des heten si die überkraft
und volleclîche wirtschaft,
doch mans ûf den tisch niht truoc.
in gap der reine wille genuoc
den man dâ ze hûse vant:
395 wan er ist aller güete ein phant.
    nû muget ir hœren mære
wer dirre alte wære,
daz er den gast sô wol emphie
und ers niht durch sîn armuot lie.
400 er hete dâ vor gehabet ê
guotes und ouch êren mê.
er was ein grâve rîche,
vil gar unlasterlîche
sîns erbes verstôzen
405 von sînen übergenôzen.
in enhete dehein sîn bôsheit
in dise armuot geleit:
ez was von urliuge komen.
im hete diu überkraft genomen
410 allez daz er ie gewan.
sô vil was dem rîchen man
grôzer êren niht verlân
daz er einen kneht mohte hân.
nû truoc er dise armuot
415 und diu hûsvrouwe guot
in ir alter mit listen:
und swâ si der habe misten,
ir nôt si bedahten

---

85 leylach.　**90** die *Pfeiffer 195*] *fehlt.*　**94** dann man.　**99** nicht durch
sein armůt lie, durch armuot niht enlie *Leitzmann nach Pfeiffer 195.*
406 het.

mit zühten swie si mahten,
420   daz mans iht würde gewar.
daz ouch ir ie alsô gar
diu armuot oberhant gewan,
daz weste lützel ieman.
dem wirte was diu arbeit
425   die er von grôzer armuot leit
dâ wider süeze als ein mete
dâ engegen und im diu schame tete.
der alte wirt hiez Koralus
und diu hûsvrouwe sus,
430   Karsinefîte,
ir tohter Ênîte.
swen dise edeln armen
niht wolden erbarmen,
der was herter dan ein stein.
435   der juncvrouwen œheim
was der herzoge Îmâîn,
des diu hôchzît solde sîn,
der herre von dem lande.
ir geburt was âne schande.
440   nû sagen wir ouch dâ bî
von wiu diu rede erhaben sî.
dô daz pherit was begangen,
›nû enlât iuch niht belangen‹
sprach der wirt zem gaste.
445   Êrecken muote vaste
sîn schade den er dâ vor gewan:
den wirt er vrâgen began
waz der schal von den liuten
möhte bediuten
450   den er in dem markte hete gesehen.
dô begunde im der wirt jehen
wiez umbe die rede was getân,
als ich iu gesaget hân,

---

19 swie *Paul 193*] wo.   **27** und *fehlt.*   **28** Coralus; *vgl. Chr. 6896.*
30 Lar sine fide; *vgl. Chr. 6894.*   **31** Enide; *vgl. Chr. 2031.*   **32** Wenn.
Haupt] edel armen, edelarmen *Leitzmann.*   **40** Nu.   **41** von weu.   **43** nu
last euch belangen.   **44** zu dem.   **46** dâ vor] dauon.

13

beide umbe die hôchzît
455 und ouch des sparwæres strît.
   als er im gesagete daz,
dô vrâgete er aber vürbaz
von dem ritter mære,
ob er weste wer er wære,
460 der vor im ûf daz hûs reit,
als ich iu ê habe geseit,
und hal in doch sîn ungemach.
der alte alsus sprach:
›in erkennet allez diz lant:
465 er ist Îdêrs fil Niut genant‹
und sagete sîn geverte gar
unde daz er komen dar
mit sîner âmîen wære
ze nemen den sparwære.
470 alsô schiere er diz vernam,
mit vrâge er vürbaz kam,
unz im der wirt tete erkant
wiez umbe in selben was gewant.
   als er ims begarwe jach,
475 Êrec stuont ûf unde sprach:
›genâde, wirt und herre,
daz ez mir iht gewerre.
sît ez sô umbe iuch stât,
sô suoche ich helfe unde rât.
480 ûf genâde sô sî iu bejehen,
mir ist ein leit von im geschehen
daz ich immer klagen sol,
ez ensî daz ich michs erhol.
sîn getwerc mich harte sêre sluoc,
485 daz ich im durch nôt vertruoc:
er was gewâfent und ich blôz,
des ez dô benamen genôz.

56 Als.   **57** er *fehlt.*   **63** sůst *A Haupt.*   **65** Yders fihmůt; *nach Parz.*
178,12 Idêr fil Noyt; *vgl. Chr. 1046.*   **67** kome.   **73** vmb sich selbs.
74 als er vnns die gabe iach.   **75** ûf *Wackernagel*] *fehlt.*   **80** auf die gnade.
83 es sey dann daz ich mich erhol.   **87** ez dô *Lachmann*] ich doch.

grôz laster muoste ich dô vertragen.
daz sol mîn herze immer klagen,
490 mirn gevüege got noch den tac
daz ich ez gerechen mac.
ûf selher âventiure wân,
als ich nû gesaget hân,
sô bin ich im her nâch geriten.
495 râtes muoz ich iuch biten:
beide helfe unde heil
stât vil gar âne teil,
herre, in iuwer hant.
möhtet ir mir umbe îsengewant
500 getuon deheiner slahte rât
– ich sage iu wie mîn muot stât –,
sô enwürde er strîtes niht vermiten.
mit rosse bin ich wol geriten:
sô soldet ir mich lân rîten
505 mit iuwer tohter Ênîten
ûf die selben hôchzît.
ich behabete den strît
daz si schœner wære
und næme den sparwære
510 dan des ritters vriundîn.
nû sehet ob ez müge sîn
und tuotz ûf daz gedinge,
ob mir alsô gelinge
daz mir der sige belîbe,
515 sô nim ich si ze wîbe.
dar umbe durfet irz niht lân,
si enhât an mir niht missetân,   31^rc
ez mac wol mit êren sîn.
ich künde iu den vater mîn:
520 der ist der künec Lac genant.
beide liute unde lant,
lîp und allez daz ich hân

90 mir.   92 Auf.   500 deheiner *Wackernagel*] ainicher.   2 wurd.
3 *Bech 431*] mit meinem rosse. beriten.   4 solt.   7 behab.   10 dan] den.
17 hat.   20 lag; *vgl. Chr. 651*.

mache ich ir undertân,
daz si des muoz walten.‹
525 dô begunden dem alten
von jâmer vil tougen
truoben diu ougen:
weinens sîn herze wart gemant
mit dirre rede sâ zehant
530 daz er kûme vür brâhte
die rede der er gedâhte.
er sprach: ›herre, disen spot
sult ir lâzen durch got.
iuwer rede ist vil verlâzenlich.
535 nû hât got über mich
verhenget swes er wolde:
anders dan ez solde
sô ist mîn leben nû getân.
daz wil ich von gote hân:
540 des gewaltes ist alsô vil,
er mac den rîchen swênne er wil
dem armen gelîchen
und den armen gerîchen.
sîn gewalt ist an mir worden schîn.
545 durch got sult ir erbeten sîn
daz dirre schimph belîbe.
ir getuot ze wîbe
mîner tohter wol rât,
wan si des guotes niht hât.
550 swie grôzen bresten ich nû dol,
doch sult ir mir gelouben wol,
ich hân gesehen ê den tac
daz iuwer vater der künec Lac
mich gesellen nande.
555 wir nâmen in sînem lande
beide mit ein ander swert.
daz ir nû mîner tohter gert,

---

25 dô begunden] die begunde.   **28** weinens *Bech*] Wann. ermant.   **32 Er.**
41 er macht ain reich.   **52** ê *fehlt.*

mich entriege mîn wân,
daz habet ir durch schimph getân.‹
560   Êrec wart von der rede rôt.
er sprach: ›herre, welch nôt
twinget iuch ûf den wân
daz ichz durch schimph habe getân?
daz sult ir ûz dem muote lân
565   und mîniu wort vür ernest hân.
waz solde mir iezuo der spot?
jâ bite ich mir sô helfen got
ze sêle und ze lîbe,
als ich mir ze wîbe
570   iuwer tohter gerne nemen wil.
des engibe ich iu kein langer zil
wan an die selben hôchzît,
daz sich endet der strît,
ob mir nû iuwer helfe vrumt
575   daz mir mîn dinc ze heile kumt.
ir armuot hœre ich iuch klagen:
der sult ir stille gedagen.
ez enschadet iu niht gegen mir,
wan ich ir guotes wol enbir.
580   ouch hete ich einen swachen muot,
næme ich vür mînen willen guot.
nû gedenket dar zuo.
sît daz der strît sol wesen vruo,
sô ensûmet uns niht mêre.
585   an iu stât gar mîn êre:
und wizzet rehte âne wân,
ich leiste als ich gelobet hân.‹
        der alte was der rede vrô.
er sprach: ›sît irz meinet alsô,
590   sô haben wir hie zehant
vil schœnez îsengewant,
beidiu behende unde guot.

59 habet *Yokoyama 40 (A)*] hânt *Wolff 5. Aufl. XVII.*   60 Eregk.   61 welhe.
66 hie zǔ.   67 sô *Lachmann, vgl. 569*] sol.   69 als *Lachmann*] daz.
71 gib.   76 Ir.   78 schadt.   84 saumbt.   88 Der.

17

des enkunde mich diu armuot
noch nie betwingen
595 noch ûf den zwîvel bringen
daz ichs würde âne,
ichn behieltez nâch dem wâne,
ob es mînem vriunde würde nôt,
der selbe wille mirz gebôt, 31va
600 daz ichz im lîhen solde
unz mirs got gunnen wolde.
sô hete ich ie einen site
daz ich im selbe dâ mite
vil willeclîchen was bereit,
605 unz mir daz alter ane gestreit:
daz hât mir gar die kraft benomen.
nû ist ez uns ze staten komen,
daz ez uns vremder bete erlât
und tuot uns unwirde rât.
610 ouch hân ich unze her
beide schilt unde sper
zesamene behalten.‹
des genâdete er dem alten.
er bat im ez zeigen dar,
615 durch daz er næme war
ob ez im reht wære,
ze enge noch ze swære.
dô was ez behende unde guot.
des gewan er vil rîchen muot,
620 Êrec fil de roi Lac.
vil schiere gienc ûf der tac
daz si solden rîten
hin zen hôchzîten.
dô der tac vol erschein,
625 dô riten si ûf Tulmein.
dâ hiez si der herzoge Îmâîn
grôze willekomen sîn.

kunde.   **96** ich wurde.   **97** ich behielte es.   nach dem wane *A Blosen*
63–68 nach Haupt, nach wâne *Leitzmann nach Baesecke.*   **601** unz] Vnd.
2 ie *fehlt.*   **12** ensampt.   **14 Er.**   ez] sölhs.   **15** durch] auf.   **18** es im.
20 Filderoilach Eregk.   **23** Zu den.   **24** wol.

18

ir komennes nam in wunder.
nû nâmen si in besunder
630 und sageten im ir geverte gar,
war umbe Êrec was komen dar,
und bâten in râtes dar zuo.
er sprach: ›ich sage iu waz ich tuo.
beide lîp unde guot
635 unde willeclîcher muot
sol iu dar zuo sîn bereit,
her gast, durch iuwer vrümekeit
und durch mîner nifteln êre.
ouch volget mîner lêre
640 und lât mich si vazzen baz.‹
Êrec der widerredete daz.
er sprach: ›des ensol niht geschehen.
er hæte harte missesehen,
swer ein wîp erkande
645 niuwan bî dem gewande.
man sol einem wîbe
kiesen bî dem lîbe
ob si ze lobe stât
unde niht bî der wât.
650 ich lâze ouch hiute schouwen
ritter unde vrouwen,
und wære si nacket sam mîn hant
unde swerzer dan ein brant,
daz mich sper unde swert
655 volles lobes an ir wert,
ode ich verliuse daz leben.‹
›got sol iu gelücke geben‹
sprach der herzoge Imâîn:
›ouch sult ir des gewis sîn
660 daz iuwer ellenthafter muot
iu gevüeget allez guot.‹
mit dirre rede si kâmen
dâ si messe vernâmen

37 Herre.   **40** lasset.   **42** sol.   **43** *Müller*] misseiehen.   **45** nur.
50 ICH.   ouch *Lachmann*] eŭch.   **56** ode] ob.   **62** Mit.

von dem heiligen geiste:
665 des phlegent si aller meiste
die ze ritterschefte sinnent
und turnieren minnent.
dô was bereit der imbîz.
man dienete in in allen vlîz.
670 alsô der dô ergie,
menneclîch ze vreuden vie
dar nâch als in dûhte guot
und in lêrte sîn muot.
ir spil was umbe die stat
675 dâ der sparwære was ûf gesat.
nû nâmen si alle besunder war,
wenne Îdêrs fil Niut dar
mit sîner âmîen kæme
und den sparwære næme,
680 als er ouch ê hete getân.
nû sâhen si dort zuo gân
Êrecken mit vrouwen Ênîten.
er vuorte si an sîner sîten   31vb
hin dâ er den sparwære sach.
685 ze des ritters gehœrde er sprach:
›vrouwe, lœset diu bant
und nemet den sparwære ûf die hant.
wan daz ist wâr âne strît,
hien ist niemen schœner dan ir sît.‹
690 dem ritter was daz ungemach.
vil unwirdeclîche er sprach:
›lât den sparwære stân!
ez ensol iu niht sô wol ergân,
ir dürftiginne.
695 war tuot ir iuwer sinne?
lât in ir der er baz gezeme
und diu in von rehte neme.
daz ist hie mîn vriundîn:

---

69 mit allen.   **73** lernte.   **75** was *fehlt*.   **77** Yders vilmǔt.   **81** sâhen
fehlt.   **82** Eregk.   **83** fueret.   **89** hie ist.   **91** vnwirdiklichen.   **93** sol.
95 war] wo hin.   **96** lât *Yokoyama 40*] lant *A*, lânt *die übr.*

der sol er billîchen sîn.‹

700 Êrec sprach: ›herre guot kneht,
ir habet den sparwære âne reht
genomen disiu zwei jâr.
nû wizzet rehte vür wâr,
es enmac niht mêre geschehen,
705 es enwellen iu die liute jehen.
ez muoz under uns beiden
diu ritterschaft scheiden.‹
    er sprach: ›jungelinc, ob iu wære
der lîp ze ihte mære,
710 sô liezet ir enzît
iuwern kintlîchen strît,
wan ir in nû schiere wirs lât,
sô ez an den lîp gât.
ich sage iu vor wie iu geschiht.
715 ir erbarmet mir niht:
als ich iu nû gesige an,
des ich nie zwîvel gewan,
alsô stât hin ze iu mîn muot
daz ich danne dehein guot
720 næme vür iuwern lîp.
sweder man oder wîp
iu dise rede gerâten hât,
der minnet ob iu missegât.‹
    Êrec sprach: ›herre,
725 ich hân mich alsô verre
nû der rede ûz getân:
ich enwil ir niht wandel hân.‹
zehant schieden si sich dâ
unde wâfenten sich sâ,
730 der ritter als im wol tohte,
Êrec als er mohte.
    Îdêrs was wol worden gar:
wan er hete sich gewarnet dar

---

704 mag.   **5** es enwellen iu *Bech 431*] sein wellen.   **8** Er.   **9** ze ihte]
leicht.   **12** wirser.   **14** beuor.   **19** kain.   **21** oder] noch.   **24** Ereck.
27 wil.   **29** sy sich.

als man ze ritterschefte sol.
735 sîniu sper wâren geverwet wol.
er was gezimieret:
sîn ros was gezieret
mit rîcher kovertiure –
diu was Êrecke tiure.
740 sîn wâpenroc alsam was,
samît grüene als ein gras,
mit rîchen borten umbestalt.
als uns diu âventiure zalt,
sô was sîn harnasch lobelîch,
745 er selbe einem guoten ritter gelîch.
    Êrec ouch dort zuo reit.
sîn schilt was alt swære lanc und breit,
sîniu sper unbehende und grôz,
halp er und daz ros blôz,
750 als imz sîn alter sweher lêch.
gelücke sîn helfe im niht verzêch.
under al dem liute
›got gebe dir heil hiute‹
sprach ein gemeiner munt.
755   nû rûmte man inz zestunt
ze einem wîten ringe.
Êrecke dem jungelinge
gezam vil wol sîn ritterschaft:
sîn ellen gap im grôze kraft.
760 si ruorte beide ein grôzer zorn.   31ᵛᶜ
diu ros si nâmen mit den sporn:
dô sach man schenkel vliegen.
dô begunde jenen triegen
sîn hôchvertiger wân:
765 er wânde ein kint bestanden hân.
zesamene liezen si strîchen.

34 als ein man ze ritterschafft sol. 35 geverwet *Lachmann*] gewarnet.
36 gezinrieret. 39 Eregk. 42 vnbestalt. 45 selber. 46 Eregk.
49 daz *fehlt.* 51 *Leitzmann*] glücke vnd seiner hilf nicht verzech, gelücke
im helfe niht verzêch *Bech*, und sîner helfe niht verzêch *Lachmann.*
52 allen den leůte. 55 inz] In aus. 57 Eregk. 60 ruorte *Lachmann*]
fuerte.

22

dô bevant er wærlîchen
daz Êrec degenes ellen truoc.
mit der tjost er im sluoc
770 den schilt an daz houbet.
dâ von wart er betoubet
daz er kûme gesaz.
vil selten geschach im daz.
diu tjost wart sô krefteclich
775 daz diu ros hinder sich
an die hehsen gesâzen.
der muote was erlâzen
der ritter Îdêrs unz an die stunt:
diu wart im sît garwe kunt.
780 die schefte vlugen in von der hant
zebrochen über des schiltes rant.
    dô von in gelîche
vil harte lobelîche
wol diu vünfte tjost ergie,
785 daz ir deweder vervâlte nie,
wan daz si diu sper ûf stâchen
daz si gar zebrâchen,
dô enhete ir Êrec niht mêre.
des gesûmte er sich sêre.
790 doch hete er daz alte sper
sînes swehers gehalten her
unz an die jungesten vart.
dar umbe hete erz dar gespart:
grôz und gedigen was der schaft.
795 ouch hete er sînes lîbes kraft
harte wol enthalten dar,
schône unde vil gar.
    als er daz sper ze hant genam,
sîn schilt im wol ze halse zam,
800 er begunde ein wênic rîten
ûz gegen vrouwen Ênîten
dâ er si weinende sach.

69 im] In.   **79** diu *Bech*] da.   sît *Bech*] sein.   gar.   **82** dô] So.   **83** harte]
gar.   **85** verwalte.   **88** het.   **96** harte] vil.   **98** Als.   **99** gezam.
801 entgegen der.

23

über des schiltes rant er sprach:
›gehabet iuch wol, guot vrouwe maget.
805 ich bin noch vil unverzaget:
iuwer sorge sol sich enden.‹
daz ros begunde er wenden
daz ez in gegen dem ritter truoc.
daz sper er undern arm sluoc.
810 der ritter im engegen kam
wol gewarnet alsam.
si liezen zesamene strîchen
alsô krefteclîchen
sô si meiste von ir sinnen
815 ûz den rossen mohten gewinnen.
sô sêre zesamene si stâchen
daz dem ritter brâchen
die darmgürtel beide
– dô gelebete erm nie sô leide –,
820 surzengel und vürbüege.
doch er guot ellen trüege,
Êrec in von dem rosse schiet
ze spotte aller der diet.
als Êrecke dô sô wol geschach
825 daz er den ritter nider stach,
von im enthielt er hôher baz.
daz tete er umbe daz
daz ieman des möhte jehen
daz im diu schande wære geschehen
830 daz er in ligende hete erslagen.
er wolde bezzer wort bejagen:
er erbeizte und hiez in ûf stân.
zesamene liezen si dar gân.
dô sach man si vehten
835 gelîch zwein guoten knehten.
daz viur in ûz den helmen vlouc.
si vâhten als den liuten touc
dies diu grimme nôt gebat:

8 daz] da.   **9** er *fehlt.*   vnder den armen.   **16** si *fehlt.*   **20** Surzüngl.
21 güten.   **24** Als Eregken.   **28** geiehen.   **32** hiez *Gierach 279*] ließ.
33 dar] die.   **38** bat.

wan si hâten gesat
840 umbe den sige vil hôhez phant:
ez galt ze gebenne dâ zehant
minner noch mêre
wan beide lîp und êre.
dem tâten si vil gelîch.
845 ir vehten was manlîch.
des triben si vil und genuoc,
unz daz Îdêrs Êrecken sluoc
ûf den helm, daz er gie
von dem slage ûf diu knie.
850 als vrouwe Ênîte daz ersach,
grôz wart ir ungemach.
si begunde ir gesellen klagen.
si wânde er wære erslagen
und er belibe des slages dâ.
855 ûf spranc er und begunde sâ
den schilt ze rücke wenden
und gap ze beiden henden
daz swert mit grimmen muote
und vaht sam er wuote.
860 er machete in des schiltes bar
und hiu in im von der hant gar:
des im vil lützel der vertruoc
der slac engegen slage sluoc.
sît daz er im entlêch sîn guot,
865 daz galt er als jener tuot
der dâ mêre entnemen wil.
si beide spilten ein spil
daz lîhte den man beroubet,
der vünfzehen ûf daz houbet.
870 ouch wurden si eteswenne gegeben
beidiu dâ vür und ouch dâ eneben.
mit grimme si verbunden.
einer ellenlanger wunden
möhte er vil wol sîn bekomen

32ra

47 unz] vnd.   **50** Also da die fraw.   **53** wânde] maynet.   **56** den] de.
61 vnd hawet im den.

25

875 derz phantreht solde hân genomen.
dâ wart vil manec gebot geleit
und dem ein widergelt geseit.
ir ietweder woldez lâzen:
wan dem wære verwâzen
880 beidiu sîn êre und ouch daz leben.
dar nâch sô wart daz spil gegeben
mit manegem viurînen slage
von vruo unz hin nâch mittem tage,
daz in der gebote zeran
885 sô sêre daz die zwêne man
muoden begunden:
si enmohten noch enkunden
ir mit kreften niht gelegen
noch die arme alsô geregen
890 als si tâten unze dar.
nû hâten si sich alsô gar
erwüetet und ervohten
daz si niht mêre mohten.
ir slege wîplîchen sigen:
895 sô garwe wâren si erwigen
daz dâ von niht schade geschach.
    Îdêrs dô ze Êrecke sprach:
›enthalt dich, edel ritter guot.
wir velschen beide ritters muot
900 dâ mit und wir ie mitten tuon:
ez ist sunder prîs und âne ruom.
unser blœdez vehten
gezimt niht guoten knehten.
unser slege gânt niht manlîchen,
905 wir vehten lasterlîchen.
obz iuwer muot niht vervât
vür zageheit, sô ist mîn rât,
daz wir diz blœde vehten lân
und eine wîle ruowen gân.‹
910   dô was Êrec der rede vrô.
ze ruowe sâzen si dô:

75 der das.   **82** few̃rem.   **87** mochtñ.   **88** Ir mit krefften, ir gebot mit
kreften *Leitzmann nach Haupt.*   **95** gar.   erwegen.   **97** Iderß.

ir houbet si enbunden.
und als si des emphunden
daz si geruowet hâten,
915 zesamene si dô trâten
und griffen an ir altez spil,
als ich iu nû sagen wil.
mit guoter kunst, mit niuwer kraft
und mit alsô gelîcher meisterschaft
920 si spilende beliben.
dâ siz vil lange getriben,
daz witzige unde tumbe
die stuonden dar umbe
mit nihte erkiesen kunden
925 weder zuo den stunden
eins ougen wæger hæte.   32rb
diz beleip lange stæte:
wederm geviele der gewin,
des was zwîvel under in,
930 unz daz Êrec der junge man
begunde denken dar an
waz im ûf der heide
ze schanden und ze leide
von sînem getwerge geschach.
935 und als er dar zuo ane sach
die schœnen vrouwen Ênîten,
daz half im vaste strîten:
wan dâ von gewan er dô
sîner krefte rehte zwô.
940 ûf den helm er verbant
mit vil williger hant.
doch jener die besten würfe warf
der kein zabelære bedarf,
dô half disen daz ern nie
945 ûz den slegen komen lie,
und gewan ez eine wîle
sô sêre mit der île
unz er doch daz spil verlôs
und gelac vor im sigelôs.

923 erstunden.   **29** des] das.   **36** schone frau.   **43** dhain.   **48** doch er.

950   sînen geiselstreich er rach.
       als erm den helm abe brach,
       dô lôste erm ouch daz hüetelîn
       als er solde erslagen sîn,
       wan daz er des geruochte
955   daz er genâde suochte.
       ›durch got erbarme dich,
       edel ritter, über mich.
       êre an mir elliu wîp
       unde lâ mir den lîp
960   und gedenke dar an
       daz ich dir, tugenthafter man,
       selh herzenleit niht hân getân:
       dû maht mich wol bî lîbe lân.‹
       des antwurte im Êrec dô.
965   er sprach: ›wie redet ir nû sô?
       ir spottet mîn âne nôt.
       jâ woldet ir niuwan mînen tôt:
       sô stüende iuch ze ringe
       iuwer vürgedinge
970   und iuwer grôzer übermuot.
       jâne næmet ir dehein guot
       an disem strîte vür mîn leben.
       doch hât mir got die sælde gegeben
       daz sich diu rede verkêret hât:
975   sehet, nû getuon ich guoten rât
       daz ich deheine miete
       vür mînen lîp biete:
       swie mirn got anderswâ bewar,
       ich bins vor iu sicher gar.
980   hetet ir iuwer hôchvart
       ein lützel baz an mir bewart,
       sehet, daz wære iu nû guot.
       nû hât iuch iuwer übermuot
       hiute hie gevellet
985   und dem schaden gesellet.‹

54 des *Bech*] die, dô *Haupt.*   **59** las.   **62** sölher.   **63** bî lîbe *Bech 434*]
beleiben.   **64 D**es abenteurt In.   **67** nun.   **71** Ia. kain.   **73** geben.
85 den.

er sprach: ›wie meinet ir daz?
ich gediente nie iuwern haz,
wan ich iuch nie mêre gesach.‹
Êrec aber dô sprach:
990   ›nû schamet iuch durch mîne bete,
als ich mich gester tete,
dô ich von iuwern schulden
die schame muoste dulden
diu mînem herzen nâhen gie.
995   ouch geheize ich iu hie
daz iu iuwers getwerges tuht
und sîn grôziu unzuht
nimmer alsô vil gevrumt
sô si iu ze schaden hiute kumt.‹
1000   der ritter aber dô sprach:
›geschach iu ie ungemach
von mînen schulden, deist mir leit.
ouch hât mich iuwer vrümekeit
der selben schulde hie ze stat
1005   wol ze buoze gesat.
nû geruochet mir den lîp lân.
und habe ich iht des getân
des ich von rehte engelten sol,
daz widerdiene ich harte wol.‹
1010   Êrec erbarmde sich dô.
zuo dem ritter sprach er sô: 32^{rc}
›nû wil ich iuch leben lân:
des enhetet ir mir niht getân.‹
nû gap er im des sicherheit
1015   daz er im wære bereit
ze leisten swaz ern hieze,
daz er in leben lieze.
   als diu sicherheit was getân,
dô hiez er in ûf stân.
1020   und als si zuo den stunden
ir houbet beide enbunden,

---

86 meinet] nembt.   **87** ewrem.   **96** iu *fehlt.* tuck.   **99** heŭt zu schaden.
1002 das ist.   **4** derselbe.   **6** gerŭche.   **13** het.   **16** hieß.   **17** liess.
18 Als.

er sprach: ›nû sult ir mich gewern,
des enwil ich niht enbern,
ez enmüeze mîn vrouwe diu künegîn
1025 wider ir laster gêret sîn.
ir butet ir grôz ungemach,
daz ir nie leider geschach:
wider si sô habet ir vil getân.
des sult ir ir ze buoze stân:
1030 wande siz vil sêre klaget.
iuwer getwerc sluoc ir maget
gester umbe dise zît:
ouch sluoc ez mich alsam sît
daz ich disiu mâl gewan.
1035 sehet, ich binz der selbe man.
ouch hete ich iu immer nâch geriten
ê ir des wæret vermiten
ich enwürde an iu gerochen.
daz ich bin sus zebrochen
1040 under mînen ougen‹
– done moht ers niht gelougen –
›und daz iuwer getwerc ie
selhe unzuht begie
daz ez die maget hât geslagen,
1045 daz enwil ich niht vertragen:
von rehte sol ez garnen daz.
unde sage iu umbe waz:
jâ tete im sîn unzuht sô wol,
daz man im es lônen sol.
1050 ich wil mich ûz der ahte lân,
ezn soldez der maget niht hân getân.
ich nim disem hunde ein gæbe phant:
daz ist niuwan sîn hant,
daz ez immer mêre
1055 baz vrouwen êre.‹

22 mich *fehlt.* **23** wil. **24** müesse. **25** Irs lasters. **29** ze buoze] ze
hause. **32** gestern. **36** nymmer. **38** wurde. **41** done moht ers
Okken 81 Scholz] da mocht ers *A,* jâ enmuget irs *die übr.* **45** wil.
49 belonen. **51** es. **52** *Bech 434 und Naumann 362*] Ich wils disem
hunde geben ein phant. **53** nün.

daz enhâte doch der guote
niht in sînem muote
daz er alsô tuon solde,
wan daz er gerne wolde
1060 daz getwerc warnen dâ mite
daz ez ez dar nâch vermite,
und liez ez âne grôze bete
daz er im des niht entete.
doch rach erz ze rehte:
1065 er hiez ez zwêne knehte
ûf einen tisch strecken
unde wol durchrecken
mit guoten spizholzen zwein,
daz ez ûf sînem rücke schein
1070 dar nâch wol zwelf wochen.
sîn unzuht wart gerochen
daz daz bluot abe im ran.
nû begunde wîp unde man
under in gemeinlîchen jehen,
1075 im wære gar rehte geschehen,
sît manz in selher unzuht vant.
ez was Maledicur genant.

Êrec dô ze dem ritter sprach,
sîn tweln was im ungemach:
1080 ›nû enweiz ich wes ir bîtet
daz ir niht rîtet
ze mîner vrouwen der künegîn.
ir soldet nû geriten sîn.
in ir gewalt sult ir iuch ergeben
1085 und lebet swie si iuch heize leben.
saget ir rehte wer ir sît
und umbe unseren strît
und wer iuch dar ze ir habe gesant.
alsô bin ich genant,

56 hette.   **61** daz es darnach.   **64** erz] er.   **66** *W. Grimm, vgl. 1067*]
recken.   **67** *W. Grimm*] durch streckhñ.   **68** zwein *fehlt*.   **74** Ine.
77 Maledicur *A Nellmann 242 Scholz*] Maliclisier *Haupt (2. Ausg.) Leitzmann*
nach Parz. 401,14; bei Chr. ohne Namen.   **78** Eregk.   **79** welen.
80 wayß.   **83** solt.   **88** dar ze ir] dartzů.

Êrec fil de roi Lac.
ich kum morgen, ob ich mac.
ich rîte ze mîner wîle:
dar sint niuwan siben mîle.
nu gedenket an iuwer sicherheit.‹   32ᵛᵃ
1095   der ritter dô enwec reit,
er und sîn vriundîn
unde daz getwergelîn,
gegen dem künege Artûse.
nû was er ze sînem hûse
1100 wider entwichen in daz lant,
daz was Karadigân genant,
dô der hirz was gejaget,
als iu ê ist gesaget.
nû was ez alsô ergangen
1105 daz den hirz hete gevangen
der künec Artûs mit sîner hant.
daz reht daz dâ von wart benant
daz was im gevallen,
daz er undern megeden allen
1110 eine küssen solde,
swelhe er wolde.
dô si ze Karadigân wâren komen,
dô wolde der künec hân genomen
sîn reht nâch der gewonheit.
1115 dôz im ze rehte wart geseit,
dô bat in diu künegîn
daz ez gevristet müeste sîn
unz sim gesagete mære
wiez ergangen wære
1120 und waz ir geschach ze leide
von dem ritter ûf der heide,
und sagete im vil rehte wie
ez ir des selben tages ergie.
si sprach: ›geselle, ich wil dir klagen:
1125 sus und sô wart mîn maget geslagen

93 nur.   **95** Der.   enwec] den weg.   **98** Artus; *vgl. Chr. 29.*
1101 karadiga; *vgl. Chr. 28.*   **9** vnnder den.   **12** Do.   **15** warde.

und Êrec fil de roi Lac.
umbe den selben geiselslac
schiet er vor leide
von mir ûf der heide.
1130 er sprach: ›geloubet, vrouwe mîn,
ich wil iu immer vremde sîn
ze Britanje in dem lande,
ichn gereche mîne schande.
und ob ich mich errechen mac,
1135 sô kum ich über den dritten tac.‹
herre, der ist morgen.
gedingen unde sorgen
hân ich umbe den jungelinc,
wie nû stên sîniu dinc.
1140 ich enmohte in nie erwenden.
got welle in uns senden.
geselle, nû bite ich dich
durch sîne liebe und durch mich
daz dû dîns rehtes niht nemest
1145 ê daz dû danne vernemest
wie im sîn dinc ergangen sî.
mir wære liep, er wære ouch bî.
nû bît niuwan unz morgen vruo:
gelinget im, er kumt dar zuo.‹
1150   disiu bete was getân
ûf dem hûs ze Karadigân.
dô hete Walwân und der vriunt sîn,
der truhsæze Keiîn,
sich ze handen gevangen
1155 und wâren gegangen
niulîch von den vrouwen
vür daz kastel schouwen.
beide si dô sâhen
disen ritter zuo gâhen
1160 verre ûz dem walde.

28 von. **30** gelaubte. **33** ich gereche dann. **40** mochte. **42** Geselle.
43 vnd auch. **47** darbey. **48** nu peyte nŭn. **50** waren.
52/53 Walwan; *vgl. Chr. 39 und Namenregister unter* Gawein. Cain; *vgl.*
Chr. 317. Zu den Namenformen Walwân *und* Keiîn *siehe Gärtner 416–424.*

nû tâten siz balde
der küneginne kunt.
ûf stuont si zestunt:
ir vrouwen si zuo ir nam,
1165   an ein venster si kam,
daz si war næme
wer dâ geriten kæme.
dâ stuont si und diu ritterschaft
bî ein ander zwîvelhaft
1170   wer der ritter möhte sîn.
dô sprach diu künegîn:
›ez ist benamen der man,   32vb
als ich verre kiesen kan
und als mir mîn gemüete seit,
1175   dem Êrec dô nâch reit.
nû sehet, ir sint drîe:
daz getwerc und sîn âmîe
rîtent mit im dort her.
ezn ist nieman wan er.
1180   jâ vert er sam er rîte
ûzer einem strîte.
ez mac iu dâ bî sîn erkant,
im ist der schilt unz an die hant
vil nâch verhouwen gar,
1185   sîn harnasch aller bluotvar.
ich wil iu zewâre sagen,
er hât Êrecken erslagen
und ist durch ruom her komen
daz er den sige hât genomen.
1190   oder er hât den ritter gesant
sigelôsen in diz lant
durch unsers hoves êre:
des selben gedinge ich sêre.‹
nû jâhen si alle der künegîn,
1195   der eintwederz möhte wol sîn.
ê diu rede wære getân,

79 es.   **81** aus.   **89** daz] vmb das. gewunnen.   **90** oder er] vnd.
94 jâhen *Lachmann*] sprachen.   **96** ê *fehlt.*

Îdêrs ûf Karadigân
gegenwürtic über den hof reit
ze einem steine, der was breit,
1200 ein wênic ûf an eine stat
vor der grêde gesat.
der was gemachet ûf dem hûs
daz der künec Artûs
dâ erbeizete und ouch ûf saz.
1205 der ritter gedâhte wâ er baz
erbeizen möhte dan ouch dâ:
bî dem steine erbeizete er sâ.
als man in diu ros emphie,
mit dem getwerge er dô gie
1210 und mit sîner vriundîn
mit zühten vür die künegîn.
diu bôt im hêrlîchen gruoz.
nû viel er ir an den vuoz,
er sprach: ›vrouwe rîche,
1215 nû emphâhet gnædeclîche
in iuwer gewalt einen man
dem got deheiner êren gan:
den ich dâ meine daz bin ich.
wider iuch vergâhete ich mich:
1220 des entwanc mich dehein nôt,
wan daz mirz mîn schalcheit gebôt.
des sol ich iu ze buoze stân:
wan ich dar an gevolget hân
tumbes herzen râte.
1225 nû riuwetz mich ze spâte.
jâ warne ich mich ze unzît
sam der hase sô er in dem netze lît:
des ist mîn riuwe worden breit.
ez ist eht als man dâ seit,
1230 daz unrehter hôchmuot
dem manne lîhte schaden tuot.
des hân ich mich enstanden

35

nâch grôzen mînen schanden
und bin es an ein ende komen:
1235 wan er hât mir nâch benomen
zuo den êren daz leben.
ich wil mich schuldic ergeben:
iu ist von mir geschehen leit.
ich binz der iu widerreit
1240 gester ûf der heide.
daz ist mir komen ze leide
daz ich die unzuht vertruoc
daz mîn getwerc die maget sluoc.
der unvuore umbe den geiselslac
1245 hât mich Êrec fil de roi Lac
wol ze buoze gesat,
als in mîn wâriu schulde bat.
er gevalte mich mit sîner hant
und hât mich, vrouwe, her gesant,   32^{vc}
1250 daz ich der selben schulde
gewinne iuwer hulde
und gar in iuwerm dienste stê.
dannoch sage ich iu mê:
ir endurfet umbe in niht sorgen:
1255 er kumt iu selbe morgen
und bringet mit im eine maget
daz iu nieman saget
daz er dehein schœner habe gesehen,
muoz er der wârheite jehen.‹
1260   von disen mæren wurden dô
vil herzenlîche vrô
Artûs und diu künegîn
und lobetens unsern trehtîn,
daz im alsô jungen
1265 sô schône was gelungen
und im sîn êrstiu ritterschaft
mit lobelîcher heiles kraft
iedoch alsô gar ergie:

38 iu] Nu.   **48** gevalte *Müller 131*] geweltigt.   **52** dienste *fehlt.*
54 dǔrffet.   **59** muoz er *Paul 193*] er mǔes.   **60** Von.   **61** hertzlichen.
63 lobtn̄ sein vnnser.   **66** vnd daz im.

wan er begundes vor nie.
1270 oder ez wære
gar ein nîdære,
sône truoc im dâ niemen haz.
ezn wart nie man geminnet baz
von einem ingesinde,
1275 wan er hetez von kinde
umbe si gedienet sô
daz si des alle wâren vrô.
zem ritter sprach diu künegîn:
›iuwer buoze diu sol ringer sîn
1280 dan ir doch gearnet hât.
ich wil daz ir hie bestât
und unser ingesinde sît.‹
daz muoste ouch wesen âne strît.
   alsô diu rede geschach,
1285 der künec zuo den rittern sprach:
›nû suln wir in ze lône
emphâhen vil schône.
wir suln mit rehte einem man
derz sô wol gedienen kan
1290 aller êren gunnen.
er hât es wol begunnen
daz er ze lobenne sol geschehen.‹
des begunden si dô alle jehen.
   dô ez alsô was komen,
1295 als ir dâ vor habet vernomen,
daz Êrecke sô wol gelanc
daz er Îdêrs betwanc
ûf dem hûs ze Tulmein,
der ie ein wârer degen schein,
1300 und dô vrouwe Ênîte
behertet wart mit strîte,
sîns gelückes wâren dô
vil herzenlîche vrô
arme unde rîche

72 so.   73 es ward nyemand.   78 Zu dem.   84 Als.   88 einen.   94 Da.
96 Eregken.   1300 die fraw.   3 hertzenlich.

37

1305 und jâhen alle gelîche,
dâ enwære dehein zwîvel an,
er enwære der tiuriste man
der ie kæme in daz lant.
dâ enwas nieman zehant
1310 dem sîn sige wære leit:
si prîsten sîne manheit.
ir spil begunden si mêren
dô ze sînen êren.
grôz bûhurt huop sich dâ
1315 unde tanzen anderswâ.
in entwâfente der herzoge Îmâin:
in ir schôz leite in
daz kint vrouwe Ênîte
ze ruowe nâch dem strîte.
1320 ir gebærde was vil bliuclîch,
einer megede gelîch.
si enredte im niht vil mite:
wan daz ist ir aller site
daz si zem êrsten schamic sint
1325 unde blûc sam diu kint.
dar nâch ergrîfent si den list
daz si wol wizzen waz in guot ist,
und daz in liep wære
daz si nû dunket swære,
1330 unde daz si næmen,
swâ si sîn reht bekæmen,
einen süezen kus vür einen slac
und guote naht vür übeln tac.   33ʳᵃ
dô bat in der herzoge Îmâîn
1335 daz er die naht geruochte sîn
mit im durch alle minne
mit sîner vriundinne
und bats ouch den geswîen.
des begunde in Êrec verzîhen.
1340 sus antwurte er im dô:

6 ware kain. 7 ware. 8 kam. 9 was. 15 tanntzten. 20 pleůchlich.
22 geredet. 24 zu dem. 25 pleyg. 33 *Lachmann*] vnd zwo guette nacht
für einen ůblen tag. 34 Da. 39 verlihen.

›herre, wie tæte ich danne sô,
solde ich mînen wirt lân
der mir vil guotes hât getân?
er emphienc mich gester,
1345 er und iuwer swester,
in grôzer unkünde wol
und sô daz ich ez dienen sol:
ich weiz wol, baz enmohter.
er gap mir sîne tohter:
1350 durch daz sô lât ez âne zorn.
ern wirt von mir sô niht verborn.
solde ich nû von im wenken,
sô möhte er wol gedenken
er engulte sîner armuot,
1355 des er weizgot niene tuot.
ich sol mit im vil gerne sîn.
mîn stæter wille wirt im schîn:
und suln wir leben halbez jâr,
ich mache in rîche, daz ist wâr,
1360 mirn gebreste des guotes.
mir zerinnet niht des muotes,
ich enbringe in ûf die vart
daz er nie rîcher wart.‹
    dô sprach der herzoge Îmâîn:
1365 ›sît ir bî mir niht wellet sîn,
sô suln wir bî iu bestân,
mit iu ze herbergen gân.‹
des genâdete im vil verre
Êrec der herre,
1370 und sîn sweher tete alsô.
ûf stuonden si dô.
bî handen si sich viengen,
ze herbergen si giengen
und vuorten vrouwen Ênîten
1375 dâ enzwischen an ir sîten.

---

45 iuwer *fehlt.*   **48** enmohter *Wackernagel*] möcht Er.   **51** Er.
59 reicher.   **60** mir.   dann des.   **62** bring.   **63** rîcher *fehlt.*   **64 D**a.
65 bî *fehlt.*   **73** herbergen, herberge *Leitzmann nach Haupt.*   **74** die fraw.

dô hete si wünnen genuoc,
wan si ûf ir hant truoc
den gewunnen sparwære:
daz was wol vreudebære.
1380 sus hâte diu maget
sæleclîche bejaget
von lobe michel êre:
doch vreute si sich mêre
von schulden ir lieben man
1385 den si des tages dô gewan.
ein man den vreuden nie verdrôz,
des kurzwîle was vil grôz.
zen herbergen was grôzer schal.
dâ muoste er geste âne zal,
1390 ritter unde vrouwen,
den selben âbent schouwen:
wande si ladeten gar
alle die eht kâmen dar
zuo den hôchzîten.
1395 der vater vrouwen Ênîten
möhtez niht erziuget hân:
ez muoste an dem herzogen stân.
von sînem hûse man dar truoc
spîse ebene genuoc.
1400   als im erschein der ander tac,
Êrec fil de roi Lac
der enwolde dâ niht langer tweln.
sîn unmuoze begunde er zeln
und sprach er müeste rîten
1405 und vüeren vrouwen Ênîten.
dô bat in ir œheim,
der herzoge von Tulmein,
daz er si müeste vazzen baz:
Êrec der widerredete daz.
1410 golt und silber er im bôt.

80 sus hâte *Lachmann*] Es het.   86 Ein.   88 Zu den.   89 geste] die
pesten.   90 vnnder Rittern vnd vnndern frawen.   91 selben *Baesecke*]
fehlt.   93 eht] nur.   1400 Als.   2 wolt.   5 die frawen.   9 Ereck
dawider redte das.

er sprach des wære im unnôt:
beide ros und gewant,
dar zuo beslôz Êrec die hant,
wan daz er ein pherit nam,
1415 daz ir ze rîtenne gezam,
von ir nifteln, einer maget:
diu was, sô man saget,
mit dem herzogen dâ
unde sîn niftel nâ.
1420 vil güetlîche si in es bat,
alsô lange unz ûf die stat
daz er ez von ir emphie.
und wizzet wol daz vordes nie
in der werlde dehein man
1425 schœner pherit mê gewan.

ez enwas ze michel noch ze kranc,
sîn varwe rehte harmblanc,
sîn man tief unde reit,
[sîn brust starc unde breit,]
1430 mit ganzem gebeine,
ze grôz noch ze kleine.
sîn houbet truocz ze rehte hô.
ez was senfte unde vrô,
mit langen sîten,
1435 man mohtez wol gerîten,
rücke und vuoz guot genuoc:
hei wie rehte sanfte ez truoc!
ez gienc vil drâte über velt
schône sam ein schef enzelt:
1440 dar zuo und ez sanfte gie,
sô gestrûchetez doch nie.
der satel was alsam,
daz ez dem pherde wol gezam:
daz gesmîde sam ez solde
1445 von rôtem golde.

---

23 vor der.   **24** kain.   **25** mê] ye.   **26** Es was.   **27** harmlblanck.
28 recht tieff.   reit *Schönbach, Über Hartmann von Aue, 1894, 324*] prait.
29 *fehlt, Ergänzung von Schönbach, ebd.*   **35** wol *Pfeiffer 200*] vil.

waz sol des langiu mære
wie daz geworht wære?
des muoz ich iuch vil verdagen:
wan solde ichz iu allez sagen,
1450 sô würde der rede ze vil.
den lop ich iu enden wil
mit vil kurzen worten:
die darmgürtel wâren borten.
    als ez in gezogen wart,
1455 diu reise wart niht mê gespart.
vrouwe Ênîte urloup nam,
als einem kinde wol gezam,
vil heize weinende,
ze rîten in ellende
1460 von ir lieben muoter.
diu sprach: ›rîcher got vil guoter,
dû geruoche mînes kindes phlegen.‹
mit triuwen langer wart der segen.
nû errahte daz scheiden
1465 manegen trahen in beiden
unde dar zuo ir vater.
unsern herren got bater
daz er ir müeste walten.
Êrec sagete dem alten,
1470 swenne im sîn bote kæme,
swaz er von dem vernæme,
daz er dar nâch tæte:
wan er den willen hæte
ze tuone sîner armuot buoz.
1475 dô neic er im an den vuoz
und was des gedingen vrô.
urloup nâmen si dô
von allem dem gesinde dâ
unde schieden sich sâ
1480 unde riten von dan.
Êrec wolde nieman

---

46 *Pfeiffer 200*] solt daz lannge.   **49** sol.   **53** von porten.   **54** Als es
eingezogen ward. in *Okken 84 Scholz*] im *die übr.*   **56** die fraw.   **67** got
fehlt.   **75** naigt.

42

mit im von stete rîten lân:
mit heile bat er si dâ bestân.

  alsô si dô beide
1485 kâmen ûf die heide,
Êrec begunde schouwen
sîne juncvrouwen.
ouch sach si vil dicke an
bliuclîchen ir man.
1490 dô wehselten si vil dicke
die vriuntlîchen blicke.
ir herze wart der minne vol:
si gevielen beide ein ander wol
und ie baz unde baz.   33^{rc}
1495 dâ envant nît noch haz
ze blîbenne dehein vaz:
triuwe und stæte si besaz.

  nû riten si vil drâte,
wan er gelobet hâte
1500 ze komenne an dem selben tage.
nâch der küneginne sage
westen die guoten knehte
alle vil rehte
die zît wenne er solde komen:
1505 ouch hâten siz vernomen
von dem ritter der dâ kam,
an dem er den sige nam.
diu ros wâren in bereit.
dô genôz er sîner vrümekeit.
1510 mit dem künege Artûse
riten von dem hûse
Gâwein und Persevâus
und ein herre genant alsus,
der künec Iels von Gâlôes,
1515 und Estorz fil roi Ares,
Lucâns der schenke schein in der schar,

82 stat. **84** Also. **89** Pleuchlich. **95** vant. **97** staete] stå=/. **1502** so
wissten. **4** sol. **8** Die. **12** Gawein; *vgl. 1152/53.* Perseuans; *vgl. Chr.*
1526. **14** Yelß von Galoes; *fehlt bei Chr., vgl. 1526ff.* **15** Torsuilroiares;
vgl. 1661 und Chr. 1528 und Varianten. **16** Lucans; *vgl. Chr. 1529.*

dar zuo diu massenîe gar,
daz sin emphiengen alle
mit ritterlîchem schalle,
1520 geselleclîchen unde wol,
als man lieben vriunt sol
der verlorner vunden ist.
gegen im was zer selben vrist
über den hof gegangen,
1525 daz er würde emphangen,
mîn vrouwe diu künegîn.
si hiez in willekomen sîn:
sîner âventiure was si vrô.
vrouwen Ênîten nam si dô,
1530 si sprach: >vrou maget wol getân,
dirre kleider sult ir wandel hân.‹
nû vuorte si diu rîche
in ir heimlîche.
dâ was ir ein bat bereit,
1535 und wart nâch ir arbeit
gebadet vaste schône.
diu vrouwe mit der krône,
ir lieben gast si kleite:
wan dâ was bereite
1540 vil rîchez gewant.
si nâte selbe mit ir hant
in ein hemde daz magedîn:
daz was wîz sîdîn.
daz hemde si bedahte,
1545 daz manz loben mahte,
mit einem rocke wol gesniten
nâch kerlingischen siten,
weder zenge noch ze wît:
der was ein grüener samît
1550 mit spannebreiter lîste,
dâ si si in brîste,
mit gespunnem golde

18 sin] sy. **23** zu derselben. **29** die frawen. **38** klaidet. **39** beraitet.
47 karlischen. **51** daz sy sich inpryßte.

beidenthalp sô man solde,
von ietweder hende
1555 an der sîten ende.
ouch wart vrouwen Ênîten
gegurt umbe ir sîten
ein rieme von Îberne:
den tragent die vrouwen gerne.
1560 vür ir brust wart geleit
ein haftel wol hande breit,
daz was ein gelpher rubîn:
doch überwant im sînen schîn
diu maget vil begarwe
1565 mit ir liehten varwe.
der roc was bevangen,
mit einem mantel behangen
der im ze mâze mohte sîn,
daz geville hermîn,
1570 daz dach ein rîcher sigelât.
disiu küneclîche wât
was gezobelt ûf die hant.
ein borte ir hâr zesamene bant:
der was ze mâze breit,
1575 kriuzwîs überz houbet geleit.
sô guot was des schapels schîn,
ez enmohte borte niht bezzer sîn.
    ir kleit was rîch, si selbe guot.
nû bedahte vrouwe Armuot   33va
1580 von grôzer schame daz houbet,
wan si was beroubet
ir stat vil vrevenlîchen.
si muoste danne entwîchen,
von ir hûse sî vlôch:
1585 Rîcheit sich in ir gesæze zôch.
alsô schœne schein diu maget
in swachen kleidern, sô man saget,

56 der frawen.　　**61** hanndes.　　**64** beygarbe.　　**67** einem *fehlt.*
69 hårmelein.　　**75** v̆ber das.　　**76** schåppeli.　　**77** es mocht von porten.
78 I *vorgeschrieben, Lombarde nicht ausgeführt.* selber.　　**79** die fraw.
85 sich] sy.

45

daz si in sô rîcher wât
nû vil wol ze lobe stât.
1590 vil gerne ich si wolde
loben als ich solde:
nû enbin ich niht sô wîser man,
mirn gebreste dar an.
selh sin ist mir unkunt.
1595 ouch hât sich manec wîser munt
in wîbes lobe gevlizzen,
daz ich niht möhte wizzen
welhen lop ich ir vunde,
ezn sî vor dirre stunde
1600 baz gesprochen wîben.
si muoz von mir belîben
ungelobet nâch ir rehte,
wans gebrist mir tumben knehte.
doch bescheide ichz sô ich beste kan
1605 und als ichz vernomen han,
sô was ûzer strîte:
ez was vrouwe Ênîte
diu aller schœniste maget
diu ie, sô man saget,
1610 in des küneges hof kam.
    diu küneginne si nam
vriuntlîchen bî ir hant
und gienc dâ si den künec vant
sitzen nâch sînem rehte
1615 mit manegem guoten knehte
dâ zuo der tavelrunde.
die zer selben stunde
dâ gesâzen oder sît,
der hete einer âne strît
1620 an lobe den besten gewin.
des jâhen si alle under in,
wande er nâch sage nie

90 si *fehlt.*   **92** bin.   **93** mir.   **94** solher.   **95** so manig.   **98** vunde]
munde.   **99** es sey von.   **1603** Wann das.   **6–9** *Vgl. Wigalois 6307–13.*
7 die fraw.   **16** dâ] daz.   **17** zu derselben.

deheine bôsheit begie
unde tugent sô manecvalt
1625 daz man in noch zalt
ze einem dem tiuristen man
der ie stat dâ gewan:
des hete er zem sedel guot reht,
Gâwein der guote kneht.
1630 dâ bî Êrec fil de roi Lac
und Lanzelot von Arlac
und Gornemanz von Grôharz
und li bels Côarz
unde Lais hardîz
1635 unde Meljanz von Lîz
und Maldwîz li sages
und der wilde Dodines
und der guote Gandelus.
bî dem saz Êsus,
1640 dar nâch der ritter Brîên
und Îwein fil li roi Urjên
unde ze allen êren snel
Îwân von Lônel.
ouch saz ir dâ mêre,
1645 Îwân von Lafultêre
und Owein von Galiot
und Gasosîn von Strangot.
ouch saz dâ zehant

23 kain boshait, deheine lôsheit *Haupt Leitzmann.*   **27** ie *Bech 434] fehlt.*
28 zu dem sedes.   **29–97** *Vgl. zum folgenden Ritterkatalog die entspre-
chende Passage bei Chrétien, V. 1691–1750.*   **29** Gawine.   **31** Lanzelot
von Arlach; *vgl. Chr. 1694 und Wigalois 10071:* Lanzelet der Arlac.
32 Gornamans von Grohaiß; *vgl. Chr. 1695 und Varianten.*   **33** Libels
Coaᵍß; *vgl. Chr. 1696.*   Côarz *Nellmann 242 Scholz]* Côharz *die übr.*
34 Lays hardis; *vgl. Chr. 1697.*   **35** Melians von lyß; *vgl. Chr. 1698.*
36 Maldwitz Lisages; *vgl. Chr. 1699.*   **37** der wilde Todines; *vgl. Chr. 1700
und Varianten.*   **38** der gûte Gandelus; *vgl. Chr. 1701f.*   **39** Esus; *vgl. Chr.
1705 und Varianten.*   **40** Brien; *vgl. Chr. 1705.*   **41** Ywain filarois Vrien;
vgl. Chr. 1706.   **43** Ywan von Lonel; *vgl. Chr. 1707.*   **44** mer.   **45** Ywan
von Lafulter; *vgl. Chr. 1708 und Varianten.*   **46** Onam von Galiot; *vgl. Chr.
1709 und Varianten.*   Owein *Scholz (z. St.)]* Onam *die übr.*   **47** Gasosin
von Strangot; *vgl. Chr. 1710 und Varianten.*

der mit dem guldîn bogen genant,
1650 Tristram und Gârel,
Blîobleherîn und Titurel,
Garedeas von Brebas,
Gues von Strauz und Baulas,
Gaveros von Rabedic
1655 und des küneges sun von Ganedic,
Lis von quinte carous,
Isder von mun dolerous,
Îhêr Gaherïez,
Maunis und der kal Galez,
1660 Gran, Godoans und Gareles
und Estorz fil Ares,
Galagaundris und Gâlôes
und fil Dou Gilfles,
Lohût fil roi Artûs,   33vb
1665 Segremors und Praverâûs,
Blerios und Garredo mechschin,

49 der mit dem guldin poge; *vgl. Chr. 1712.* **50** Tristram; *vgl. Chr. 1713
und Varianten.* Garel; *fehlt bei Chr.* **51** Bliobleherim; *vgl. Chr. 1714.*
Titurel; *fehlt bei Chr.* **52** Garedeas von Brebas; *vgl. Chr. 1719 und
Varianten.* **53** Gues von strauß; *vgl. Chr. 1725 und Varianten.* baulas; *vgl.
Chr. 1729.* **54** Gaueros von Rabedick; *vgl. Chr. 1721 und Varianten.*
55 Ganedick; *vgl. Chr. 1722.* **56** Lis von quinte cardus; *vgl. Chr. 1723.*
57 Isder von Mundolerous; *vgl. Chr. 1724.* Isdex *Leitzmann nach Haupt.*
58 Iher Gaheries *A,* Iher, Gaherîes *Scholz,* her Gaherîez *Okken 84,* Îhêr *unde*
Gaheries *Müller Bibl. Nr. 59,179 Anm. 318,* Îthêr von Gaheviez *Haupt und
die übr. nach Parz. 145,15*; *vgl. Chr. 1725.* Gaherïez *Nellmann 242.*
59 Maŭnis vnd der kale Gales; *vgl. Chr. 1726 und Varianten.*
60 Glangodoans vnd Gareles; *vgl. Chr. 1727 und Varianten.* Gran, Godoans
Scholz (z. St.) Nellmann 242] Grangodoans *Leitzmann nach Haupt,* Glan-
godoans *Cormeau/Gärtner Brandt 154.* **61** vnd Estos filares; *vgl. 1515 und
Chr. 1728.* **62** Galagaundris vnd Galoes; *vgl. Chr. 1738.* **63** vnd Fildon
giloles; *vgl. Chr. 1729 und Varianten.* Gilfles *Scholz (z. St.) Nellmann 242
(zu 2669)*] Giloles *die übr.* **64** Lohŭt fil roy artus; *vgl. Chr. 1732 und
Varianten.* **65** Saygremors; *nach Iwein 88* Segremors; *vgl. Chr. 1733 und
Varianten.* Praueraus, Prauerâûs *Leitzmann nach Haupt*; *vgl. Chr. 1737.*
66–93 *Von den folgenden Namen haben nur wenige noch genauere Ent-
sprechungen bei Chrétien.* **66** Blerios vnd Garredomechschin. Garredo
mechschin *Scholz Nellmann 242*] Garredoinechschin *Leitzmann,* -dom-
Haupt Cormeau/Gärtner; *zu* Garredo *vgl. 1652.*

48

Los und Troimar lo mechschin,
Brîên lingo mathel
und Equinot fil cont von Haterel,
1670 Lernfras fil Keiîn
und Henec suctellois fil Gâwîn,
Lê und Gahillet
von Hochturasch, Maneset
und Gatuain, Batewain
1675 fil roy Cabcaflin,
Galopamur, daz ist wâr,
fil Îsabon und Schonebâr,
Lanfal und Brantrivier,
Malivliôt von Katelange und Barcinier,
1680 der getriuwe Gothardelen,
Gangier von Neranden
unde Scos der bruoder sîn,
der küene Lespîn
und Machmerit, Parcefâl von Glois
1685 und Seckmur von Rois,
Inpripalenôt und Estravagaot,
Pehpimerôt und Lamendragot,
Oruogodelet
und Affibla delet,
1690 Arderoch, Amander

67 los vnd Troy marlomechschin; Los *vgl. Chr. 1737.* **68** Brien lingo
mathel; *vgl. Chr. 1745.* **69** Equinot filcont von Haterel. von *fehlt
Leitzmann nach Haupt.* **70** Lernfras fil Gain; *vgl. Chr. 1739.* Keiîn
Scholz (z. St.)] Gaîn *die übr.* **71** Henec suctellois fil Gawin; *vgl. Scholz
z. St.* **72/73** Le vnd gahillet · von Hochturasch; *nach Parz. 25,17* Kaylet
von Hoskurast. **73** Maneset. **74/75** R.*Middleton, Bibl. Nr. 36,13*] vnd
Gatuain Batewain / fil roy Cabcaflir, und Gatuain Batewain fil roy Cabcaflir
Haupt als ein Vers ohne Reimpartner, und Batewain fil roy Cabcaflir *Leitz-
mann als ein Vers ohne Reimpartner.* Batewain *vgl. Chr. 1735 und Vari-
anten.* **76** Galopamŭr. **77** fil Ysabon vnd schonebar. **78** Lanfal vnd
Brantriuier. **79** Malivliot von Gattelange; *vgl. Parz. 186,22 und Tit.23,1.*
Barcinier. **80** gothardelen. **81** Gangier von Neranden. **82** Scos.
83 lespint. **84** Machmerit. Parcefal von glois; *vgl. Chr. 1526 und Vari-
anten.* **85** Seckmur von rois. **86** Inpripalenot vnd Estravagaot.
87 Peh/pimerot vnd Lamendragot. **88** Oruogodelet. **89** Affibla delet.
90 Arderoch Amander; *zwei Namen Scholz (z. St.), ein Name die übr.*

und Ganatulander,
Lermebion von Jarbes,
fil Mur, Defemius a quatre barbes.
nû hân ich iu genennet gar
1695 die tugenthaften schar.
ir was nâch der rehten zal
vierzec und hundert über al.
    nû vuorte si diu künegîn
gegen der menigîn.
1700 der wunsch was an ir garwe.
als der rôsen varwe
under wîze liljen güzze,
und daz zesamene vlüzze,
und daz der munt begarwe
1705 wære von rôsen varwe,
dem gelîchete sich ir lîp.
man gesach nie ritterlîcher wîp.
alsô si dô under die
von êrste zuo der tür in gie
1710 und si sitzen gesach,
schame tete ir ungemach.
diu rôsen varwe ir entweich,
nû rôt und danne bleich
wart si dô vil dicke
1715 von dem aneblicke,
ze gelîcher wîse als ich iu sage:
als diu sunne in liehtem tage
ir schîn vil volleclîchen hât,
unde gâhes dâ vür gât
1720 ein wolken dünne und niht breit,
sô enist ir schîn niht sô bereit
als man in vor sach.
sus leit kurzen ungemach
diu juncvrouwe Ênîte

91 Ganatulander; *vgl.* Schîânatulander *im Parz. und Tit.*   **92** Lermebion von Iarbes.   **93** *Scholz (z. St.]* filmur defemius aquaterbardes, fil mur defemius aquater bardes *die übr.*   **94** Nu.   **95** *Bech]* tugenthaffte.
1701 Rosenuarbe.   **8** die] sy.   **9** von ersten zu dem Turn ingie.   **21** ist.

1725 von schame unlange zîte.
dô si zer tür in gie,
ir schœnez antlütze gevie
der wünneclîchen varwe mê
und wart schœner dan ê:
1730 ei wie wol ez ir gezam
dô ir varwe wandel nam!
von grôzer schame daz geschach:
wan si nie mê gesach
sitzen ensamt sô manegen helt
1735 von ganzen tugenden ûz erwelt.
dô diu maget in gie,
von ir schœne erschrâken die
zer tavelrunde sâzen
sô daz si ir selber vergâzen
1740 und kapheten die maget an.
dâ enwas dehein man,
ern begunde ir vür die schœnsten jehen
die er hæte gesehen.
der künec gegen ir gie:
1745 bî der hant er si vie,
vrouwen Ênîten,
und sazte si an sîn sîten
unde anderhalp sîn
die tugenthaften künegîn.   33ᵛᶜ
1750 nû gedûhte ouch den künec zît
daz er den ritterlîchen strît
zehant enden wolde.
ir wizzet daz er solde
sîn reht hân genomen,
1755 daz habet ir ê wol vernomen,
von diu daz imz sô wol ergie
daz er den wîzen hirz gevie,
diu mit gelîchem mære

---

26 zu dem Turn.   **33** nyemer.   **34** versambt.   **38** zu der.   **41** was kain.
42 *Lachmann*] Er begunde Ir die schöneste veriehñ.   **46** die Frawen.
47 an sein syten, besîten *Leitzmann nach Haupt.*   **50** Nu.   **56** von diu daz
imz *Lachmann*] dieweil im.   **58** diu] da.

diu schœniste dâ wære,
1760 daz er die kuste an ir munt.
des hâte er unz an die stunt
durch die künegîn erbiten.
nû enwart niht dâ wider gestriten,
si enwære diu schœniste dâ
1765 und über die werlt ouch anderswâ.
wan ich sage iu rehte wie
ir schœne vür die andern gie:
als ob an einer vinstern naht
die sterne wæren unbedaht,
1770 daz man si möhte wol gesehen,
sô müeste man von schulden jehen,
si wæren wol genæme
ob in niht schœners kæme.
und sô den mânen sîn zît
1775 in der naht her vür gît,
sô hât man die wolgetânen
ze nihte bî dem mânen:
si dûhten lobebære,
ob der mâne niene wære
1780 und ob er si niht enlaschte
mit sînem liehten glaste.
sus swachete ir varwe
die vrouwen begarwe.
ouch vuor der künec ungebeit
1785 behalten sîn gewonheit,
als im si sîn vater liez
– sîn vater Uterpandragôn hiez –,
daz er den kus næme dâ
und ouch niender anderswâ
1790 wan swâ ez die guoten knehte
gesageten im ze rehte.

63 ward. **64** war. **68** an *fehlt.* **69** v̆berdackt. **72** ware. **73** schöner.
74 Und. den mannen Ir zeit. **77** den mannen. **79** ob der Mann ynne
wåre. **82** verschwachte. **83** begarwe] all bey garbe. **85** zu behalten.
87 Urpandragon; *Wolff nach Iwein 897* Uterpandragon; *vgl. Chr. 1811.*
90 die] im die. **91** gesagen. im *fehlt; vgl. 1790.*

52

ûf stuont der künec dâ:
sîn reht nam er sâ
von sînes neven vriundîn.
1795 daz mohte wol âne haz sîn,
wan Êrec was sîn künne.
      nû huop sich michel wünne
ûf dem hûs ze Karadigân.
daz was ze liebe getân
1800 im und sîner vriundîn.
wâ möhte grœzer vreude sîn
dan man dâ hâte ze aller zît?
si vlizzen sich enwiderstrît,
alle die dâ wâren,
1805 vrœlîchen gebâren.
      dô gedâhte der tugentrîche
Êrec vil ritterlîche
an sînes swehers armuot
unde sande im schœnez guot
1810 bî sînem boten in sîn hûs,
daz gap im der künec Artûs,
zwêne soumære,
der bürde was vil swære.
si truogen silber unde golt,
1815 wan er was der tohter holt,
daz er sich schône kleite
und er sich wol bereite
ze varne in sînes vater lant:
daz was Destregâles genant.
1820 bî sînem boten bater
den künec Lac sînen vater
daz er sînen sweher alten
zweier hiuser lieze walten,
diu er im benande
1825 in sînem lande,
und daz si wæren sîn eigen.
mit namen begunder si zeigen,

92 do.   **93** so.   **96** kunde.   **1803** widerstreyt *A Haupt.*   **5** zu frolichen *A*
Haupt.   **6** Da.   **13** der] die.   **19** Destregales; *fehlt bei Chr.*   **22** seinem.

Montrevel und Rôadân.

daz was allez getân.

1830 als er diu hiuser ze im gewan,

dô wart der edel man

ergetzet swes im ie gewar:

unnôtic wart er gar.

man tete in alsô rîche

1835 daz er sich hêrlîche

mit in begân mohte,

als sînem adel tohte.

nû grîfe wir wider an die vart

dâ von der rede begunnen wart.

1840 dô Êrec hin ze hove kam

und der künec sîn reht genam,

vrouwe Ênîte reizte daz,

diu dort als ein engel saz

mit schœne und ouch mit güete,

1845 daz Êreckes gemüete

vil herzenlîche nâch ir ranc.

der tage dûhte in ze lanc,

daz er ze langern zîten

ir minne solde bîten

1850 dan unz an die næhsten naht.

ouch truoc si im bedaht

einen willen dem gelîch,

daz ez wære wætlîch,

und hetez nieman gesehen,

1855 daz dâ wære geschehen

ein vil vriuntlîchez spil.

zewâre ich iu daz sagen wil,

dâ was der Minnen gewin:

diu Minne rîchsete under in

1860 und vuocte in grôzen ungemach.

dô einz daz ander ane sach,

---

28 Montreuel vnd Roadan; *vgl. Chr. 1339 und 1335.*   **30** gewan] nam.
32 swes *Wesle*] was.   **36** begân] piegen.   **38** Nu greyffen.   **42** die fraů.
45 Êreckes *Pfeiffer 203*] Eregk sein.   **46** hertzlichen.   **53** das were
wagleich.   **58** mynne.   **59** rîchsete *Leitzmann 224*] sich senet, rîchsent
Lachmann.

dô enwas in beiden niht baz
dan einem habeche, der im sîn maz
von geschihte ze ougen bringet,
1865 sô in der hunger twinget:
und als ez im gezeiget wirt,
swaz ers dâ vür mêre enbirt,
dâ von muoz im wirs geschehen
dan ob ers niht hete gesehen.
1870 alsô tete in daz bîten wê
zuo der mâze und dannoch mê.
ir beider gedanc stuont alsô:
›jâ enwirde ich nimmer vrô,
ich engelige dir noch bî
1875 zwô naht oder drî.‹
ez gerten ir sinne
anderre minne,
dar nâch si gemâzet sint,
danne dâ ein sunder kint
1880 sich nâch sîner muoter sent,
diu ez guotes hât gewent,
sô si im ir gruoz diutet
und im die hende biutet
vor dem dâ von im leit geschiht.
1885 untiurre gerten si des niht
des si doch gewunnen sît.
     nû was ouch briutennes zît,
wan ez wære in beiden liep getân.
nû enwolde in des niht erlân
1890 der tugenthafte Artûs,
er enbrûte in sînem hûs
ze vreuden sînem lande.
zehant er ûz sande,
swar er mohte gereichen,
1895 brieve und wortzeichen,

62 was. **64** geschichten *A Haupt.* **70** Im. **71** massen. **73** wirde.
74 gelige. **76** begerten. **77** andere. **78** vnd Sy. **79** danne *Kraus ZfdA*
44,173] also. **82** bedeůtet. **84** vor dem dâ von *Paul 194*] von dem da.
85 untiurre *Bech*] mit verre. begerten. **87** Nu. **89** wolte. **91** praute.
95 warzaichen.

55

daz im die vürsten kæmen
und alle diez vernæmen
von allen landen wîten
ze sînen hôchzîten.
1900 diu brûtlouft wart gesprochen
in der phingestwochen.
    nû nenne ich iu die grâven gar
unde ouch der vürsten schar
diu zuo den hôchzîten kam
1905 dâ Êrec vroun Ênîten nam.   34ʳᵇ
ez wâren rîche geste:
grâve Brandes von Doleceste,
der brâhte in sîner schar
vünf hundert gesellen dar,
1910 der geziuc was lobelîch,
zuo im gekleit alle gelîch,
unde grâve Margôn,
geboren von Glufiôn,
die herren von Alte montanje,
1915 deist nâhen bî Britanje,
und grâve Libers von Treverîn
mit zehenzec gesellen sîn,
der rîche grâve Gundregoas
und der herre Maheloas,
1920 von dem glesînen werde genant.
sus stuont ez umbe sîn lant
daz dar über benamen nie
dehein ungewiter ergie:
ouch was dâ grôzer gemach,
1925 wan man dâ nie wurm gesach:
dâ enwart nie kalt noch heiz,
als manz von der wârheit weiz.

1902 Nu.   **5** fraw.   **6** reich=/geste.   **7** der Graue Brandes von Doleceste;
vgl. Chr. 1935 und Varianten.   **10** gar lobeliche.   **12/13** Vnd Marggraue
Margǔn · geporn von glufiun; *vgl. Chr. 1937f. und Varianten.*   **14** alte
Montanige; *vgl. Chr. 1939.*   **16** der Graue libers von Treferain; *vgl. Chr.
1941.*   **17** zehen zech gesellen.   **18** der Reich herre Graue Gundregoas;
vgl. Chr. 1943.   **19** maeloas; *vgl. Chr. 1946 und Varianten.*   **22** dar über
Lachmann] darumb.   **23** kain.   **25** nye kain.   **26** ward.

Gresmurs Fîne Posterne,
den sach man dâ gerne,
1930 und sîn bruoder Gimoers genant,
der wert Avalôn hiez sîn lant:
des sælde was niht kleine,
wan er minnete ein feine,
diu hiez Marguel.
1935 ouch kam Dâvîd von Luntaguel:
der herzoge Guelguezins kam dar
mit hêrlîcher schar:
der Hôhe bois sô hiez sîn gewalt.
nû sint iu die herzogen gezalt
1940 und die grâven über al.
    nû vernemet ouch der künege zal.
ir wâren zehene, sô man zalt,
vünve junc und vünve alt,
alle gewaltic unde rîch.
1945 besunder hâten si sich
gesellet ritterlîchen,
die jungen ze ir gelîchen,
die alten zuo den alten:
diu mâze wart behalten.
1950 die jungen wâren, sô man seit,
gelîch geriten und gekleit:
die alten wâren rehte alsam,
zer mâze als ouch in gezam.
    nû prüeve ich iu der jungen wât:
1955 samît unde sigelât
zesamene geparrieret,
enmitten gezieret
mit vêhen gevillen,

28 Gresmurs fine posterne; *vgl. Chr. 1952.*   **29** dâ *Lachmann*] *fehlt.*
30 Gimoers; *vgl. Chr. 1954 und Varianten.*   **31** Avalôn] nach lone; *nach*
Chr. 1955 Avalon.   **34** Marguel; *vgl. Chr. 1957.*   **35** kam dar. Dauid von
Luntaguel; *vgl. Chr. 1959.*   Dâvîd] Dâvît *die übr.*   **36** Buelgnezins; *nach*
Chr. 1961 Guergesins, *vgl. Varianten.*   **38** Hôhe bois] hocheben; *nach Chr.*
1961 Haut Bois.   **41** Nu.   **43** fůnff Iunge vnd fůnf alt.   **44** all
geweltiklich.   **47** zu Iren.   **51** so man *nach* geriten *wiederholt, vgl. 1950.*
53 zu der.   **54** iu der *fehlt.*   **55** Samat.   **57** mitten.   **58** mit fehem
geuille.

vil rehte nâch ir willen
1960 ze enge noch ze wît gesniten.
[diu ros diu die jungen riten]
garwe swarz sam ein raben,
diu enkunden niht wan draben.
dise riten vor in daz lant.
1965 ir iegelîch vuorte ûf der hant
vier mûze einen sparwære.
diu schar was lobebære:
ir brâhte iegelîcher dar
driu hundert gesellen in sîner schar.
1970 an ir wât was der vlîz.
der êrste künec Carnîz,
Schorces sîn lant hiez,
und der künec von Schotten Angwisiez
mit zwein sünen sîn,
1975 genant was einer Côîn
und der ander Goasilroet,
und künec Bêals von Gomoret.
     diz was diu junge ritterschaft.
nû kâmen dar mit hêrschaft
1980 vünf alte künege rîche.
die wâren ouch gelîche
beide geriten und gekleit.
si hâten an sich geleit
ir alter ein gezæme wât,
1985 als manz von in vernomen hât,   34ʳᶜ
den besten scharlach den man vant
über allez Engellant.
diu geville wâren grâ,
daz nieman anderswâ
1990 dehein bezzern mohte hân,

59 Irem wille.   **61** *fehlt, Ergänzung von Haupt.*   **62** gar.   **63** kunden.
niht wan] nicht, rehte *Haupt.*   **65** yeglicher.   **71** Carneis; *vgl. Chr. 1965.*
72 schorces; *vgl. Chr. 1965.*   **73** von den Schotñ Angwisieß; *vgl. Chr.
1970.*   **75** Choein; *vgl. Chr. 1972.*   **76** Goasilroet; *vgl. Chr. 1972.*
77 behals von Gomoret; *vgl. Chr. 1975.*   **78** Ditz.   **82** vnd auch.
86 *Gärtner 79 Scholz*] den pesten praunen Scharlach so man vant, den besten
brûnât den man vant *Bech (vgl. Leitzmann 216).*   **90** kain. pessern, bezzer
Leitzmann nach Haupt.

ze Riuzen noch ze Pôlân.
si was lanc unde breit,
allenthalben drûf geleit
dickiu blech von golde,
1995   daz gewürhte als ez solde,
guot unde wæhe
unde alsô spæhe
daz man ez volprîsen muoz,
gezobelt breit ûf den vuoz.
2000   der zobel was daz nie dehein man
deheinen bezzern gewan
noch tiurern envant
über allez Connelant.
des landes phliget der soldân,
2005   wan ez ist im undertân:
ez ist lanc unde wît.
Conne beslozzen lît
zwischen den landen beiden,
den Kriechen und den heiden.
2010   der beste zobel kumt von dan
den diu werlt ie gewan.
diz was der vürsten kleit.
dar under hâten si geleit
rîche bellize alsam
2015   als ez der obern wât gezam.
ir iegelîches huot
was von zobel harte guot.
    geriten wâren si vil wol,
als ich iu sagen sol,
2020   ir pherit blanc snêwîz.
an in was aller der vlîz
der rîchen alten wol gezam:
ir gereite guot alsam,
von guotem golde was sîn schîn.
2025   daz daz gesmîde solde sîn,
daz was von silber durchslagen,

92 Sy.   **94** dick.   **95** geworchte.   **98** volprîsen *Leitzmann 231*] wol
preysen.   **2000** kain.   **2** vant.   **9** vnd hayden.   **17** harte *Leitzmann*]
fehlt.   **18** Beriten.

mit liehtem golde übertragen,
ir darmgürtel borten breit.
dô disiu schar reit
2030 ze Britanje in daz lant,
ir iegelîchem ûf der hant
ein schœner habech saz,
sehs mûze oder baz.
dô was guot kurzwîle
2035 des weges drî mîle.
si vunden guote beize dâ:
beide bach unde lâ
lâgen antvogele vol.
swaz ein habech vâhen sol,
2040 des vunden si dâ vil.
man gesach ouch nie vederspil
sô manegen schœnen vluc getuon.
den antvogel und daz huon,
den reiger und den vâsân
2045 sâhen si vor in ûf stân,
den kranech an dem gevilde
und die gans wilde.
ouch vuorten ir knappen
des tages von den trappen
2050 ir satel vol behangen,
wan dâ was gar gevangen
swaz ir wart gestoubet.
vil garwe beroubet
wart daz gevilde
2055 [an vogelen und an wilde:]
swâ der hase erschrecket wart,
daz was sîn jungeste vart.
dô si nâch der beize riten
unde vriuntlîchen striten,
2060 under in was ein bescheiden haz:
ir iegelîch wolde daz dâ baz

27 liehtem *Leitzmann*] *fehlt.*   28 von porten.   37 bach *Bech*] påche.
41 nie] nye souil.   43 Den.   48 knaben.   50 wol.   52 ir *Lachmann*] In.
53 gare.   55 *fehlt, Ergänzung von Haupt.*   58 Da.   60 under in] sŭnder.
61 yeglicher.

sîn habech gevlogen hæte,
als man ouch noch tæte.

2065 nû reit der künec Artûs
engegen in von sînem hûs
mit sîner massenîe gar
und emphienc die hêrlîchen schar
mit vil grôzer werdekeit: 34va
ir komennes was er vil gemeit.

2070 ez wurden die guoten knehte
emphangen nâch ir rehte
und vil baz behalten.
nû nenne ich iu die alten.
daz was der künec Jernîs

2075 von Riel, biderbe unde wîs.
der brâhte mit im dar
eine lobelîche schar,
driu hundert gesellen.
der alter hœret zellen:

2080 in was daz houbet gar
und der bart snêvar,
nider gewahsen alsô tief
daz er in ûf die gürtel swief.
der aller jungest, daz ist wâr,

2085 der hete vierzic und hundert jâr.
      nû vernemet waz ir mêre sî.
der getwerge künec Bîlêî
und sîn bruoder Brîans genant:
Antipodes hiez ir lant.

2090 ez enwurden einer muoter kint,
die bruoder geheizen sint,
nie ungelîcher danne sî,
Brîans und Bîlêî.
uns saget daz wâre mære

2095 daz Brîans langer wære

---

64 Nu.   **65** gegen.   **70** Es.   **74/75** Leruis von Rieß; *nach Parz. 234,13*
Jernîs von Rîl, *vgl. Chr. 1985.*   **79** hœret alter.   **86** Nu.   **87** Biley; *vgl.*
Chr. 1994.   **88** Brians; *vgl. Chr. 1996.*   **89** Xuripodes; *nach Chr. 1994*
Antipodés.   **90** wurden.   **93** Bîlêî] Bilter, *ohne Reimpunkt.*   **94** sagent
das war mære, sagent daz wâriu mære *Haupt.*

61

dan iemen bî sînen zîten
in allen landen wîten
anderhalbe spanne:
sô saget man uns danne
2100 daz dehein getwerc enwære noch sî
kurzer danne Bîlêî.
swes im an wahsenne gebrast,
daz hete der wênige gast
vol an dem muote.
2105 ouch envant man an dem guote
niht vil sîner ebenrîchen.
er kam dar hêrlîchen.
sîn geselleschaft was grôz:
er brâhte dar zwêne sîne genôz,
2110 ouch herren über getwerge lant.
die wâren alsô genant,
Grigoras und Glecidolân.
die künege ich genant hân.
nû emphienc der künec Artûs
2115 ze Karadigân in sînem hûs
dise rîchen geste
sô er mohte beste.
    nû was komen der tac
daz Êrec fil de roi Lac
2120 solde nemen vrouwen Ênîten.
wes möhten si langer bîten?
wan si wârens beide vrô.
zesamene gap si dô
eines bischoves hant
2125 von Cantwarje ûz Engellant.
dô huop sich dâ ein hôchzît
daz man ir vollen lop gît.
dâ erschein dehein armuot.
dâ was sô manec ritter guot

96 yemands. 2100 kain Zwerg wêre. 2 was im am. 4 wol. 5 vant.
6 vil seiner, sînen *Leitzmann nach Müller 132.* 10 vber der Gezwerg.
12 Grigorff vnd Gleodolan; *nach Chr.* 2005 Grigoras et Glecidalan, *vgl.*
Varianten. 14 Nu. 15 Garadigan. 22 waren des. 25 Catwarie; *vgl.*
Chr. 2032. 26 dô] so. ein *fehlt.* 27 man *fehlt.* 28 kain.

2130 daz ich iu ze einer mâze
wil sagen von ir vrâze:
wan si ahten mêre
ûf ander êre
danne daz si vræzen vil.
2135 dâ von ich iu kurze wil
gesagen von der wirtschaft.
dâ was alles des diu überkraft
des liute und ros solden leben:
des wart in âne mâze gegeben,
2140 wan daz man des næme
als es menneclîch zæme.
bûhurt, tanzen huop sich hie,
sô der imbîz ergie,
unde werte unz an die naht.
2145 sô wart dâ trûren bedaht.
alsô si des verdrôz,
sô was ir vreude sus grôz.
zen vrouwen si giengen
die si schône emphiengen.   34vb
2150 dâ was diu handelunge guot.
dar zuo vreuwete in den muot
daz vil süeze seitspil
und ander kurzwîle vil,
sagen unde singen
2155 und snelleclîchen springen.
dâ was aller künste kraft,
von allen ambeten meisterschaft.
die aller besten spilman
die diu werlt ie gewan
2160 und die meister wâren genant,
der was dâ zehant
driu tûsent unde mêre.
ez geschach nie grœzer êre

---

34 daz *fehlt.*   **35/36** kurze wil / gesagen *Müller*] kurtzen wil · ze sagen.
37 diu überkraft] v̆ber crafft, diu kraft *Leitzmann nach Pfeiffer 205.*
41 menneclîch *Wolff*] mannlich. gezame.   **42** bûhurt *Pfeiffer 205*] **D**a hurt.
47 ir] ye.   **48** Zu den.   **51** freyet.   **52** Saitn̄spil.   **56** kunst.
57 Ambtern.

weder vordes noch sît
2165   dan zuo der selben hôchzît.
   swaz der diete dar kam,
diu guot umbe êre nam,
der entete man niht eines rât.
den gelimph varndez volc hât,
2170   swâ man einem vil gît
und dem andern niht, des hât er nît
und vluochet der hôchzît.
des enkam dâ niemen in den strît,
wan si wurden rîche
2175   alle gelîche.
man gap dâ vil starke.
von golde drîzec marke
die gap man dâ vil manegem man
der vor nie gewan
2180   eines halben phundes wert.
si wurden alle sô gewert
des wætlîch nimmer mêre ergât.
beide ros unde wât
gap man der swachen diet
2185   die vordes nieman beriet.
alsô wart daz wol behuot
daz dâ nieman umbe guot
dem anderen nît truoc:
man gap in allen genuoc.
2190   dâ enwart nieman geschant:
man gap in allen zehant.
emphâhens zeran in nie
unz daz diu hôchzît zegie,
unz an den vierzehenden tac.
2195   sus brûte Êrec fil de roi Lac.
   als diu brûtlouft nam ende,
nû schiet mit rîcher hende

64 vor dem.   **66** Was.   **67** diu] der *A Haupt.*   **68** der tet man aines nicht
rat *A Haupt.*   **69** den gelimph] denn gleich, den gwîs *Lachmann.*   **73** kam.
74 da reiche.   **82** des warlichen, dêz wætlîch *Haupt.*   **85** vordes *Wolff*]
vor. nyemands.   **87** dâ *fehlt.*   **89** gabe.   **90** ward. *Lachmann*] gesant.   **95** sus
brûte *Pfeiffer 206*] Sŭnst lange praŭte.   **96** Also. *Lachmann*] prautschafft.

vil vrœlîchen von dan
manec wol sprechender spilman.
2200 die sprâchen alle
mit gelîchem schalle
wol den hôchzîten:
Êrecke und vrouwen Ênîten
wunschten si aller sælekeit.
2205 diu was in doch nû bereit
lange unde manec jâr.
ir wunsch wart volleclîche wâr,
wan zwei gelieber wurden nie
unz ez der tôt undervie,
2210 der allez liep leidet
sô er liep von liebe scheidet.
ouch wolden urloup hân genomen
die vürsten die dar wâren komen.
nû lancte die hôchzît
2215 der wirt vierzehen naht sît.
Êrecke ze liebe tete er daz,
wan er in sînem herzen saz,
und ouch durch vrouwen Ênîten.
zen andern hôchzîten
2220 stuont ir vreude alsam ouch ê:
ir enwart niht minner, ir wart mê.
   nû jâhen des genuoge,
ez wære âne vuoge
ob ein alsô guot man
2225 solde scheiden von dan,
dâ enwürde ein turnei genomen,
sît si durch vreude wæren komen
ze Britanje in ir lant.
des antwurte Gâwein zehant,
2230 die solden ouch si vinden dâ.
einen turnei nam er sâ

98 von dann, dan *Leitzmann nach Bech.*   **2202** den *Lachmann*] von.
3 Erecken.   **5** im.   **7** wol vŏlliklich.   **8** gelieben.   **11** so der leib.
14 lenget.   **16** Ereck.   **19** zu der.   **21** ward. wart] wurd.   **22** jâhen des
Leitzmann 221] sprachen das.   **24** also ein gŭt; ein *nachgetragen.*
26 wurd.   **29** Gawin.

wider dise vier gesellen,
der namen hœret zellen:
Entreferich und Tenebroc,
2235 Mêlîz und Meljadoc.
der turnei wart gesprochen
über drî wochen
von dem næhsten mântage.
nâch der âventiure sage
2240 sô solde der turnei sîn
zwischen Tarebrôn und Prûrîn:
daz was in gelîche gelegen,
in beiden ze halben wegen.
nû schieden dise viere man
2245 mit urloube von dan,
daz si sich bereiten dar zuo,
wan ez was in niht ze vruo.
    Êrec fil der roi Lac
maneger gedanke phlac,
2250 wie er dar sô kæme
als sînem namen gezæme,
wan er vor der stunde
turnierens nie begunde.
vil dicke gedâhte er dar an,
2255 in swelhem werde ein junger man
in den êrsten jâren stât,
daz er daz immer gerne hât.
er vorhte den langen itewîz.
deste grœzeren vlîz
2260 gâben sîne ræte
wie erz dâ wol getæte.
dô enwas er niht sô rîche
daz er volleclîche
mohte mit dem guote
2265 volziehen sînem muote.

33 namen *fehlt.* **34** Entreferich vnd Tenebroch; *vgl. Chr. 2131.* **35** Melis
vnd Meliadoch; *vgl. Chr. 2132.* **36** Der. **41** entzwischen Tarebron.
Prûrîn *wie 2353 und Parz. 134,12*] Eturein; *vgl. Chr. 2131–37.* **42** gleich
wol. **44/45** Nu schieden von dann · mit vrlaub dise vier Mann.
55 werde] were. **62** Da was.

swaz aber im des gebrast,
daz meinte daz er dâ was gast:
sîn lant was im verre,
Artûs der herre
2270 gap im swaz er vor gesprach.
doch was er im dar an gemach
daz es in iht bevilte.
er entweich sîner milte
mit bete swâ er mohte,
2275 als sîner schame tohte.
er hæte wunder getân,
möhte er gehabet hân
nâch sînem willen volle hant.
als ez im nû was gewant,
2280 dar nâch sazte er sînen muot.
sîn harnasch enwas niht sô guot
noch selh sîn geselleschaft,
als ob er hete des guotes kraft.
nâch sîner maht vienc erz an.
2285   nû pruofte der junge man
drîe schilte gelîch
und driu gereite alsamelîch
mit einem wâfen garwe:
doch schiet si diu varwe.
2290 der ein im hurtlîch genuoc was,
ûze ein liehtez spiegelglas,
vil verre glaste der schîn,
dar ûf ein mouwe guldîn,
zer mâze sô si solde,
2295 innen gar von golde.
der ander von sinopel rôt:
dar ûf slahen er gebôt
ein mouwen von silber wîz:
diu was geworht in selhen vlîz
2300 daz man si sô kurzer stunde

67 daz meinte *Paul 194*] Er maynet.   *Wolff*] was da.   ein gast.   70 sprach.
81 was.   90 ein im *Bech*] einem.   91 aussen.   92 der, des *Leitzmann
nach Pfeiffer 206.*   93 ein *fehlt.*   94 zu der.   96 Cinober *A Haupt.*
97 er slahen *A Haupt.*   99 sölhm̄.   2300 stunden.

niht baz erziugen kunde
und innen dem erren gelîch:
der was genuoc ritterlîch.
alsô wart der dritte var,
2305 von golde ûze und innen gar,
dar ûf ein mouwe zobelîn,
diu niht bezzer mohte sîn,
dar über ein buckel geleit:
von silber schône zebreit
2310 diu rîs, ze breit noch ze smal,
si beviengen daz bret über al:
daz bestuont diu mouwe.
innerhalp ein vrouwe
an dem vordern orte:
2315 der schiltrieme ein borte
mit guotem gesteine:
des enwas er niht eine.
si wâren innen alle gelîch,
die riemen alsamelîch.
2320 nû pruofte er nâch der ahte   35ra
sô er behendeclîchest mahte
drî banier samelîch,
einem iegelîchen schilte sîn gelîch.
dar zuo Êrec der junge man
2325 mit Artûses helfe gewan,
des küneges von Britanje,
vünf ros von Spanje,
helme von Poitiers,
halsberge von Schamliers,
2330 îserkousen von Glenîs.
der herre junc unde wîs
ze iegelîchem rosse vuorte er
von Lôfaigne zehen sper,

1 kunden.   2 innen *Ehrismann 384*] nyenen. erennen.   5 aussen.   7 diu
Pfeiffer 206] daz die.   11 beuieng.   12 daz] des.   14 vordern] vor dem.
15 der Schilt ein rieme porte.   17 was.   18 alle ynnen *A Haupt.*   19 all
sameleich.   22 samenlich.   30 îserkousen *Gärtner 80 Scholz*] Issercos-
sen *A*, îserkolzen *die übr.*   31 vnd auch.   32 zu einem yeglichen.
33 lofainge, Lôfanige *Leitzmann Wolff.*

von Etelburc die schefte,
2335 geverwet ze ritterschefte.
sîn helm gezieret schône:
ein engel ûz einer krône
von golde geworht schein.
wâpenroc und kovertiure al ein,
2340 beide genuoc kuntlîch,
grüener samît phelle rîch,
zesamene geparrieret,
mit borten wol gezieret.
vünfzehen knaben er gewan,
2345 sô behende daz dehein man
deheine tiurere vant
ze Britanje überz lant.
iegelîches harnasch was guot,
ein panzier und ein îsenhuot
2350 und ein kiule wol beslagen.
sîniu sper truoc ein wagen
hin dâ der turnei solde sîn,
zwischen Tarebrôn und Prûrîn,
ê dan Êrec würde bereit.
2355 als ich ê hân geseit,
dâ was ouch turneies zil:
guoter ritter kam dar vil.
   als er wolde rîten
   und von vrouwen Ênîten
2360 dô begunde scheiden,
von den gesellen beiden
ein getriuwiu wandelunge ergie,
unde sage iu rehte wie:
der vil getriuwe man,
2365 ir herze vuorte er mit im dan,
daz sîn beleip dem wîbe
versigelt in ir lîbe.

36 seinen *A Haupt.*   **37** ûz *Lachmann*] zu.   **38** schein] schon.   **39** allain.
40 kintlich.   **41** vnd phelle.   **45** kain.   **46** dhain tewre.   **47** v̆ber das.
48 des yegliches.   **49** panntzer.   **51** ein *fehlt.*   **53** Prurein.
56 Turnieres.   **57** komen.   **58** vnd als *A Haupt.*   **59** und *fehlt.* der
frawen.

an der sambeztages naht
kam mit aller sîner maht
2370 der künec Artûs dar.
er brâhte sîn massenîe gar.
nû wâren die besten dâ ze wege
geherberget nâch ir phlege.
die uopten ritterlîchen schal.
2375 die herberge wâren über al
mit liehten bestaht
deiswâr alle die naht.
Êrec herbergete dort
von den andern an ein ort.
2380 deheines schalles er began:
er lebete als ein vol karger man
ungiudeclîchen
und enwolde sich niht gelîchen
einem guoten knehte,
2385 und von allem rehte.
giudens urloup möhte er hân
derz dicke vür in hete getân:
er endûhte sich niht sô vollekomen
noch an manheit vernomen,
2390 daz ez im erloubet möhte sîn.
swelher der gesellen sîn
durch geselleschaft geruochte
daz er sîn herberge suochte,
der wart schône emphangen dâ
2395 mit gruoze baz dan anderswâ:
an swelhen andern dingen
erz niht mohte bringen,
dâ schein sîn wille alsô
daz ir iegelîcher was vrô
2400 swâ er im ze lobenne geschach.
in minnete allez daz in sach.

---

68 Sambstag.   **72** wâren *Lachmann*] wurden.   **73** beherbergt.   **76** liehten
Wackernagel] liechter.   **77** deiswâr *Lachmann*] das war.   **78** beherberget.
81 wol.   **83** wolt.   **87** derz *Lachmann*] des Er.   **88** dauchte.   sô *Pfeiffer
206*] *fehlt.*   wolkomen.   **89** an *Pfeiffer 206*] an seiner.   **91** welhe.

er tete alsam der Sælden schol:
man enspræche im anders niht sô wol.
　　nû lebete disiu ritterschaft
2405　mit gewonlîcher vreuden kraft,
als man ze turneien phlac.
morgen an dem suntac　　　　　　　　　　35rb
tâten si als ez in was gewant:
si hiezen ir îsengewant
2410　vegen unde riemen.
dâ was lützel iemen
wan den turnierens wol gezam.
alsô dô vür kam
vil kûme mitter tac,
2415　Êrec fil de roi Lac
der wâfente sich sâ
ê iemen anderswâ,
daz er die êrsten tjost næme
und in vür kæme,
2420　swâ er des state vunde.
nû wâren ouch zer stunde
vür komen ûf den selben muot
gesellen zwêne, ritter guot:
und als si in gesâhen,
2425　zuo im begunden si gâhen
ûf vil gewissen sin.
der ein tjostierte wider in:
den selben er von dem rosse stach.
dem andern alsam geschach.
2430　ir rosse er niene ruochte,
wan daz er vürbaz suochte
ritterschefte mêre.
dô geviel im diu êre
diu in an lobe zierte,
2435　daz er vünfstunt tjostierte
alsô daz nie ritter baz.
zwô genâde vuocten im daz:

2402 der Sælden schol *Lachmann*] der selige sol.　**3** spreche.　**4** Nu.
8 ez *fehlt.*　**16** so.　**17** ê *fehlt.*　**21** zu der.　**29** also.　**32** Ritterschafft *A
Haupt.*　**34** an] on.　**35** geiustierte.

71

sælde und grôze werdekeit,
die hâte got an in geleit.
2440 dise tjost hete er genomen
ê ieman wære ze velde komen,
wan si was genuoc vruo.
doch riten si enmitten zuo
von ietwederem teile.
2445 ze grôzem sînem heile
menneclîch diu ros sach
dâ er die ritter abe stach,
dô si dâ liefen hin und her.
si sprâchen alle: ›jâ, herre, wer
2450 mac disiu ros erlediget hân?
ez hât benamen Êrec getân.‹
vil wol wart er geprîset dâ.
nû huop sich ouch sâ
vil rîch diu vespereide
2455 enmitten ûf der heide.
des wart vil guot diu ritterschaft,
daz ietwederhalp ir kraft
wac vol gelîche.
dô wart ritterlîche
2460 genuoc getjostieret
und wol gepunieret
und geslagen mit dem swerte.
die wîle der turnei werte,
Êrec fil de roi Lac
2465 grôzer unmuoze phlac.
swer im gewartet solde hân,
der endorfte diu ougen niht ruowen lân:
man sach in dort unde hie.
baz turnierte ritter nie.
2470 si nâmen alle sîn eines war:
er was ie der êrste dar

38 sælde und] also. **40** Dise. **41** yemand, man *Haupt.* ze velde ware *A Haupt.* **47** abe] von *A Haupt.* **48** luffen. **52** Vil. **57** yetwederm halb. **58** wac *Lachmann*] was. vol *Leitzmann 231*] wol. **61** gepungieret. **65** vnmasse. **67** dorffte. **68** unde *Pfeiffer 207*] vnd nu. **69** geturnierte. **71** ie *Pfeiffer 207*] *fehlt.*

und der jungeste dan.
Êrec den prîs gewan
des âbendes ze beiden sîten:
2475 des jâhen si âne strîten.
er reit unz im diu naht benam.
dô menneclich ze herberge kam,
ander rede dô niemen phlac
wan: ›Êrec fil de roi Lac
2480 der ist der baz tuonde man
den unser lant ie gewan
von sînen jâren.
er enmöhte niht baz gebâren.‹
des wart grœzlîche gejehen.
2485 im was des âbendes geschehen
dâ von er prîs bejagete.
    morgen als ez tagete,
Êrec ûf machte sich.
sîn êrste vart was ritterlich:
2490 zuo der kirchen er gie
und ergap sich dem noch nie
voller genâden zeran: 35ʳᶜ
ez enwart ouch nie gar vrumer man,
an im enstüende sîn rât:
2495 wan der in vor im hât
an allen sînen dingen,
der versehe sich gelingen.
Êrec trûwete im vil sêre
umb sîn ritterlîche êre,
2500 daz er der geruochte phlegen.
als sich endete der segen,
schilt und ros was im bereit.
nû diuhte mich diu genendekeit
lobelîch unde grôz,
2505 daz er âne wâfen blôz

72 von dan.   **76 Er.**   **77** *Okken 87 Scholz*] měniclichñ, man *die übr.*
78 ander] an diser.   **83** mocht.   **84** des] der. groslichen.   **86** dâ von er *Paul
194*] wann der den.   **87** ez *fehlt.*   **88** Êrec] Er.   **91** sich *Wolff*] sich im.
demnach.   **92** Vollegenaden.   **93** ward.   **94** stǔnde.   **98** trûwete im *Lach-
mann*] tauret In.   **2503** gnedikait.   **5** daz Er on waffen plos · daz Er ane ·.

73

und gesellelôs ze velde kam,
wan daz er vünf knaben zuo im nam.
der iegelîcher vuorte driu sper.
diu selben vertete er
2510 ze rehter tjost unde bar,
daz des niemen wart gewar
von sînem teile.
nâch disem heile
stal er sich wider in,
2515 als ez niender wære umbe in.
    nû hâte vrouwe Melde
vruo gesant ze velde
einen garzûn besehen
waz Êrecke wære geschehen
2520 ze êren und ze prîse.
daz tete der wortwîse
dem künege Artûse erkant.
die er ligende noch vant,
die begunde er strâfen
2525 und beruofen umbe ir slâfen.
er sprach: ›wes liget ir hie?
wer bejagete noch ie
mit slâfe dehein êre?
hiute hât Êrec sêre
2530 gurbort sper unde swert.
got gebe im heil swenne ers gert.
ich wil im immer guotes jehen:
ich hân an im ersehen
alsô manlîch getât
2535 des er immer êre hât.‹
sus machete er im vriunde mê
und stuont ze prîse baz dan ê.
    ein kurze ruowe er dô nam.
wan als schiere er wider in kam,
2540 dô wâren si alle ûz komen

---

8 yetzlicher.   **16** die fraw.   **18** ein Carzun zu besehen.   **19** Erecken.
21 der *Lachmann*] *fehlt.*   **22** erkant *Bech*] zehant, bekant *Lachmann*.
31 Er sein begert.   **32** nymmer.   **38** ein] Sein.   **40** wider auskomen.

und hâten messe vernomen,
als sis beginnen solden
die turnieren wolden.
ein lützel âz er unde tranc:
2545 vil enliez in der gedanc
den er hin wider hâte.
vil wunderlîchen drâte
wâfente sich dô menneclich:
alsam tete er sich.
2550 daz geschach nie sô schiere
sô daz si die gesellen viere,
Entreferich Tenebroc
Mêlîz und Meljadoc,
über jenez velt sâhen
2555 mit ir baniere gâhen.
si hâten grôze kraft
und genendige ritterschaft,
manege banier rîche,
von varwe misselîche.
2560 Êrec unde Gâwein
und swaz dâ ritterschefte schein,
ûf machten si sich sâ.
dô hôrte man dâ
michel kroiieren
2565 vor den banieren.
Êrec der êrste an si kam,
als einem ritter gezam.
wâpenroc und krône
machete in ûz schône
2570 unde sô daz dâ zehant
dehein ritter was sô verre erkant.
Êrec der herre
kam in vür sô verre
daz er tjostierens state gewan.

44 getranck *A Haupt.*   **45** liesse.   **46** den] deren.   **47** wunderliche *A*
Haupt.   **48** menneclich *Wolff*] mannlich.   **55** paner.   **57** genedige.
58 Paner.   **60** Ereck.   **64** kragieren.   **65** vor *Lachmann*] von.   **68** krône
W. Grimm] sein krone.   **73** in *A Okken 87 Scholz*] hin *die übr. nach*
Lachmann.

2575 engegen in reit ein vrum man:
der hôchvertige Landô
sûmte tjostierens si dô.
der hetez vordes âne wân
alsô dicke wol getân   35va
2580 daz man in nande
zem besten in sînem lande.
Êrecke dô sô wol geschach
daz er in von dem rosse stach.
er urborte sich sêre,
2585 wan dannoch vertete er mêre
zwelf sper enzwischen den scharn.
des muoste in sîn grôz tuht bewarn
daz er unbekumbert dô beleip.
   alsô lange er daz treip
2590 unz man im den schilt zestach
und mit slegen sô zebrach
daz er im ze nihte tohte.
als er gewerlîchest mohte,
sô staphete er ûz von in.
2595 schilt und ros gap er hin:
ûf ein anderz er gesaz
und warnte sich mit schilte baz
und mit niuwem baniere.
daz entete er nie sô schiere
2600 ê er die sîne zuo sach varn.
nû enmohte er zwischen den scharn
getjostieren mêre.
nû wart dâ vil sêre
geslagen und gestochen,
2605 manec sper zebrochen,
dô beidenthalp diu ritterschaft
mit sô williger kraft
zesamene liezen strîchen.
nû mohte sich gelîchen

---

75 in *fehlt.*   vrum *Leitzmann 172*] frummer.   **76** Lando; *vgl. Chr. 2175.*
78 vordes] vor die.   **81** Zu dem.   **82** Ereck.   **86** zwischen.   **91** sô] da.
98 new=/en.   **99** tet.   nie] mer.   **2601** mochte.   **6** die bedenthalben.

2610 der schal von den scheften
niuwan dâ von windes kreften
ein walt begunde vallen.
dô tete erz vor in allen,
Êrec fil de roi Lac,
2615 wande er den mântac
maneges ros erledegete dâ.
diu liez er von der hant sâ,
daz er ir deheinez nam,
wan er dar niene kam
2620 ûf guotes gewin.
dar an kêrte er sînen sin,
ob er den prîs möhte bejagen.
ich wil ouch iu zewâre sagen,
sîn lîp wart lützel dâ gespart.
2625 dô der turnei stânde wart,
dô sach man in sô dicke
niender als in der dicke,
dâ er muoste emphâhen unde geben.
man sach in manlîche leben.
2630 als er getjostierte genuoc
und mit dem swerte gesluoc
unz daz er muoden begen,
durch ruowe entweich er von in dan.
als er von dem rosse gesaz,
2635 ein soldier nam daz
und seite ims genâde unde danc.
sîn ruowe werte unlanc.
als er den helm abe gebant,
sîn knaben wâren dâ zehant
2640 und lôsten im daz hüetelîn,
als er erküelet solde sîn,
des im doch niht state geschach,
wan er die sîne sach
vlühteclîche entwîchen
2645 und doch müezeclîchen:

11 wann.   15 an dem.   17 diu] da.   24 da lützel.   30 Als.   35 soldier
Bech 443] scholdiers.   37 werte] Er.   43 sîne *Bech 443*] seinen.
44 flüchtiklichen.

77

sô ruhten si ie baz und baz.
nû begunde in bedunken daz,
si wæren enschumphieret nâch.
ze rosse wart im alsô gâch,
2650 daz er des helmes vergaz.
mit blôzem houbete er ûf saz:
von geschihte begreif er
beide schilt unde sper.
dô enwart niht langer gebiten:
2655 schône kam er in geriten
mit sîner baniere.
wære er niht schiere
den sînen ze helfe komen,
si müesten schaden hân genomen
2660 unde enschumphieret sîn.   35ᵛᵇ
daz was dar an wol schîn,
si wâren alle entwichen dan:
ze wer enthielt sich nieman
von al der massenîe
2665 niuwan die drîe:
her Gâwein der edel man,
der doch nie lasters teil gewan
unde aller tugende wielt,
fil Dou Gilfles bî im hielt
2670 und Segremors: dise drî
enthielten vaste wider sî.
si tâtenz dâ, wizzet daz,
sô nie drî ritter baz,
wan si mit stichen noch mit slegen
2675 von stete niemen mohte erwegen.
doch müesten si sîn gevangen,
und wære daz ergangen
von der grôzen überkraft,

---

48 enschimpfieret.   **52** geschichten begreifft.   **54** ward.   **55** er *fehlt.*
60 enschimpfieret.   **64** von al der] vor oder.   **65** die *Bech 443] fehlt.*
66 herˢ Gawin.   **69** Vildon Gilules.   Gilfles *Scholz Nellmann 242]* Gilules
die übr.; vgl. Chr. 2230.   **70** Seygremors; *vgl. Chr. 2231.*   **71** wider]
vnnder.   **75** nymmer.

diu aller dinge ist meisterschaft,
2680 – wider si niemen niht mac –
wan daz Êrec fil de roi Lac
schône in geriten kam,
als vriunde an der nôt gezam,
rehte sam des windes dôz.
2685 sîn manheit was alsô grôz
daz er si alle drâte
umbe gekêret hâte.
noch muoste erz enblanden
grimme den handen,
2690 esn wære anders niht geschehen.
als diz die sîne heten ersehen,
nû kêrten si wider dâ zehant.
wider in tjostierte Boidurant.
den edeln ritter entsazte er
2695 ouch mit sînem sper.
guot wort bejagete er dâ.
die vîende enschumphierte er sâ,
er eine in kurzer wîle
wol dritteil einer mîle.
2700 dar kam im sîn geselleschaft
ze helfe mit ir kraft
und tâten si âne widerstrît
vaste unz an ir hâmît.
daz dritte ros gap er hin.
2705 harte schœnen gewin
hete sîn geselleschaft begân,
des âne in niht wære getân.
    sîn genôz des tages manec man
der von im dâ vil gewan.
2710 grôz was ir bejaget.
des wart im dô genâde gesaget

79 die aller ding ist, diust aller dinge Leitzmann (2679/80 als Parenthese).
80 nymmer.   83 vriunde] frombde.   85 so.   87 vmbkert.   90 esn Wolff]
sein.   91 sein haben.   93 Boydurant; vgl. Chr. 2182.   94 ensatz.
97 enschůmpfet.   99 dritteil A Okken 87 Scholz] driu teil die übr.
2702 Reimpunkt fehlt, vgl. 2703.   3 hâmît Lachmann] hanndt.   5 harte]
vil.   6 begân] getan.   8 Sein.

und gezam si deste mêre
ze sprechen sîn êre.
dô dûhte in von schulden grôz
2715   daz er durch sîn houbet blôz
von ungewarheit niht vermeit
daz er schône in reit
und sô genendeclîchen
die vîende tet entwîchen.
2720   Gâwein tetez des tages dâ
guot als ouch anderswâ
und nach sîner gewonheit.
diu was, sô man seit,
daz nimmer dehein man gesach,
2725   swâz im ze tuone geschach
daz man ritterschaft urborte,
er enschine dâ ie in dem worte
daz ez niemen vür in tæte:
des ist sîn lop noch stæte.
2730   vil ritterlîchen stuont sîn muot:
an im enschein niht wan guot,
rîch und edel was er genuoc,
sîn herze niemen nît entruoc.
er was getriuwe
2735   und milte âne riuwe,
stæte unde wol gezogen,
sîniu wort unbetrogen,
starc schœne und manhaft.
an im was aller tugende kraft.
2740   mit schœnen zühten was er vrô.
der Wunsch hete in gemeistert sô,   35^{vc}
als wirz mit wârheit haben vernomen,
daz nie man sô vollekomen
ans künec Artûses hof bekam.
2745   wie wol er im ze gesinde zam!

14 in von schulden *Okken 87 Scholz*] von im fulden, von im vollen *die übr.*
18 gnediclichen.   **20** Gawin.   **21** als] wie.   **23** diu] da.   **26** urborte]
erpote.   **27** schain.   **31** erschain nichts.   **33** nît] nichts.
39 tugentcrafft.   **41** Wunsch] wûst.   **43** nyemant.   **44** an des.
45 getzam.

ûf êre leit er arbeit.
harte grôze manheit
erzeigete er den tac:
âne Êrecken fil de roi Lac
2750 sô bejagete dâ niemen mêre:
wan er bejagete guot und êre.
zwêne ritter vienc er dâ zehant:
der ein Ginses was genant,
der ander Gaudîn de Montein:
2755 dise vienc Gâwein.
Êrec fil de roi Lac
den lâze ich vor den einen tac,
vürbaz entar ich,
wan man saget, sîn gelich
2760 ze Britanje kæme nie:
kam aber er dar ie,
daz mohte Êrec wol sîn:
daz was an sînen tugenden schîn.
dô dâ ir vîende wâren getân
2765 in hâmît, als ich gesaget hân,
Êrec vrâgen began
ob her ûz dehein man
wolde tjostieren mêre
durch sîner âmîen êre.
2770 dô jach ein ritter zehant,
der was Roiderodes genant,
daz er tjostieren wolde,
obz mit vride wesen solde.
des was Êrec vil vrô:
2775 vride gelobete er im dô.
engegen im er ze velde reit,
wan er an sîner manheit

47 harte] vil.   **50** er da.   **51** da gŭt.   **52** Zwen.   **53** Ginses; *vgl. Chr.
2226.*   **54** Gandin demontain; *vgl. Chr. 2227.*   **55** Gabin.   **58** getar.
64/65 Do da waren getan · Ir veinde in vånckn̆ss, dô dâ wâren in getan / ir
vînde in hâmît *Haupt.*   **70** jach *Leitzmann 221*] sprach.   **71** Royderodes;
vgl. Chr. 2182 und Varianten und 2192.   Roiderodes *Brandt 154*] roi de
Rodes *Nellmann 242 Scholz (z. St.).*   **73** vride] freuden.   **74** vil *Bech*] *fehlt.*
76 gegen.

was vil unerværet:
daz hâte er dicke bewæret.

2780 zuo ein ander was in ger.
âne vælen zwelf sper
vertete ir ietweder dâ.
nû erbeizete von rosse sâ
der tugenthafte Êrec

2785 unde gap daz enwec.
ûf daz vünfte er dô saz:
bereite was ime daz.
sîn ernest des gedâhte,
daz er ouch volbrâhte:

2790 er enwolde ez niht mê sûmen,
er bat im ez rûmen.
daz sper er undern arm sluoc.
guot wille si zesamene truoc.
nû erriet er in daz ers emphant

2795 zen vier nageln gegen der hant.
alsô sêre er in stach
daz im daz vürbüege brach.
darmgürtel und surzengel brast,
sam ez wære ein vûlez bast.

2800 im beleip ein swachez phant,
der zoum zebrochen in der hant.
er viel dô im misselanc
von rosse wol drîer schefte lanc.
daz er in dem satel gesaz,

2805 vil sêre prîste Êrecken daz,
wan er hâtes êre.
dâ enwas ze tuone niemêre.
    nû hete der turnei ende.
âne missewende

2810 schiet diu massenîe dan.
Êrec der tugenthafte man
wart ze vollem lobe gesaget.

83 von seinem.   **90** wolt. es, si *Leitzmann*.   **91** er bat im ez rûmen *Bech und Jänicke 114*] pat aufzeraumen, bat ûf rûmen *Haupt.*   **92** vnder den.
93 gueter.   **95** zu den.   **2803** von dem.   **5** prîste Êrecken *Lachmann*]
briefte Ereck.   **7** dann was.

den prîs hete er dâ bejaget,
und den sô vlieclîchen
2815 daz man begunde gelîchen
sîn wîsheit Salomône,
sîn schœne Absolône,
an sterke Samsônes genôz.
sîn milte dûhte si sô grôz,
2820 diu gemâzete in niemen ander
wan dem milten Alexander.
sîn schilt was zebrochen,
mit spern sô zestochen,
man hete viuste dâ durch geschoben.   36ʳᵃ
2825 sus verdiente Êrec sîn loben.
    dô daz mære ûz kam
und vrouwe Ênîte vernam
sô grôze tugent zellen
von Êrecke ir gesellen,
2830 dô was ir sîn manheit
beide liep unde leit.
daz ir liebes dran geschach,
daz was daz man im wol sprach.
daz si leides dran gewan,
2835 daz was, si weste wol ir man
in sô getânem muote,
im enwolde got mit huote
genædeclîchen bî gestân,
sô vorhte si in unlange hân,
2840 wan er den lîp ûf êre
solde wâgen sêre,
und wan erz versuochte,
sô ein zage enruochte
man spræche im übel oder guot.

---

16 sîn wîsheit *Gierach 313*] seinen weyszthumb.   Salomone; *vgl. Chr. 2267.*
17 sîn *Leitzmann 153*] an.   Absolone; *vgl. Chr. 2266 und Varianten.*
18 Sambsonis; *vgl. Chr. 2268* Et de fierté sanbloit lion.   **20** gemâzete in]
gemasten.   **21** Allexander; *vgl. Chr. 2270.*   **26 D**o.   ûz *fehlt.*   **27** vnd es.
29 Ereck.   **32** liebes] laides.   **37** *Lachmann*] sein wolte.   **38** bî gestân]
bestan, bî stân *Lachmann.*   **39** *Lachmann*] Sy vorchte In so.   **44** weder
man im sprâche.

83

2845 ouch hâte sich vil snelle ir muot
der zweier eines bewegen,
daz ir ze manne wære ein degen
lieber dan ein arger zage,
unde lie swache klage
2850 und was sîner manheit
beide stolz und gemeit.
 dô der turnei was ergân,
der künec reit ûf Karadigân
mit sîner massenîe.
2855 ir iegelîches âmîe
emphienc den ir mit vreuden dô.
ouch tete alsô
vrouwe Ênîte.
unlange zîte
2860 beliben si ze hove dâ.
urloubes gerte er sâ
von dem künege Artûse
ze rîten heim ze hûse
in sînes vater lant:
2865 daz was Destregâles genant.
des mohte in dunken grôziu zît:
wan er was dar niht komen sît
daz er was ein kindelîn.
wie möhtes baz zît sîn?
2870 als im dô ze muote wart
umbe die heimvart,
dô nam er an sich
sehzec gesellen, die er gelich
zuo ime kleite
2875 unde wol bereite.
die vuorte der tugenthafte man
zuo geselleschefte dan.
sînen boten er sande
vor hin heim ze lande,
2880 derz sînem vater tæte kunt.

46 zwayer zweifel. **49** liess. **58** die fraw. **62** von, ze *Leitzmann*, an
Gierach 529. **63** zu reiten, rîten *Leitzmann.* **68** ein *fehlt.* **70** Als.
73 er *fehlt.* **77** gesellschafft. **79** vor hin] voran.

ouch rante er dâ ze stunt
hin gegen Karnant,
sô was ir houbetstat genant,
unde vant den künec dâ
2885 unde sagete im sâ
waz im sîn sun enbôt.
des emphienc er rîchez botenbrôt:
wan ez gelebete der künec Lac
nie vrœlîchern tac
2890 danne den dô er vernam
daz im sîn lieber sun kam.
er was rüemic unde vrô.
vil drâte besande er dô
beide mâge unde man,
2895 der er vünf hundert gewan,
und reit engegen im drî tage.
nâch der âventiure sage
sô emphiengen si alle gelîche
harte vriuntlîche
2900 Êrecken mit sînem wîbe.
ez endorfte vrouwen lîbe
baz erboten werden nie
dan ouch ir dô man si emphie.
    der alte künec Lac
2905 vil grôzer vreuden phlac,
wan si gâben im beide
schœne ougenweide,
Êrec mit vrouwen Ênîten.
ze swederer sîten   36rb
2910 er sînhalp sach, sô vreute er sich,
wan ir beider lîp was wünneclich.
sîn sun geviel im wol,
als einem man sîn kint sol,
des schœne wol gerâten hât

---

82 Garnant; *vgl. Chr. 2315.*   **83** also.   **92 Er.**   **94** maget.   **95** der
Zingerle ZfdA 27,139] daz.   **96** gegen.   **99** harte *Müller 133]* vnd gar, und
harte *Haupt.*   **2901** bedorffte.   **6** in.   **9** Zu weder seiner *A Haupt.*
10 sach ·.   sich] sich doch ·.   **14** des schœne] der schon, des sun *Lach-*
mann.

2915 und alsô gar ze lobe stât:
doch geviel im vrouwe Ênîte baz.
wol bescheinte er in daz:
er vuorte si heim ze Karnant
unde gap dô sîn lant
2920 in ir beider gewalt,
daz er ze künege wære gezalt
und daz si wære künegîn:
er hiez si beide gewaltic sîn.
    Êrec was biderbe unde guot,
2925 ritterlîche stuont sîn muot
ê er wîp genæme
und hin heim kæme:
nû sô er heim komen ist,
dô kêrte er allen sînen list
2930 an vrouwen Ênîten minne.
sich vlizzen sîne sinne
wie er alle sîne sache
wante zuo gemache.
sîn site er wandeln began.
2935 als er nie würde der man,
alsô vertreip er den tac.
des morgens er nider lac,
daz er sîn wîp trûte
unz daz man messe lûte.
2940 sô stuonden si ûf gelîche
vil müezeclîche.
ze handen si sich viengen,
zer kappeln si giengen:
dâ was ir tweln alsô lanc
2945 unz daz man messe gesanc.
diz was sîn meistiu arbeit:
sô was der imbîz bereit.
swie schiere man die tische ûf zôch,
mit sînem wîbe er dô vlôch
2950 ze bette von den liuten.

17 Im.   **18** Garnant.   **19** dô *fehlt*.   **33** wennte.   **35** warde.
41 müessikleiche, unmüezeclîche *Leitzmann 228*.   **43** Zu der.   **44** wellen.
48 Wie.

dâ huop sich aber triuten.
von danne kam er aber nie
unz er ze naht ze tische gie.
   dô Êrec fil de roi Lac
2955 ritterschefte sich bewac,
der tugende er dannoch wielt,
dâ er sich schône an behielt,
swie er deheinen turnei suochte,
daz er doch beruochte
2960 sîne gesellen alle gelîche
daz si vil volleclîche
von in selben mohten varn.
er hiez si alsô wol bewarn
als ob er selbe mit in rite.
2965 ich lobe an im den selben site.
Êrec wente sînen lîp
grôzes gemaches durch sîn wîp.
die minnete er sô sêre
daz er aller êre
2970 durch si einen verphlac,
unz daz er sich sô gar verlac
daz niemen dehein ahte
ûf in gehaben mahte.
des begunde mit rehte
2975 ritter unde knehte
dâ ze hove betrâgen.
die vor der vreude phlâgen,
die verdrôz vil sêre dâ
unde rûmten imz sâ:
2980 wan ez enhâte wîp noch man
deheinen zwîvel dar an,
er enmüeste sîn verdorben:
den lop hete er erworben.
ein wandelunge an im geschach:
2985 daz man im ê sô wol sprach,
daz verkêrte sich ze schanden

55 sich bewac] verwag.   57 sich *fehlt*.   60 alle *Zwierzina ZfdA 45,352*]
all.   66 wante.   70 aine.   74 des *Bech*] da.   80 het.   82 mueste.
86 ze hannden.

wider die die in erkanden:
in schalt diu werlt gar.
2990 sîn hof wart aller vreuden bar
unde stuont nâch schanden:
in endorfte ûz vremden landen
durch vreude niemen suochen.
des begunden vluochen
die in ane wunden
2995 und im guotes gunden.
si sprâchen alle: ›wê der stunt
daz uns mîn vrouwe ie wart kunt!
des verdirbet unser herre.‹
    disiu rede geschach sô verre
3000 daz si die vrouwen ane kam.
als si den itewîz vernam,
des wart vil riuwic ir muot,
wan si was biderbe unde guot,
und gedâhte manegen enden
3005 wie si möhte erwenden
alsô gemeinen haz.
ouch geruochte si erkennen daz
daz ez ir schult wære.
si begunde dise swære
3010 harte wîplîchen tragen.
Êrecke getorste siz niht klagen:
si vorhte in dâ verliesen mite.
    nû kam ez alsô nâch ir site
daz er umbe einen mitten tac
3015 an ir arme gelac.
nû gezam des wol der sunnen schîn
daz er ir dienest muoste sîn:
wan er den gelieben zwein
durch ein vensterglas schein
3020 und hete die kemenâten
liehtes wol berâten,

36^{rc}

91 dorffte.   **93** begunde.   **97** ie *Pfeiffer 213*] *fehlt.*   wurde.
3004 manegen *Müller 137*] an manigen.   **10** harte] vil.   **11** Erecken.
15 lag.   **17** ir *Paul 195*] *fehlt.*

daz si sich mohten undersehen.
daz ir von vluochen was geschehen,
dâ begunde si denken an.
3025 vil gâhes ruhte si hin dan.
si wânde daz er sliefe.
einen sûft nam si tiefe
unde sach in vaste an.
si sprach: ›wê dir, dû vil armer man,
3030 und mir ellendem wîbe,
daz ich mînem lîbe
sô manegen vluoch vernemen sol.‹
dô vernam Êrec die rede wol.
   als si der rede hete gedaget,
3035 Êrec sprach: ›vrouwe Ênîte, saget,
waz sint iuwer sorgen
die ir dâ klaget verborgen?‹
nû wolde sis gelougent hân.
Êrec sprach: ›lât die rede stân.
3040 des nemet iu ein zil
daz ich die rede wizzen wil.
ir müezet mir benamen sagen
waz ich iuch dâ hôrte klagen,
daz ir mich sus habet verswigen.‹
3045 si vorhte daz si würde gezigen
von im ander dinge
und seite imz mit gedinge
daz er ir daz gehieze
daz erz âne zorn lieze.
3050 als er vernam diu mære
waz diu rede wære,
er sprach: ›der ist genuoc getân.‹
zehant hiez er si ûf stân,
daz si sich wol kleite
3055 unde ane leite
daz beste gewæte
daz si iender hæte.

---

23 daz] des.   **27** seůftzen.   **34** Als. verdaget.   **44** daz ir mich] daz Irs
vor mir.   **46** anndre.   **52** der *Bech*] der rede.

sînen knaben er seite
daz man im sîn ros bereite
3060 und ir pherit vrouwen Ênîten.
er jach er wolde rîten
ûz kurzwîlen.
des begunden si dô îlen.
dô wâpente er sich verholne
3065 unde truoc verstolne
under der wât sîn îsengewant.
sînen helm er ûf bant
überz houbet alsô blôz.
sîn vlîz was ze helne grôz:
3070 er tete alsam der karge sol.
er sprach: ›mîn helm ist niht wol.
mirst liep daz ichz hân ersehen:
und wære mir sîn nôt geschehen,
sô wære ich gar geirret.   36ᵛᵃ
3075 ich sage iu waz im wirret:
man sol in baz riemen.‹
dô enwas aber niemen
der sich des mohte verstân
wie sîn gemüete was getân.
3080 abe einer wende nam er
beide schilt unde sper
und begunde kroiieren,
als er wolde buhurdieren.
ritter unde knehte
3085 wolden sament rehte
mit ir herren rîten:
dô hiez er si dâ bîten.
gein küchen sande er zestunt
daz man den köchen tæte kunt
3090 daz si des war næmen,
swie schiere daz si kæmen,
daz in daz ezzen wære bereit.

---

60 der frawen.   **61** jach *Leitzmann 221*] sprach.   **63** dô] doch.
67 helme.   **68** v̆ber das.   **69** zu verhelen.   **71** nicht wol geryemet ·.
75 gewirret.   **77** was.   **80** an einer want.   **82** krogieren.   **83** purdiern.
84 Ritter.   **85** wolte.   sament *Bech*] sambt mit *A Haupt.*

mit selher rede er ûz reit
und gebôt sînem wîbe
3095 niuwan bî dem lîbe,
der schœnen vrouwen Ênîten,
daz si muoste vür rîten,
und gebôt ir dâ zestunt
daz ze sprechenne ir munt
3100 zer reise iht ûf kæme,
swaz si vernæme
oder swaz si gesæhe.
dise kumberlîche spæhe
muoste si geloben dô,
3105 wan si vorhte sîne drô.
    nû riten si beide
âne holz niuwan heide,
unz daz si der tac verlie.
dô diu naht ane gie,
3110 schône schein der mâne.
nâch âventiure wâne
reit der guote kneht Êrec.
nû wîste si der wec
in einen kreftigen walt:
3115 den hâten mit gewalt
drîe roubære.
deiswâr swer in wære
zuo den zîten widerriten
dem si möhten hân gestriten,
3120 sô hâten si den wec behuot
daz si im umbe daz guot
næmen êre unde lîp.
die ersach von êrste daz wîp,
wan si verre vor reit.
3125 diz was ir êrstez herzeleit
daz ir zuo der verte geschach,
wan si an ir gebærden sach
daz si roubære wâren.

95 nun.   **98** dâ *Bech*] das.   **3100** zu der.   **2** swaz si *Bech*] *fehlt.*   **7** nun.
10 Man.   **17** *Lachmann und Leitzmann 217*] Zu schwǎr In ware.

si wolde imz mit gebâren
3130 gerne kunt hân getân.
dô enmohte ers niht verstân,
ouch enhete ers selbe niht ersehen:
des was im nâch schade geschehen.
vrouwe Ênîte wart dô
3135 beide trûric und unvrô:
wan si sach die vreise,
daz si vorhte werden weise
des aller liebisten man
den ie vrouwe gewan,
3140 wan ez stuont im angestlîchen.
waz möhte sich gelîchen
sô nâhen gânder riuwe
die si von ir triuwe
durch ir mannes liebe leit?
3145 dô si in selhem zwîvel reit,
ob si imz torste gesagen
oder solde gedagen,
nû redete si in ir muote:
›rîcher got der guote,
3150 ze dînen genâden suoche ich rât:
dû weist al eine wiez mir stât.
mîner sorgen der ist vil,
wan mir ein unsenftez spil
in einer alsô kurzen vrist
3155 ze gâhes vor geteilet ist.
nune kan ich des wægesten niht ersehen:
waz sol mir armen geschehen?
wan swederz ich mir kiese
daz ich doch verliese.
3160 warne ich mînen lieben man,
dâ genim ich schaden an,
wan sô hân ich den lîp verlorn.
wirt aber diu warnunge verborn,

36vb

31 mocht. **32** het. niht *fehlt.* **37** forchten wurden. **42** gen der rů.
43 von *Bech*] durch. **46** torste] dorfte. **51** waist es. **54** so. **55** gahe.
56 nu. ich des wægesten *A Okken 89 Scholz*] ichz wægeste *die übr.* **58** ich
fehlt. **60** warne] Wann. **61** nym. **63** verborgen.

92

daz ist mînes gesellen tôt.
3165 jâ ist einer selhen nôt
wîbes herze ze kranc.‹
nû kam der muot in ir gedanc:
›bezzer ist verlorn mîn lîp,
ein als unklagebære wîp,
3170 dan ein alsô vorder man,
wan dâ verlür maneger an.
er ist edel unde rîche:
wir wegen ungelîche.
vür in wil ich sterben
3175 ê ich in sihe verderben,
ez ergê mir swie got welle.
ez ensol mîn geselle
daz leben sô niht enden
unz ich ez mac erwenden.‹
3180 hin umbe si zuo im sach
vorhtlîchen unde sprach:
›sich ûf, lieber herre,
ûf genâde verre
wil ich dir durch triuwe sagen,
3185 dînen schaden mac ich niht verdagen:
dir sint ritter nâhen bî
die dir schadent, mugen sî,
unser herre ensî der dich ner.‹
dô sazte Êrec sich ze wer.
3190 nû sprach ein roubære:
›ich sage iu liebiu mære
dâ von uns wol mac geschehen‹ –
der hâte si von êrste ersehen –
›ich sihe dort rîten einen man:
3195 als ich ez verre kiesen kan,
er vüeret eine vrouwen.
ir muget wol schouwen,
an ir geverte sint si rîch:
ir kleider sint hêrlîch.

---

77 sol.   **80** hin umbe *Bech*] herumbe.   **86** sein.   **87** *Lachmann*] schade
mügen sein.   **88** sey.   **96** fûrte.   **98** geverte *Bech 445*] gûete.

3200 hie endet sich unser armuot:
mich dunket, si vüerent michel guot.
nû sult ir herren sîn gemant
daz iu diu triuwe sî erkant,
waz wir under uns gelobet hân,
3205 und sult mir die wal lân
an disem roube,
und daz mir erloube
vor iu iuwer beider munt
die êrsten tjost hie zestunt
3210 diu wider den ritter sol geschehen,
wan ich si von êrste hân gesehen.
ist daz ich im benim den lîp,
sô wil ich niuwan daz wîp:
sîner habe ger ich niht mêre.‹
3215 dô gewerten si in der êre.
den schilt er dô ze halse nam.
als im Êrec nâhen kam,
daz ros nam er mit den sporn.
er sprach: ›herre, ir habet verlorn
3220 beide lîp unde guot.‹
Êrec durch sînen grimmen muot
im dehein antwurt enbôt
und stach in von dem rosse tôt.
sîn geselle in wolde gerochen hân:
3225 dem wart alsam getân.
in wâren bein und arme blôz,
des Êrec an dem sige genôz.
si wâren gewâfent slehte
nâch roubære rehte:
3230 daz was Êrecke guot.
ir iegelîch hete einen îsenhuot
ze einem panziere:
des hete er si schiere
zuo ein ander geleit.

3200 sich *A Okken Scholz*] *fehlt den übr.*   **1** füeren.   **2** genant.   **4** vnns zwain.   **5** wir.   **8** vor *Bech*] Von.   **10** den] disen.   **13** nun.   **14** beger.
17 ze nahent.   **22** kain.   **24** wolt In.   **25** also.   **26** Arm.   **29** der Rauber.   **30** Erecken.   **31** yeglicher.   **32** pantzere.

3235 dô im von sîner vrümekeit
alsô rehte wol geschach,
ze vrouwen Ênîten er dô sprach:
›wie nû, ir wunderlîchez wîp?
jâ verbôt ich iu an den lîp
3240 daz ir niht soldet sprechen:
wer hiez iuch daz brechen?
daz ich von wîben hân vernomen,
daz ist wâr, des bin ich komen
vol an ein ende hie:
3245 swaz man in unz her noch ie
alsô tiure verbôt,
dar nâch wart in alsô nôt
daz sis muosten bekorn.
ez ist doch vil gar verlorn
3250 swaz man iuch mîden heizet, 36ᵛᶜ
wan daz ez iuch reizet
daz irz niht muget vermîden:
des sult ir laster lîden.
swaz ein wîp nimmer getæte,
3255 der irz nie verboten hæte,
niht langer si daz verbirt
wan unz ez ir verboten wirt:
sô enmac sîs langer niht verlân.‹
si sprach: ›herre, hæte ichz niht getân
3260 durch iuwers lîbes gewarheit,
ich enhætez iu nie geseit.
ich tetez durch mîne triuwe.
welt ir nû daz ez mich riuwe,
sô vergebet mirz durch iuwer êre.
3265 ez geschiht mir nimmer mêre.‹
er sprach: ›vrouwe, daz sî getân.
ich wil diz ungerochen lân.
ob ez iu immer mêr geschiht,
ich vertrage ez iu niht.
3270 doch enkumt iuz niht ze heile:

37 Zu der. 40 solte. 41 daz] das gepot. 44 vol *Leitzmann 231*] wol.
48 sis *Bech*] Sy. 55 nie *Wolff*] ymmer. 58 mag. 61 hette es.
70 kumet euch ditz.

95

ich riche mich an einem teile.
ich enlâze iuch niht under wegen,
ir enmüezet der rosse phlegen
vol unde rehte.
3275 ich enwil iuwer ze knehte
ze dirre reise niht entwesen.‹
›herre mîn, daz sol wesen‹
sprach diu vil guote,
wan ez si niht muote.
3280 vil wîplîchen si dô leit
dise ungelernet arbeit
und dar zuo swaz ir geschach,
âne ir herzen ungemach.
der rosse si sich underwant,
3285 die zoume nam si in ir hant
und reit vor an den wec.
diz gebôt Êrec.
der pherde si dô phlac
dar nâch als ein vrouwe mac:
3290 baz si enkunde.
    sâ zuo der stunde
kûme eine wîle,
niuwan drî mîle
riten sî beide,
3295 ê daz ir aber leide
von sorgen geschach,
wan si vor ir ligen sach
vünf roubære.
man saget daz ez wære
3300 ein geselleschaft under in
und daz si teilten ir gewin
mit den die Êrec hete erslagen.
der eine begundez den andern sagen.
dise vünve und jene drî man
3305 von den ich iu vor gesaget han,
die heten den walt in ir phlege

71 reche. **72** lasse. **73** müest. **74** vol *Leitzmann 231*] wol. **75** wil.
83 âne *Okken 89 Scholz*] an *A die übr.* **90** baz dann sy kunde. **93** nun.

unde lâgen bî dem wege,
swer die einen vermite,
daz er den andern gerite.
3310   Êrec was vür die drîe komen
mit êren, als ir habet vernomen.
als er dô disen sô nâhen kam
daz sîn der eine war genam,
der verre von den andern lac
3315 und der schiltwahte phlac,
sîns zuorîtens was er vrô.
ze sînen gesellen sprach er dô:
›gehabet iuch vrœlîche:
wir werden alle rîche.
3320 ich sihe liute rîten
den wir wol gestrîten.
ez ist niuwan ein man,
als ich ez kiesen kan.
er vüeret ein ritterlîchez wîp:
3325 der ist bekumbert ir lîp.
si vüeret driu ros an der hant:
si ist, hân ich ez rehte erkant,
dem ambet ungezæme.
mich wundert wâ er næme
3330 sô seltsænen schiltkneht.
man sol si im nemen, daz ist reht.
als ich ez verre mac gespehen,
ich enhân nie schœner wîp gesehen.
ir herren, die sult ir mir lân,   37ra
3335 wan ich si von êrste ersehen hân.‹
dô sprâchen si alle gelîche,
si würde im billîche.
›vernemet‹, sprach sîn geselle,
›waz ich des roubes welle:
3340 niuwan sîn îsengewant.‹
die andern teilten dâ zehant

3308 die *fehlt*.   **9** ritte.   **12** sô] also.   **13** daz *Leitzmann 153*] als.
15 vnd Er der Schilte wachent phlag.   **22** nun.   **31** si im] ims.   **33** han.
38 Vernemet.   **40** nŭn.

diu vünf ros under sich.
daz was doch ungenædeclich,
wan ez diente von rehte
3345 Êrecke dem guoten knehte:
er kundes wol geniezen.
ouch vluren si ir liezen.
    Êrecke was diu rede unkunt.
nû bereite sich einer dâ zestunt
3350 engegen im dâ er in sach.
vil sorclîchen ungemach
vrouwe Ênîte gewan.
si gedâhte: ›warne ich mînen man,
sô briche ich aber sîn gebot.
3355 er enlâtz durch êre noch durch got,
er enneme mir den lîp.
ouwê ich sældenlôsez wîp!
wære ich nû niuwan tôt,
daz næme ich vür dise nôt:
3360 sô wære mir verre baz geschehen.
sol ich den slahen sehen
der mich von grôzer armuot
ze vrouwen schuof über michel guot
dâ von ich schône gêret bin,
3365 ich heize ein rîchiu künegin,
daz sol mich geriuwen:
wan sô muoz von untriuwen
mîn sêle verderben
und von rehte ersterben
3370 gelîche mit dem lîbe.
got rât mir armen wîbe
wie ich ez ane vâhe
daz ich mich niht vergâhe.
ich wæne ez solde verdagen.
3375 entriuwen niht, ich sol imz sagen:
ze swelher nôt ez mir ergê,
ez wirt gewâget alsam ê.‹

45 Erecken.   **46** Wann er.   **47** verluren.   **48** Ereckñ.   **50** gegen.
55 lat es.   **56** nême.   **58** nun nŭr.   **67** von meinen.

vil drâte si hin umbe sach,
ze Êrecken si mit vorhten sprach:
3380 ›herre, durch got vernim mich:
bewar ez oder man sleht dich.
ich sihe vünf gesellen
die dich slahen wellen.‹
als schiere si imz seite,
3385 ze wer er sich bereite.
ir einer hete sich ûz genomen
und was den andern vür komen,
daz er tjostierte wider in,
ûf sîn selbes ungewin,
3390 wan in stach Êrec fil de roi Lac
daz er underm rosse tôt lac.
dannoch wâren ir viere.
der einen er schiere
ouch tôten von dem rosse stach
3395 unde daz sîn sper zebrach.
dô enblient erz dem swerte.
der strît unlange werte:
er begunde vellen
die drîe ze ir gesellen.
3400 alsô dô der eine man
den vünven sige an gewan
und er wolde rîten,
er sprach ze vrouwen Ênîten:
›saget, ir wîp vil ungezogen,
3405 war umbe habet ir aber gelogen?
wan ichz iu von êrste vertruoc,
nû endûhte iuch dar an niht genuoc,
ir entætets aber mêre.
und möhte dehein êre
3410 man an wîbe begân,
ez ensolde iuch niht sô ringe stân,
ich ennæme iu hie zehant den lîp.‹

78 Vil.   **91** vnnder dem.   **93** der aine schiere.   **94** vom.   **3400** Also.
1 *Wackernagel*] den fůnfften sig an den gewan.   **7** dauchte.   **8** tet es.
9/10 vnd mǒchte man dhain Eer · an weyben began. *Nach* an *ein Wort aus-*
radiert.   **11** solte.   iuch *Müller 133*] *fehlt.*   **12** nǎme.

›genâde, herre!‹ sprach daz wîp.
›ir sult mich des geniezen lân
3415 daz ichz durch triuwe hân getân.
noch dulde ich baz iuwern zorn   37ʳᵇ
dan iuwer lîp wære verlorn,
swaz mir nû von iu geschiht.
und hæte ich gebiten iht,
3420 herre, sô wæret ir erslagen.
nû wil ich immer gerne dagen.
nû vergebet mir diz durch got:
zebriche ich mêr iuwer gebot,
daz rechet dâ zestunt.‹
3425 Êrec sprach: ›vrouwe, ich tuon iu kunt,
ir gewinnet an iuwerm strîte
niuwan übele zîte:
ir belîbet râche niht vrî.
swies danne iu gedâht sî,
3430 sô muoz ez iu ergân.
ich wil iuch ze knehte hân
die wîle wir sîn ûf disem wege.
nû nemet diu ros in iuwer phlege
und bewart si alsô schône
3435 daz ich iu mit übele iht lône:
und wirt ir einez verlorn,
ir müezet dulden den zorn
des ir gerne enbæret,
ob ir wîse wæret.‹
3440   vrouwe Ênîte nam dô diu.
vordes wâren ir driu:
nû wurden aller ahte.
si vuorte si als si mahte:
si enkunde niht wol dâ mite.
3445 swie verre ez wider vrouwen site
und wider ir reht wære,
si leit ez âne swære

15 ich.   **23** ymmer mer.   **27** nur.   **28** *Bech 448*] nicht rache.   gar frey.
36 ir *fehlt.*   **40** die do.   **41** vordes] vor den.   **44** kunde.   **47** ez *fehlt.*

mit senftem gemüete:
daz lêrte si ir güete.
3450 diu vrouwe grôzen kumber leit,
wan daz si ze liebe ir leit
in ir herzen verkêrte,
als si ir diemuot lêrte.
swer ez rehte ahten wil,
3455 sô hæten dar an harte vil
ze tuone vier knehte,
solden si ze rehte
aht ros vüeren und bewarn,
dâ si eine muoste mite varn.
3460 wan daz vrou Sælde ir was bereit
und daz diu gotes hövescheit
ob mîner vrouwen swebete
und dâ wider strebete
daz ir dehein grôz ungemach
3465 von den rossen niene geschach,
sô wære kumberlîch ir vart:
des wart diu vrouwe wol bewart.
ouch muosten durch einen selhen kneht
diu ros gerne und durch reht
3470 ir ungestüemez streben lân
und senfteclîchen mite gân.
dô begunden si balde
gâhen von dem walde:
vil schône der tac ûf gie.
3475 als si dô diu naht verlie,
dô sach vür sich Êrec
wâ in wîste der wec
ze einem hûs niht verre,
dâ des landes herre,
3480 ein rîcher grâve, ûfe saz.
nû wâren si beide âne maz
alle die naht geriten
und hâten kumber erliten.

48 vnd senfften.   **55** so hetten sy.   **59** dâ si eine] sy ainig.   **60** daz *fehlt.*
61 hofweyshait.   **64** nie dhain.   **72 D**a.

des hûses wâren si vrô,
3485 wande si gedâhten dô
dâ ze ruowen über tac
in einem markte der dar under lac.
si begunden hin gâhen
dâ si den market sâhen.
3490 nû bekam in ûf dem wege
ein knabe, der hete in sîner phlege
gesoten schultern unde brôt,
gewunden, als man im gebôt,
und bewart ze vlîze
3495 in eine tweheln wîze:
ein kandel vuorte er an der hant
mit wîne. wem diz wart gesant,
des enist mir niht geseit.
dô dirre knabe zuo reit,
3500 ze vlîze begunde er schouwen
die bekumberten vrouwen.   37^{rc}
    ir gevertes in grôz wunder nam.
als er zuo ir geriten kam,
si gruozte in vil schône:
3505 dô neic er ir ze lône.
vürbaz wîste in der wec.
nû gap im Êrec
mit gruoze guoten morgen,
under helme verborgen.
3510 der knabe an im dô wol sach
daz er grôzen ungemach
die naht hâte erliten
und gewâfent was geriten,
und bewegete in ir arbeit.
3515 er sprach: >herre, und wærez iu niht leit,
ich vrâgete iuch mære
war iuwer wille wære.
saget mirz durch iuwer diemuot:

90 im.   **93** gewunden *Pfeiffer 214*] ingewunden.   man *fehlt.*   **95** in eines
diebes weyse.   **98** ist.   **3501** Iůnckfraẘen.   **2** I *vorgeschrieben,
Lombarde nicht ausgeführt.*   **5** neigt.   **6** wege.   **10** an im] In.   **15** vnd
wer es, enwaerez *Leitzmann nach Kraus ZfdA 44,160.*

ich vrâge iuch niuwan durch guot.
3520 mich dunket ir sît gast hie:
sô was ich in dem lande ie
unde bin des grâven kneht.
mich dunket gevüege unde reht
und bite iuch des verre
3525 daz von iu mîn herre
dâ mite sî gêret
daz ir ûf sîn hûs kêret
und geruowet nâch iuwer arbeit:
man ist iu dienstes dâ bereit.
3530 unde bite iuch mêre
durch die gotes êre:
mich dunket daz ir habet geriten
und grôze arbeit erliten:
und twinge iuch dehein hungernôt,
3535 ich vüere hie schultern unde brôt
unde vil guoten wîn.
nû lâtz in iuwern hulden sîn
und heizet die vrouwen bîten
unde wider rîten,
3540 und enbîzet hie an dirre stat.‹
er tete als in der knabe bat:
des was der kneht vrô.
hin vür zer vrouwen îlte er dô,
daz er ir diu ros emphie.
3545 wider ze ir gesellen si dô gie.
    der kneht diu ros zesamene bant:
dar zuo leite er sîn gewant.
sînen huot nam er in die hant
und gienc dâ er wazzer vant.
3550 in beiden er sô vil truoc
daz man die hende getwuoc.
die tweheln leite er ûf daz gras,
dar ûf die spîse diu dâ was,
vleisch brôt unde wîn:

---

19 nur.   **23** bedunck.   **31** die *Wesle*] *fehlt.*   **41** er *Lachmann*] Ereck.
43 zu der.   **46 D**er.   **51** die *Müller 133*] *fehlt.*   **52** zwehel.   nider auf.

3555 es enmohte nie mêre sîn.
als si dô genuoc gâzen
und wider ûf gesâzen,
Êrec sprach zuo dem knehte:
›knabe, ir sult von rehte
3560 etelîchen lôn emphân
des ir zuo uns habet getân.
ir habet minne wol versolt.
nû enhân ich silber noch golt
dâ ich ius gelône mite:
3565 geselle, nû tuot des ich iuch bite
unde nemet die wal
under der rosse zal,
ein daz iuz liebiste sî.
unde sît gewis dâ bî,
3570 kumt uns immer der tac
daz ich iuch baz gehandeln mac,
des gebristet iu niht an mir:
daz pherit sult nemen ir
durch unsere bete.‹
3575 der knabe daz vil gerne tete.
er hete si im elliu gegeben,
wan daz der vrouwen leben
dâ mite gesenftet wære:
er liez ez durch ir swære.
3580   als er dô ein ros genam
des in aller beste gezam,
dô genâdete er im verre.
er sprach: ›lieber herre,
nû gewert mich des ich iuch bite:
3585 dâ handelt ir mich wol mite.   37ᵛᵃ
diu vrouwe lîdet von arbeit
mit disen rossen michel leit,
daz ich si vüeren müeze:
der dienest ist mir süeze.‹
3590 Êrec sprach: ›knabe, daz sult ir lân.

55 mochte nymer sein. **56** gâzen *Bech*] assen. **62** verschult. **63** han.
68 aines daz euch das. **79** ez *fehlt*. **80** Als. **86** von *Bech*] *fehlt*.

104

jâ enist ez doch niht getân
garwe âne sache.
si muoz mit ungemache
leben ze disen zîten.‹
3595 er sprach: ›sô wil ich rîten.
got vergelte iu genâde unde guot:
iuwer êre sî von im behuot,
daz ir mit sælden müezet leben.‹
›knabe, nû rîtet gote ergeben.‹
3600 sîner gâbe was er vrô:
wider umbe rîten begunde er dô:
von vreuden was im vil gâch.
Êrec reit eht müezeclîchen nâch.
    nû ersach in sîn herre
3605 und erkande in verre,
wan er was vür daz bürgetor
gegangen: dâ saz er vor.
vil michel wunder in des nam
daz er sô schiere wider kam,
3610 und vrâgete in mære
wes daz ros wære
daz er dâ vuorte an der hant.
vil schiere tete er im erkant
die rede an ein ende gar.
3615 er sprach: ›herre, nû nemet war
wâ si zuo iu rîtet:
nû enweiz ich wes ir bîtet
daz ir nû niht zer strâze gât:
ir missetuot ouch, ob irz lât.
3620 jâ muget ir an der vrouwen
daz schœniste wîp schouwen
die wir ie gesâhen.
[ir sult si schône emphâhen.‹]

---

91 ist. **92** gar. **93** mit] mir. **98** sålde. **3603** reit eht *Okken 90 Scholz*]
reitet, reit *die übr.* **4** Nu. **16/17** rîtet : bîtet] reytend : beytend, rîtent :
bîtent *die übr.*; *vgl. Yokoyama 35f.* **17** wayß. **18** zu der. **20** an der]
annder. **23** *fehlt, Ergänzung von Pfeiffer 214; durch Umstellung zu geben*
ie Dreireim am Abschnittsende? Achnitz Bibl. Nr. 55,137.

zem wege er dô hin gie,
3625 mit schœnem gruoze er in emphie.
als er si zuo rîten sach,
er gienc engegen in unde sprach:
›willekomen, vrouwe und herre‹
und bat si vil verre
3630 daz si in dâ mite êrten
und ûf sîn hûs kêrten
und daz si wolden dâ bestân.
›herre, des sult ir uns erlân‹
sprach der ritter Êrec:
3635 ›uns hât der lange wec
getân unhovebære:
von müede sîn wir swære.
iuwern genâden sî genigen
und des mit hulden verzigen.
3640 ir sult uns ze disen zîten
ze gemache lâzen rîten.‹
urloubes begunden si dô gern
unz er sis muoste gewern.
einen knaben er sich dô wîsen bat
3645 zem tiuristen wirte in die stat.
dâ entwâfente er sich dô.
vrouwe Ênîte was vil vrô
der ruowe der si dô bekam
dô man ir diu ros benam.
3650 ir was als der sêle
der von Michâêle
wirt der hellewîze rât,
diu lange dâ gebûwen hât.
ein bat hiez er bereiten,
3655 wan er von arbeiten
von dem gewæfen ûf der vart
sweizic unde râmic wart:
des belôste er den lîp.

24 Zu dem.   26 Als.   27 gegen im.   38 sî] sein.   39 des] ditz.   hulden
Bech] hulde.   42 begern.   43 sis *Bech 449*] sy.   45 Zu dem.
51 Michaele; *fehlt bei Chr.*   52 helle weitze.   58 beluste.

106

als er gebadete und sîn wîp,
3660 daz ezzen was bereite.
als man in daz seite,
den tisch er dô rihten hiez.
vrouwen Ênîten er niht liez
ensament mit im ezzen,
3665 wan er was gesezzen
besunder hie und si dort
von im an der tweheln ort.   37ᵛᵇ
      nû begunde den grâven riuwen,
und gedâhte wider sînen triuwen,
3670 daz er die vrouwen verliez,
daz er si im niht nemen hiez.
manecvalt wart sîn gedanc,
als in der vrouwen schœne twanc,
wie er si möhte gewinnen.
3675 untriuwe riet sînen sinnen
daz er dar sô kæme
daz er si im benæme.
daz was doch wider dem rehte
daz er dem guoten knehte
3680 sîn wîp wolde hân genomen,
dô er in sîn lant was komen,
dâ ern bevriden solde
ob im iemen schaden wolde.
der muot was im von minne komen,
3685 wande wir haben vernomen
von dem grâven mære
daz er benamen wære
beide biderbe unde guot,
an sînen triuwen wol behuot
3690 unz an die selben stunt.
dô tete im untriuwe kunt
diu kreftige minne
und benam im rehte sinne.

61 man *fehlt.*   63 die fraw.   64 mitsambt im.   69 sein.   71 im sy.
77 im sy.   78 wider dem *fehlt.*   82 dâ ern *Haupt*] da Er, den er *Leitzmann
153.*   85 Wann.   90 dieselbe.

wan an der minne stricke
3695 vâhet man vil dicke
einen alsô kargen man
den niemen sus gewinnen kan.
vil manegen man diu werlt hât
der nimmer in dehein missetât
3700 sînen vuoz verstieze
ob ins diu minne erlieze:
und gæbe si niht sô rîchen muot,
sô enwære der werlde niht sô guot
noch sô rehte wæge,
3705 sô ob man ir verphlæge.
nû enhât aber niemen selhe kraft,
und ergrîfet in ir meisterschaft,
er enmüeze ir entwîchen.
swer aber ir gewislîchen
3710 ze rehte kunde gephlegen,
den enlieze si niht under wegen,
im enwære der lôn von ir bereit
daz in sîn arbeit
niht dorfte riuwen,
3715 huote er sîner triuwen
baz dan der grâve tæte.
der enwas dar an niht stæte,
wan in vrou Minne betwanc
ûf einen valschen gedanc,
3720 daz er dem vil biderben man
sîn wîp ze nemenne muot gewan.
vier ritter er zuo im nam.
als er zen herbergen kam,
ob dem tische er si vant.
3725 von im leite er sîn gewant:
mit gruoze begunde er vür si stân.
dô enhete Êrec deheinen wân
daz er im schaden solde,

99 in *fehlt*. **3701** ins] In sein. verliesse. **3** were. niht *Lachmann*] site.
6 hat. **8** musse. **11** liesse. **12** ware. **17** was. **20** den. **23** zu den.
27 hette. dhain wann.

108

als er doch gerne wolde.
3730 den grâven nam grôz wunder
daz si sô besunder
an dem tische sâzen
und niht ensament âzen.
er sprach in sîner valscheit:
3735 ›herre, wærez iu niht leit,
sô soldet ir mich wizzen lân
war umbe diz sî getân.
ist disiu vrouwe iuwer wîp?
der ist wünneclîch ir lîp
3740 und sô wol genæme
daz si baz bî iu zæme
danne dort an jener stat.
wes habet ir si von iu gesat?‹
sus antwurte im Êrec dô:
3745 ›herre, mîn gemüete stât alsô.‹
der grâve bat in vürbaz
daz erz lieze âne haz
ob er zuo ir sæze   37^{vc}
die wîle daz man æze.
3750 des antwurte im Êrec dô:
›geruochet irs, herre, ich bins vrô.‹
er sprach als er zuo ir gesaz:
›ich sage iu, vrouwe, umbe waz
ich her zuo iu komen bin:
3755 ein teil durch iuwern gewin
und benamen durch iuwer êre.
mir erbarmte nie sô sêre
weder man noch wîp
als iuwer wætlîcher lîp,
3760 sît ich iuch hiute lîden sach
als missezæmen ungemach
der einer vrouwen nie gezam.
vil nâhen si mînem herzen kam

---

33 nicht miteinander, ensament niht *Leitzmann.*   **43** warumb.
59 wackerlicher.   **63** nahend sy, nâ ez *Leitzmann nach Haupt.*

und iuch noch dicke lîden tuot
3765 iuwer grôze armuot.
die verwîze ich iu durch übel niht,
wan daz mir leide dran geschiht.
nû zæmet ir wærlîche
ze vrouwen wol dem rîche.
3770 wer gap iuch armen selhem man
der enmac noch enkan
iuch gêren ze rehte?
er hât iuch ze einem knehte.
der selbe iuwer geselle
3775 – daz in got velle –,
der vlîzet sich dar zuo
waz er iu leides getuo.
und hete mich iuwer got gewert,
ir wæret bezzer êren wert.
3780 welt ir, noch geschiht iu allez guot.
ich sage iu, vrouwe, mînen muot:
und ist daz ir sô wîse sît,
sô lât irz âne widerstrît:
ich wil iu kumbers schaffen rât.
3785 ich sage iu wie mîn dinc stât.
ich bin dises landes herre:
nâhen noch verre
envant ich noch daz wîp
[nie, sô mir der lîp,]
3790 diu mir gezæme
daz ich si næme.
nû gevallet ir mir sô wol
daz ich iuch gerne machen sol
ze vrouwen disem lande:
3795 sô habet ir âne schande
wol gewehselt iuwer leben.‹

64 vnd euch auch noch dick leiden tůt, und ouch noch dicke leider tuot
Leitzmann nach Lachmann. **68** warlichen. **69** dem reichen. **70** sölhen.
71 der mag noch kan. **72** gern. **78** mich *Lachmann*] euch. **80** euch
geschicht. **82** sô] noch so. **83** irz] es. **86** ditz lande. **87** nahennd.
88 vand. **89** *fehlt, Ergänzung von Lachmann und Leitzmann.*
96 verwechselt.

›ein vrouwen müeze iu got geben‹,
sprach daz tugenthafte wîp,
›diu iuwer lant und iuwern lîp
3800 baz ze rehte ziere.
ez müeste iuch harte schiere
von rehte geriuwen
und wære wider mînen triuwen.
als ez diu werlt vernæme
3805 und ez ir vür kæme,
sô wærez niuwan ir spot.
durch daz sô lât die rede durch got,
wan iu von rehte baz geschiht.
ich entouc ze grævinne niht:
3810 ich enhân geburt noch daz guot.
swaz ouch mir mîn geselle tuot,
daz dulde ich mit rehte.
ze wîbe und ze knehte
und ze swiu er mich wil hân,
3815 des bin ich im alles undertân.
herre, waz mac ich sprechen mê?
wan ich wolde erweln ê
daz ich lebende hie zehant
ze pulver würde verbrant
3820 und man den zesæte,
ê ich ez immer getæte.
unser ahte stât gelîche:
wir ensîn beide niht rîche,
wir komen wol ze mâze.
3825 got mir in leben lâze!‹
    als er dise antwurt vernam
und ir willen alsam,
er sprach: ›ich sage iu mînen muot:
dar nâch beweget iuch waz ir tuot.
3830 welt ir niht güetlîchen

97 ein] meine. **3800** baz] das. **1** harte] recht. **3** mein. **6** nŭr. **7** auf
das. **10** han. **14** ze swiu] zu fraw. **23** sein. **26** vernam *Pfeiffer 215*]
genam. **27** alsam *Pfeiffer 215*] vernam. **29** *Nach* darnach *ein Wort*
ausradiert.

111

mîner bete entwîchen,
sô geschiht ez under iuwern danc.
iuwer wer ist mir hie ze kranc.
iuwer geselle
3835 var swar er welle:
ir müezet hie mit mir bestân.
diu rede sol ein ende hân.‹
als si sînen ernest sach
und daz erz von herzen sprach,
3840 vil güetlîchen sach si in an,
den vil ungetriuwen man,
und lachete durch schœnen list.
si sprach: ›ich wæne iu ernest ist.
herre, zürnet ir niht:
3845 wan iu der rede unnôt geschiht.
ez was zewâre mîn wân,
ir hetet die rede durch schimph getân.
wan ez ist iuwer manne site
daz ir uns armiu wîp dâ mite
3850 vil gerne trieget
– ich getar niht sprechen: lieget –,
daz ir uns vil ze guote
geheizet wider iuwerm muote:
dâ von ich dicke hân gesehen
3855 wîben michel leit geschehen.
hæte ich niht ervorht daz,
ich hæte iu gantwurtet baz,
wan ich, herre, niene bin
iedoch sô gar âne sin,
3860 und möhte ich mîne sache
ze êren und ze gemache
verwandeln, daz entæte ich.
wan mîn leben ist sô kumberlich,
als irz selbe habet gesehen.
3865 vil rehte wil ich iu bejehen
wie mich von êrste mîn man
im ze wîbe gewan.

---

38 Als. ersach.   **51** sprechende.   **53** ewrn.   **56** niht *fehlt.*   **67** im *fehlt.*

ichn bin im niht genôzsam:
mînem vater er mich nam,
3870 wan der ist wærlîche
edel unde rîche.
in des hof er dicke reit.
nâch kinde gewonheit
lief ich dâ hin unde her.
3875 eines tages spilte er
mit uns. dô schein wol daz kint
lîhte ze triegenne sint.
mit listen er mich vürz tor gewan:
dâ zuhte er mich und vuorte mich dan
3880 und hât mich alsô iemer sît.
manege kumberlîche zît
tuot er mich lîden,
wan hie von muoz er mîden
daz wesen in sînem lande.
3885 schaden unde schande
ich armiu ze allen zîten wone.
swer bezzer mich dâ vone
nâch êren lœsen wolde,
gerne ich des volgen solde:
3890 dar zuo vergultez im got.
ich wânde diu rede wære iuwer spot.
ist daz ir mir bescheinet
ob ir die rede meinet
mit etelîcher sicherheit,
3895 sô bin ich iuwer bete bereit.‹
    der rede was der grâve vrô.
lachende antwurte er ir sô:
›ir enmuget iuch des niht erwern,
wan ich wil iu stæte swern.‹
3900 sîn vinger wurden ûf geleit,
diu vrouwe gap im den eit:
ouch gap si im dâ zestat,
ze leisten des er gebat,

68 Ich.   **70** der] er.   **78** fûr das.   **87** daruon.   **92** *Gierach 263,543*]
erscheinent.   **96 D**er.   **98** mûgt.   des *Leitzmann 206*] damit.

ein ungewissez phant,
3905 ir triuwe an sîne hant.
    als dô diu sicherheit geschach,
    mit listen vrouwe Ênîte sprach:
    ›herre, nû râte ich iu wol,
    als ein vriunt dem andern sol,
3910 wan ich nû deheinem man
    guotes alsô iu gan,
    ir volget mîner lêre,
    ez enkumbere iuch sêre.
    sît ir mich genemen welt,
3915 dâ mite râte ich daz ir twelt   38rb
    unze vruo morgen:
    sô muget ir âne sorgen
    mich genemen und âne strît.
    sô er an sînem bette lît,
3920 sô kumet ir her:
    wande sô enmac er
    iu niht geschaden, sô werdet ir
    iuwers willen an mir
    unbekumbert gewert,
3925 wan hînaht stil ich im daz swert.‹
    si sprach: ›ich bin iu nû holt,
    wan daz habet ir wol versolt,
    und müet mich, sult ir dulden
    schaden von mînen schulden:
3930 daz doch benamen muoz ergân,
    ir entuot als ich gesprochen hân.
    wande nemet ir mich zehant,
    ez ist umbe uns sô gewant
    daz er mich ungerne lât.
3935 sîn swert er bî im hât:
    ich weiz wol daz er schaden tuot.‹
    er sprach: ›iuwer rât der ist guot,
    der gevellet mir sô wol

3910 dheinen.   **11** iu *fehlt.*   **13** enkumbert euch sere, enkumbert iuch niht
sêre *Leitzmann nach Haupt; vgl. Nellmann 241.*   **14** nemen.   **15** welt.
Vers ist wiederholt.   **18** nemen.   **20** mag.   **27** Wann.   nu wol.   **31** tůet.

114

daz ich iu gerne volgen sol.‹

3940 mit schœnen wîbes listen
begunde si dô vristen
ir êre und ir mannes lîp.
vrouwe Ênîte was ein getriuwez wîp.
sus überredete si den man
3945 daz er mit urloube schiet von dan
ûf selhe ungewisheit,
als ich iu dâ hân geseit.

als si dô gezzen hâten,
in eine kemenâten
3950 hiez er in betten beiden
und doch diu bette scheiden:
er enwolde si bî im niht ligen lân.
slâfen begunden si dô gân.

nû lâgen si besunder.
3955 diz was iedoch ein wunder,
daz er durch deheinen zorn
im den muot hete erkorn
daz er ein sô schœne wîp meit.
von sorgen grôzen kumber leit
3960 der vrouwen gemüete
durch triuwe und durch güete,
wie im diu rede würde kunt:
wan er verbôt daz ir munt
ze sprechenne iht ûf kæme,
3965 swaz si vernæme,
als ich iu ê gesaget hân.
doch enhete siz niht verlân:
dâ mite hete si in verlorn,
sô daz er ir durch den zorn
3970 ze geselleschefte niht phlac,
wan er sunder âz und lac.
nû gedâhte diu guote
alsô in ir muote:
›ez ist mir ûf daz zil komen

52 wolte. **54** Nu. **56** doch durch. **57** in. **67** hette. **70** gesellschafft
A Haupt. **73** in ir] mit.

115

3975 daz mir benamen wirt benomen
der aller liebiste man
den ie wîp mêr gewan,
ez ensî daz ich in warne.
ouch weiz ich daz ichz arne,
3980 zebriche ich aber sîn gebot.
nû rât mir, herre, rîcher got!
des enwart mir nie sô nôt.
ich weiz wol, ez ist mîn tôt,
wan er hât mirz nû zwir vertragen.
3985 waz aber von diu, wirde ich erslagen
unde nimt er mir den lîp?
dannoch lebet manec vrum wîp.
ich enbin ouch niht sô klagelîch:
sô ist er edel unde rîch,
3990 mîn lieber herre.
ê im iht gewerre,
sô wil ich kiesen den tôt.‹
ir triuwe ir daz gebôt
daz si ze sînem bette gie
3995 und bôt sich vür in an ir knie
und sagete im die rede gar.
von vorhten wart si missevar.   38ʳᶜ
        als ez im dô wart erkant,
ûf stuont er zehant
4000 und bat den wirt wachen.
dô begunde er sich ûf machen:
des wirtes knehten er seite
daz man im diu ros bereite.
daz was schiere getân.
4005 den wirt bat er zuo im gân.
er sprach als er zuo im gie:
›in iuwerm hûs habet ir uns hie
gehandelt schône unde wol:
des geltes bin ich iuwer schol.
4010 nû vernemet waz irs erholt.

78 es sey dann daz.   **79** erarne.   **82** ward.   **85** diu] dem.   **88** bin.
4000 zu wachen.   **5** ze gan.   **10** irs erholt *Lachmann*] Ir tûn solt.

ich enhân hie silber noch golt
dâ ich iu vergelte mite.
nû tuot als ich iuch bite:
diu siben ros nemet ir
4015 nû ze gelte von mir.‹
der wirt neic im an den vuoz.
als ein man der gewinnen muoz,
sô was er herzenlîche vrô.
zehant truoc er im dô
4020 ze heiles gewinne
sant Gêrtrûte minne.
alsô reit des nahtes dan
Êrec der ellende man
unde rûmte zehant
4025 mit sînem wîbe daz lant.
diu hete den grâven betrogen
und âne sünde gelogen.
    ê daz sich Êrec
machete ûf den wec,
4030 dô gedâhte dar an
der vil ungetriuwe man,
wenne er zer vrouwen solde komen,
ob er si wolde hân genomen.
von dem slâfe er ûf erschrac
4035 dâ er an sînem bette lac:
wan er des vorhte und hete wân,
er solde sich versûmet hân.
vil lûte schrei er: ›wâfen!
wir haben uns verslâfen.
4040 wol ûf, mîne gesellen,
die mir helfen wellen!‹
niunzehene wâren ir über al
und er der zweinzegeste an der zal.
als er die zuo im genam
4045 und zuo den herbergen kam,

11 han. **16** neigt. **17** der *Bech 451*] *fehlt.* **21** Gerdraut; *fehlt bei Chr.*
22 rait Er. von dann. **23** Êrec *fehlt.* **29** machte, ûf machete *Leitzmann*
nach Haupt. **32** zu der. **34** wider auf. **38** vil lûte *Bech*] stille, snelle
Haupt.

nâch ungevüegem gruoze
sô stiez er mit dem vuoze
die tür daz si zebrach.
daz was dem wirte ungemach
4050 und wolde wâfen hân geschrirn.
›nû sihstû wol daz wirz birn‹
sprach der ungetriuwe man:
›vürhte dir niht und sage an,
waz diutent disiu lieht hie?‹
4055 diz wâren diu dâ lie
der tugenthafte Êrec
dô er sich machete ûf den wec.
    der grâve des niht enweste.
›wâ slâfent dîne geste?‹
4060 ›herre, si sint geriten.‹
mit zornigen siten
sprach der grâve: ›si ensint.‹
›lüge ich, herre, ich wære ein kint.‹
›ez ist entriuwen dîn spot.‹
4065 ›nein ez, herre, sô helfe mir got.‹
›ez ist. nû wîse mich dar.‹
›nû heizetz selbe ersuochen gar.‹
›entriuwen, daz ich daz sol.‹
›nû gan ouch ich es iu wol.‹
4070 ›wie lange sol ich dich vrâgen?‹
›nû seht selbe wâ si lâgen.
war umbe solde ich si iu versagen?‹
er sprach und wolde in hân erslagen:
›dû wæne ein abeleitære bist.‹
4075 ›herre, si sint geriten, wizze Krist.‹
›daz ist von dînen schulden.‹
›nein ez, bî iuwern hulden.‹
›sô hæten si des tages erbiten.‹
[›herre, si sint nû geriten.‹]
4080 ›sage, sint si iht verre?‹
›nein si entriuwen, herre:

---

50 geschryen. **54** bedeütend. **58** Der. **63** so wåre ich. **72** euch sy.
74 Ich wane du ein ablaiter pist. **79** *fehlt, Ergänzung von Haupt.*

118

si riten an dirre stunt.‹
›war sint si?‹ ›deist mir unkunt.‹
  dô twanc in sîn untriuwe
4085 ze grôzer herzeriuwe.
dem slâfe vluochte er sêre.
er sprach: ›mir enwas êre
niht ze teile getân,
daz ich sus verlorn hân
4090 daz schœniste wîp durch gemach
die mîn ouge ie gesach,
vremde oder kunde.
vervluochet sî diu stunde
daz ich hînaht entslief.‹
4095 nâch den rossen er dô rief.
er sprach: ›swer sîne sache
wendet gar ze gemache,
als ich hînaht hân getân,
dem sol êre abe gân
4100 unde schande sîn bereit.
wer gewan ie vrumen âne arbeit?
mir ist geschehen vil rehte.‹
nû kâmen ouch die knehte
mit den rossen geriten.
4105 dô enwart niht langer gebiten.
›wol ûf, ir herren‹ sprach er.
niuwan schilt unde sper
hâten si ze wer genomen:
daz was von ir gæhe komen.
4110   dô begunde ûf gân der tac,
daz si den huofslac
und daz spor wol sâhen.
nâch im wart michel gâhen.
nû was Êrec zuo der wîle
4115 geriten wol drî mîle.
wan durch vorhte des wîbes,

---

83 Wo sein sy hin.   **84 D**a entzwang.   **87** was.   **90** durch meinen
gemach.   **95** růefft.   **4101** âne] vnd.   **2 M**ir.   **5** ward.   **7** nun.
10 Da.   **16** vorchten.

[niene sînes lîbes,]
was im von dem lande gâch.
er weste wol, man rite im nâch.
4120 als im vor gæhede ûf der vart
sô vil ze redenne state wart,
er sprach: ›vrouwe Ênîte,
ir habet iuch ze strîte
ze vaste wider mich gesat.
4125 daz ich dâ lâzen bat
und ez iu an den lîp verbôt,
daz ist mir ein michel nôt
daz ir des deste mêre tuot.
nû sage ich iu mînen muot:
4130 ichn wilz von iu niht lîden,
und welt ir ez niht mîden,
ez gât iu benamen an den lîp.‹
›genâde, herre‹ sprach daz wîp:
›ir sult mich des geniezen lân,
4135 und hete ich des niht getân,
sô hætet ir den lîp verlorn:
von diu wærez niht guot verborn.
ich solz iemêre wol bewarn.‹
nû hôrte si si zuo varn
4140 mit zornigem muote.
swie niuwelîch diu guote
warnen verlobet hæte,
daz gelübede beleip unstæte,
wan si zebrach ez dâ zehant,
4145 als si betwanc der Triuwen bant.
dannoch wâren si verre.
si sprach: ›lieber herre,
dir rîtet michel her nâch.
si wellen dir schaden: in ist sô gâch.‹
4150 nû endarf niemen sprechen daz,
von wanne kæme daz diu vrouwe baz

17 *fehlt, Ergänzung von Haupt und Leitzmann.* **23** iuch *fehlt.* **30** Ich.
37 von deswegen. **38** ymmer. **39** nu hortend sy zůfarn. **41** newlichen.
44 ez *fehlt.* **50** Nun darff. **51** von wanne käm, von wiu kam *Leitzmann
nach Haupt.*

beide gehôrte und gesach.
ich sage iu von wiu daz geschach.
diu vrouwe reit gewæfens bar:
4155 dâ was er gewâfent gar,
als ein guot ritter sol.
des gehôrte er noch gesach sô wol
ûz der îsenwæte
als er blôzer tæte.
4160 des was im warnunge nôt
und vrumte im dicke vür den tôt.

doch ez im solde wesen zorn,
er hæte dicke verlorn
von unbesihte den lîp,
4165 wan daz in warnte daz wîp.
    nû enhete si imz niht vol geseit
ê der grâve zuo reit.
und als er in ane sach,
vil unritterlîch er sprach
4170 mit ungezæmen grimme
nâch unvriuntlîcher stimme:
›sehet umbe, ir arger diep!
wem solde daz wesen liep
daz ir in disen landen
4175 nâch unser aller schanden
vüeret ein edel süeze wîp?
und wizzet wol daz ir den lîp
mir alzane liezet:
wan daz ir geniezet
4180 daz ir ritter sît genant,
ich hieze iuch hâhen hie zehant.
ir habet si under vriunde danc.
jâ was ez ein vil arger wanc
daz ir nahtes ritet dan.
4185 dâ mac man wol kiesen an
daz ir si ir vater habet genomen.

---

52 sach. **53** von weŭ. **57** gehôrte] geport. **59** als er] also. **66** hette.
wol nit. **67** zu im. **69** vnritterlichen. er *fehlt*. **74** ir] Er. **78** alssam.
81 haben. **84** dan *Leitzmann 206*] von dann.

von wannen wære si iu anders komen?
ez möhte an dirre vrouwen
ein tôre wol schouwen
4190 daz si iu niht ist ze mâze.
welt ir daz ich iu lâze,
arger schalc, den lîp,
sô lât belîben daz wîp.
ich wil si ir vriunden wider geben.
4195 si ensol niht mê sô swache leben.
nû lât si und schabet iuwern wec.‹
›ir enthöveschet iuch‹, sprach Êrec,
›an mir harte sêre.
von wem habet ir die lêre
4200 daz ir scheltet einen man
der ie ritters namen gewan?
ir sît an swachem hove erzogen.
nû schamet iuch: ir habet gelogen.
ich bin edeler dan ir sît.‹
4205   nû huop sich der strît.
dô enwart niht langer gebiten:
mit zorne si zesamene riten,
dâ von der ungetriuwe man
sînes valsches lôn gewan,
4210 einen stich ze sîner sîten
der in ze manegen zîten
sît her niht verswar,
wan er was underm schilte bar.
dar zuo im aber der arm brach.
4215 dô er in von dem rosse stach,
nû begunde er sîne getriuwen
harte sêre riuwen.
die vielen über ir herren,
daz im iht möhte gewerren.
4220 sumelîche wâren dâ,
die wolden in sâ

87 von wann. iu *Paul 195] fehlt.* **95** sol. **97** *Leitzmann 175]* enthof-
weyset. **98** harte] vil. **4206** ward. **11** Ine. **12** sît her *Gierach 537*
und Wolff] seyt Er, sider *Haupt.* **13** vnder dem. **14** aber *A Resler 84]* abe
die übr. **17** harte] vil. **19** iht *Bech]* nicht. gewern.

122

rechen mit den swerten:
vil unlange die werten.
sehse er ir ze tôde sluoc:
4225 den was vehtennes genuoc.
die andern wâren alle zagen:
die vluhen âne nâch jagen.
dô was des strîtes ende.
âne missewende
4230 reit der ritter Êrec
vil drâte den wec.
   er sprach: ›herre got der guote,
habe mich in dîner huote
und hilf mir âne schande
4235 von disem lande.
wirt ez dem lantvolke kunt,
daz ziuhet mir allez nâch zestunt
[und slahent mich: des ist unlanc.‹]
vergebene was doch der gedanc,
4240 wan ez nieman vernam
ê er vol ûz dem walde kam:
daz was sîn grôziu sælekeit.
alsô beleip ez ungeseit:
die ritter die dâ genâren   38ᵛᶜ
4245 und bî ir herren wâren,
der enwolde deheiner von im komen,
von dem man ez hete vernomen:
dô getorstenz die vliehenden zagen
vor ir schande niht gesagen,
4250 ê daz Êrec der herre
kæme von dem lande verre.
die ritter dô verbunden
dem grâven sîne wunden
und vuorten in ûf bâren
4255 und die dâ tôt wâren
hin heim mit herzeriuwen.
sô genôz er sîner untriuwen.

22 den *Müller 133*] *fehlt.*   27 nâch *Wolff*] *fehlt.*   32 **Er.**   33 dîner *fehlt.*
38 *fehlt, Ergänzung von Lachmann.*   39 danck.   41 wol.   44 gefarn.
46 deren wolt.   47 von den.   54 auf den parn.

als Êrec dô gereit
an sîne gewarheit,
4260 dâ er den grâven niht entsaz,
nû verweiz er vrouwen Ênîten daz
daz si sîn gebot sô dicke brach.
sîn zorn wart grôz und ungemach
und unsenfter dan ê.
4265 nû gelobete si daz siz nimmer mê
vürdermâl getæte:
daz enliez si aber niht stæte.
    swaz Êrec nôt unz her erleit,
daz was ein ringiu arbeit
4270 unde gar ein kindes spil
dâ wider und ich iu sagen wil
daz im ze lîden noch geschach.
beide nôt und ungemach
was im ze teile getân:
4275 des enwart er niht erlân,
er enlite vil und genuoc.
der wec in zehant truoc
in ein unkundez lant.
des herre was im unerkant.
4280 von des selben manheit
ist uns wunder geseit.
er was ein vil kurzer man,
mir ensî gelogen dar an,
vil nâch getwerges genôz,
4285 wan daz im harte grôz
wâren arme unde bein.
dâ zuo den brüsten er schein
kreftic unde dic genuoc.
dar under er ein herze truoc
4290 volleclîche manhaft.
daz gap im ouch die kraft,
wan dâ stât ez allez an:

58 Als. **61** verwise. **65** si *fehlt.* **66** fůr der male. **67** ließ. **71** und]
umb. nu sagen. **75** ward. **76** lite. **79** der. **83** mir sey dann.
85 harte] vil. **86** Arm.

124

und wizzet rehte, wære ein man
gewahsen zwelf klâfter lanc
4295 und wære sîn herze kranc
und ûf zageheit geborn,
daz michel âs wære verlorn.
sus enwas dem herren niht.
wir müezen sîner geschiht
4300 ein michel teil verdagen.
man möhte vil dâ von gesagen,
wan daz der rede dâ würde ze vil:
dâ von ich iu si kürzen wil.
ez hâte der herre guot
4305 gelücke unde rîchen muot
unde hâte unverzaget
den prîs an manegem man bejaget:
dar umbe man noch von im seit
daz im an sîner manheit
4310 unz an den tac nie misselanc.
er wære starc oder kranc
der im mit übel zuo kam,
der wênige ie den sige nam.
dehein ritterschaft er versaz,
4315 ouch entetez niemen baz,
swaz er ir bî sînen zîten
ie mohte errîten,
. . . .
dô er den strît niuwen vant,
dô wart im aber ir triuwe erkant.
4320 als si in gewarnet hâte,
nû sâhen si alsô drâte
in dort zuo rîten.
nû gruozte er vrouwen Ênîten.
als er Êrecke sô nâhen kam

98 was.   **4308** saget.   **15** tet es.   **17/18** Nach 4317 Lücke (Enites
Warnrede, Chr. 3715–68); vgl. Gärtner 360–364 Nellmann 243 Mohr Bibl.
Nr. 8, 101–104; keine Lücke Okken 92f.   **18** dô Leitzmann nach Haupt] daz
A Cormeau/Gärtner.   niuwen Leitzmann nach Lachmann] nur, niuwan Cor-
meau/Gärtner.   **19** dô] des.   aber fehlt.   **20** Als.   **22** in fehlt.   **24** er
fehlt.   Ereck.

4325 daz er sîniu wort vernam,
er sprach: ›willekomen, herre,
ir nâhen oder verre   39ra
in disiu lant geriten sît,
mich bedunket âne strît,
4330 ir muget wol ein degen sîn.
daz ist an zwein dingen schîn:
ir vüeret, sam mir mîn lîp,
daz aller schœniste wîp
der ich ie künde gewan:
4335 wer gæbe die einem bœsen man?
dar zuo sît ir gewâfent wol,
als ein guot ritter sol
der ze deheinen stunden
werlôs wil werden vunden
4340 und der âventiure suochet.
ob sîn got nû ruochet,
der vindet ir hie teil.
und gevellet iu daz heil,
ich wil iu daz zewâre sagen,
4345 ir muget hie den prîs bejagen
des ir wol gelobet sît.
nû wert iuch, ritter, ez ist zît.‹
    sus antwurte im durch sînen spot
Êrec: ›nû enwelle got,
4350 ritter biderbe unde guot,
daz ir immer getuot
sô vil wider iuwern triuwen.
ez müeste iuch her nâch riuwen.
jâ butet ir mir iuwern gruoz:
4355 wanne würde iu des lasters buoz,
bestüendet ir mich dar nâch?
sô wære iu ze gâch
und belibet sîn âne ruom.
ir sult ez durch got tuon
4360 und mich mit gemache lân,

34 ie *fehlt.*   **37** guot *Leitzmann*] *fehlt.*   **41** nû] In.   **44** iu *fehlt.*
48 Sŭnst.   **49** welle.   **52** ewr.

wan ich habe iu niht getân.

ich hân verre geriten

und selh arbeit erliten

daz aller mînes herzen rât

4365   unwilleclîchen stât.‹

    der herre gedâhte: ›er ist verzaget,

sît er sîne arbeit klaget.‹

er sprach: ›ir wert iuch âne nôt

dâ mite daz ich iu dienest bôt.

4370   daz enhân ich anders niht getân

wan ûf ritterschefte wân.

swaz iu nû mê von mir geschiht,

dar umbe dürfet ir mir niht

an mîne triuwe sprechen,

4375   die ich nimmer wil zebrechen.

wert iuch durch iuwer schœnez wîp,

welt ir behalten den lîp.‹

    als Êrec dô gesach

daz im vehtennes nôt geschach,

4380   sîn ros er wider kêrte,

als in sîn ellen lêrte.

zesamene riten zwêne man

der ietweder nie gewan

zageheit dehein teil.

4385   ez muoste sterke unde heil

under in beiden

an dem sige scheiden.

diu sper si ûf stâchen

daz si gar zebrâchen.

4390   diu tjost wart sô krefteclich

daz diu ros hinder sich

an die hehsen gesâzen.

dô muosten si lâzen

die zoume von den handen

4395   und anders inz enblanden.

---

62 hân] bin.   **63** vnd solhe, und hân selh *Leitzmann.*   **66** Der.   dacht.
70 han.   **73** mich.   **75** nymermer.   **78** Als.   **79** vehtennes nôt] ze
vechten not *A Brandt 154,* ze vehtenne *Leitzmann nach Gierach 535.*
82 reiten.   **86** under] vnd.   **94** zoume] Schilte.   **95** inz] In.

si erbeizten beide gelîche
vil müezeclîche
und ervuorten diu swert.
ir ietweder wart gewert
4400 volleclîchen an der stat
des er got lange bat,
daz er im sande einen man
dâ er sich versuochte an.
　　nû begunden si vehten
4405 gelîch zwein guoten knehten.
diz huop sich umbe einen mitten tac.
Êrec fil de roi Lac　　　　　　　　　39rb
vorhte laster und den tôt.
den schilt er im dar bôt
4410 und begunde sich mit listen
âne slege vristen.
der gedanc was jenem unerkant,
unde sluoc im von der hant
den schilt unz an den riemen.
4415 wande si niemen
ûf der heide dô schiet,
zuo der sîten ern erriet
und sluoc im eine wunden.
dô wânde er haben vunden
4420 einen zagen an dem gaste.
ouch zwîvelte vaste
diu schœne vrouwe Ênîte,
dô im sîn sîte
alsô sêre bluote.
4425 vil lûte schrê diu guote:
›ouwê, lieber herre mîn,
solde ich ez vür iuch sîn!
jâ wæne ich iuch verlorn hân.‹
›vrouwe, iuch triuget iuwer wân‹
4430 sprach der unverzagete man:
›wan dâ verlür ich mêre an.‹

---

97 müessekleiche, unmüezeclîche *Leitzmann nach Haupt.*　　**4401** lanng got.
4 Nu.　　**9** dar *fehlt.*　　**24** plůetet.　　**29** Fraw.　　wân] man.

vil wol bewârte er ir daz.
ein wênic trat er vürbaz:
niht langer er im vertruoc,
4435 ûf den helm er in sluoc
daz der wênige man
dâ durch ein wunden gewan
und daz er vor im gelac.
Êrec fil de roi Lac
4440 hâte nâch missetân,
wan er wolde in erslagen hân.
›nein‹, sprach er, ›ritter guot,
durch dînen tugenthaften muot
unde durch dîn schœne wîp
4445 sô lâ mir den lîp
unde êre got an mir.
vil gerne sicher ich dir.
nû emphâch mich ze man,
und wizzest daz ich nie gewan
4450 deheinen herren mêre.
wan daz dir diu êre
geschiht von dîner manheit,
ich wære des tôdes ê bereit
ê ez immer ergienge:
4455 dehein edel dich vervienge.
sus ist ez mir unmære:
swer dîn vater wære,
sô edelet dich dîn tugent sô
daz ich dîn bin ze herren vrô.‹
4460   nû hete gewert dirre strît
unz an die nônezît,
den sumertac alsô lanc.
dô Êrecke alsô gelanc,
die genâde er an im begie
4465 daz er in leben lie.
ûf zuhte er in bî der hant:
den helm er im abe bant.
er sprach: ›ich enmuote mêre

---

38 *Pfeiffer 217*] lag.   **55** edle.   **58** dîn *fehlt.*   **60** Nu.   **63** Eregken.

von iu deheiner êre,
4470 wan daz ir mir âne schamen
rehte nennet iuwern namen.
ich enmuote ze dirre zît
wan daz ich wizze wer ir sît.‹
er sprach: ›herre, daz sî getân.
4475 ich wil iuch wizzen lân,
ich bin künec über Îrlant,
Guivreiz le pitîz genant.‹
        Êrec gevienc sîn niht ze man.
ir ietweder klagen began
4480 des anderen ungemach.
Êrec eine binden brach
abe sînem wâpenrocke sâ.
nû wâ möhte er anderswâ
ein vriuntlîcher binden
4485 zuo den zîten vinden?
Guivreiz le pitîz eine alsam
von sînem wâpenrocke nam.
ein ander si verbunden
ir ietweder die wunden
4490 die er mit sîner hant sluoc.
diz was vriuntlîch genuoc.
hie was vrouwe Ênîte mite   39ʳᶜ
vil güetlîchen nâch ir site.
ze handen viengen si sich dô,
4495 ir ietweder was des andern vrô,
und sâzen ensamet ûf daz gras,
wan in ruowe nôt was.
in hete der strît getân vil heiz:
beide bluot unde sweiz
4500 hâte si berunnen gar.
vrouwe Ênîte gienc ouch dar.
diu hâte liep bî leide,
als ich iu bescheide.

69 dhain/ere.   **74** Er.   **77** Gifurais Lepitis; *vgl. Chr. 3868.*   **83** er *fehlt.*
91 fruntlichen.   **92** die frau.   **96** ensamet *Lachmann*] miteinannder.
97 rew.   **4501** die fraw.

nû was si ir mannes siges vrô:
4505 sîn wunden weinde si aber dô.
nû ervurpte si diu guote
von sweize und von bluote
mit ir stûchen orte.
nâch vriuntlîchem worte
4510 sâzen an der heide
dise herren beide
und kuolten sich durch gemach.
der künec zuo dem gaste sprach:
›vernemetz, herre, vür ein spil
4515 daz ich nû reden wil
und lât ez iu niht wesen leit.
mich betwanc iuwer manheit
daz ich wolde werden iuwer man:
dâ ist iu wol gelungen an.
4520 nû ist diu vrümekeit an iu schîn
daz ichz noch gerner wolde sîn,
ob ich wizzen mehte
ob irz an dem geslehte
alsô wol hætet,
4525 und mir daz kunt tætet:
sô wære mîner êre
sô vil deste mêre.
daz mir von iu geschehen ist,
des ich unz an dise vrist
4530 niene wart betwungen,
noch ist mir wol gelungen
und wil ez âne klage lân,
hâtz ein edel man getân,
und wil es immer wesen vrô.‹
4535 Êrec antwurte im alsô:
›mîn künne ich iu nennen sol.
ich wæne ez vil wol
von gebürte wesen mac.
mîn vater ist der künec Lac,

5 bewainet.   **6** Nu erfûrbte.   **12** Ir gemach.   **21** gerne.   **29** unz
Lachmann] musse. diser.   **30** niene *Bech*] hie, nie *Lachmann*. bedungen.
35 Ereck.   **36** künne *Leitzmann 222*] gepurd.

Êrec heize ich.‹
dô vreute der künec sich.
als schiere und er diu mære
vernam wer er wære,
sîn sitzen wart vil unlanc:
4545 von vreuden er ûf spranc
und bôt sich an sînen vuoz.
er sprach: ›wie gerne ich wesen muoz
iu immer stæte als iuwer man,
mit swiu ich iu gedienen kan.   W III^r
4550 iuwer vater ist mir wol erkant.
beide lîp unde lant
sol iu wesen undertân.
ouch sult ir mich geniezen lân
daz ich iu stæte triuwe
4555 leiste âne riuwe
al die wîle daz ich lebe.
und gewert mich einer gebe:
des man ich iuch sô verre.
wâ wart ie triuwe merre
4560 dan vriunt sînem vriunde sol,
die beide ein ander getrûwent wol?
bî der man ich iuch daz ir
durch mîne liebe ensament mir
ûf mîn hûs rîtet
4565 und dâ sô lange bîtet
unz daz ir geruowet sît.
diz lât wesen âne strît:
dâ handelt ir mich wol an,
daz ichz immer dienen kan.‹

41 freyet.   **4549–90** W III^r am rechten Rand bis zum Schriftspiegel be-
schnitten; daher gelegentlich Textverlust von ein bis drei Buchstaben.
49 mit weu. Mit dienen kan setzt W III^r ein.   **50** m(i)[n] lib uñ min lant W.
55 w(il) l(eist)[en] / W.   **56** alleweyl vnd ich lebe A. daz Leitzmann nach
Zwierzina 354] fehlt W.   **58** da bi mane ich uch herre W.   **59** mere A.
60 freundt bey freunde vinden sol A.   **61** getriwen ander W.   **62** bite ih
daz W.   **63** durh minen / willen daz ensamit mir W. sambt A.   **66** wol
gerůwit W.   **67** daz W.   **67a** nů ritit hin is ist zit W (Dreireim).
68/69 fehlen W.

132

4570 Êrec sprach: ›ich wil es iuch gewern:
doch ensult irs niht sô lange gern.
ir müezetz âne zorn lân:
ich enmac niht langer hie bestân
niuwan unze morgen vruo
4575 und sage iu war umbe ich daz tuo.   39ᵛᵃ
ichn var nâch gemache niht:
swaz ouch mir des nû geschiht,
dar ûf ahte ich niht vil,
wan ich dar nâch niht werben wil.‹
4580 der künec was des gastes vrô.
zuo den rossen gienc er dô.
er sprach: ›wir suln rîten.‹
nû half er vrouwen Ênîten
daz si ûf ir pherit gesaz:
4585 mit schœnen zühten tete er daz.
er vuorte si vür an den wec.
dar nâch reit Êrec.
und als si vür daz hûs riten,
niht langer daz vermiten
4590 sîne juncherren,
si enliefen engegen ir herren
ûz vür daz bürgetor:
dâ emphiengen si in vor
mit vrœlîchem schalle,
4595 wan sî wâren alle   W IIIᵛ

70 Ereck A, *Raum für Lombarde ausgespart W.*   wil es W Wolff] wil A.
wern *Leitzmann.*   **71** sult A.   so lange niht W.   begeren A.   **72** sult iz W.
73 mag A.   **74** nun vntz A, wen zů W.   **75** sag[ih u] W.   **76** Ich A.   niet
(: geschiet) W.   **77** nû *fehlt A.*   **79** dar nâch] nah tugindin W.   **79a** iz ge
zů erniste odˢ (z)[ů spil] W (Dreireim).   **80** Der A, *Raum für Lombarde*
ausgespart W.   **81–83** *in W:*
        ir urs viengin sie d(o ·)
        alse si woldin ritin ·
        do half dˢ kunig enitin.
83 der frawen A.   **85** schœnen *fehlt W.*   **86** vür an] oufe W.   **87** do reit dˢ
herre erek W.   **88** die ueste W.   **89** niht langˢ do ne bitin W.   **90–94**
Nach sîne *in W Textverlust durch Beschneidung bis einschließlich 4594.*
91 lieffen gegen A.

von einem wâne gemeit,
daz er nâch gewonheit
den ritter hete gevangen.
er sprach: ›ezn ist niht sô ergangen
4600 als ir wænet daz ez sî‹
unde sagete in dâ bî
vil rehte diu mære
wiez ergangen wære.
er sprach: ›swem ich nû liep bin,
4605 der kêre dar an sînen sin
daz er emphâhe schône,
daz ich ius immer lône,
den aller tiuristen man
des ich ie künde gewan.‹
4610 ouch tâten si gerne daz.
Êrec enwart nie baz
gehandelet anderswâ
dan ouch des selben nahtes dâ.
    des âbendes dô si gâzen
4615 und dar nâch gesâzen,
der wirt sprach: ›herre, ez ist mîn rât
daz ir uns einen arzât lât
gewinnen ze unsern wunden.
ist daz ir ze disen stunden
4620 ungeheilet scheidet hin,
daz dunket mich ungewin.
ir sît leider sêre wunt:
dar zuo ist iu daz lant unkunt,
und mac iu vil wol missegân.‹
4625 Êrec sprach: ›nû lât die rede stân.
wan ich belîben niene mac
niuwan unz an den tac.‹

96 des vil frölich gemeit *A.*   **97** nah sin^s g. *W.*   **99** es *A.*   **4603** we iz ime
W.   **6** er in *A.* uil schone *W.*   **7** euchs *A,* is v *W.*   **10** sie alle *W.* gerne
fehlt A.   **11** Erecken ward *A,* erek d^s herre wart *W.*   **13** selben *fehlt A.*
14 *Raum für Lombarde ausgespart W.* als sy des abents gassen *A.*   **16** do
sp^ach d^s wirt iz ist min rat *W.*   **20** von hin *A.*   **21** grůz unsin *W.*   **22** ir sit
uil sere gewunt *W.*   **23** ouh ist *W.*   **24** v mach uil lihte m. *W.*   **25** Ereck
A. h^s sp^ach *W.*   **27** nun v̇ntz *A,* lang^s biz *W.*

nû was im die naht bereit
von êren elliu werdekeit,
4629.1   wan Guivreiz le pitîz   (1)
kêrte allen sînen vlîz
dar an daz er sîn schône phlac
unz an den anderen tac.
4629.5   als er des morgens [schiet von dan]   (5)

   . . . .

   [h]er . . . . [wol]de   (7)

   . . . .

   . . . .   W IV^r

   . . . .   (10)

   . . . .

   . . . .

   . . . .

   . . . .

   . . . .   (15)

   . . . .

   . . . .

4629.6   [als uns der âventiure] sage   (18)
von dem tugentrîchen zalt,
kam er in einen schœnen walt,   (20)
dar in der künec Artûs
4629.10 von Tintajôl sînem hûs
was geriten durch jaget,
alse uns Crestiens saget,
mit schœner massenîe.   (25)
er und sîn kumpânîe

28 dise nah was ime bereit *W.*   **29** fur erin allir wirdicheit *W.*
29/30 *Zwischen den beiden Versen fehlen 78 Verse in A, von denen 57 in W erhalten sind. Aus der Überlieferung in W lassen sich als Textverlust in A die 78 Verse ermitteln, die am rechten Rand in runden Klammern gezählt sind.*
4629.(5)–(8) *Von der vorletzten Zeile von W III^v nur einige Oberlängen und Superskripte erhalten, der Rest der Seite mit dem unteren Rand weggeschnitten.*   **29.5** *Ergänzung von Naumann.*   **4629.(9)–(18)** *Von W IV^r der obere Rand mit fünf Schriftzeilen und der rechte Rand mit einzelnen Buchstaben an den Zeilenenden weggeschnitten. Die verlorenen Verse berichten wohl den Abschied Ereks von Guivreiz, vgl. Chr. 3931ff.*   **29.6** *Ergänzung von Naumann.*   **29.7** dem] d^s *W.*   **29.9** dar in] uñ *W.*   **29.10** Tintajôl sînem] tyntalion sime *W; vgl. 7807.*   **29.12** c^{s}stiens *W.*

lâgen bî der strâze
alsô ze mâze
ein vierteil einer mîle.
in der selben wîle   (30)
kam her Walwân geriten
4629.20 und hete sîn ors Wintwaliten
zer poulûne gebunden.
dâ hetez Keiîn vunden.
durch baneken er dar ûf saz,   (35)
her Walwân erloubete daz.
4629.25 beide sîn schilt unde sper
lente dâ bî, daz nam er
und reit eine ûf den wec.
dô der herre Êrec   (40)
engegen im geriten kam,
4629.30 von verre er sîn war nam.
als er in rehte gesach,
dô kôs er daz er ungemach
ûf dem wege hete erliten
unde verre hete geriten   (45)
4629.35 und berunnen was mit bluote.
dô wart im des ze muote
daz er engegen ime reit
und sprach in sîner valscheit: (50)
›willekomen, herre, in diz lant.‹
4629.40 an den zoum leite er sîn hant.
erne torste in anders niht bestân:
sus wolde er in gewunnen hân
und vrâgete [wer er wære]   W IV^v
. . . .   (56)
. . . .
. . . .

29.19 waliwan *W.*   **29.21** zer poulûne *Naumann Leitzmann]* bi daz paulun *W.*
29.22 keye *W.*   **29.24** waliwan *W.*   **29.27** alleine *W.*   **29.28** dô *Nell-*
mann 29 Anm. 3 Scholz] d[o] *W, fehlt Naumann Leitzmann.*   **29.29** geritin
engegin ime *W.   Punkt Naumann Leitzmann.*   **29.32** daz er *Naumann]*
fehlt W.   **29.35** was *Naumann 370] fehlt W.*   **29.36** ime *ergänzt Heine-*
mann 264; hsl. Bezeugung ungewiß.   **29.37** gegin *W.*   **4629.39** wille kume *W.*
29.43 *Ergänzung Naumann; möglich wäre auch* und vrâgete in [mære].

. . . .
. . . .
. . . .
. . . .
. . . .
. . . .   (64)
›[mir vol]get âne sache.   (65)
4629.45 ich wolde daz ir ze gemache
         mit mir ritet an dirre stunt.
         ich sihe wol, ir sît sêre wunt.
         der künec Artûs mîn herre
         liget hie niht verre.   (70)
4629.50 von im und von der künegîn
         sult ir gebeten sîn
         daz ir mit mir hin
         rîtet unde dâ bî in
         geruowet nâch iuwerm leide.   (75)
4629.55 si sehent iuch gerne beide.‹
         alsus was im gedâht:
4629.57 hete er in ze hove brâht,   (78)
   4630 daz er danne wolde sagen,
         er hete im die wunden geslagen
         und er solde gevangen sîn.
         dar an wart volleclîche schîn
         daz diu werlt nie gewan
   4635 deheinen seltsænern man.
         sîn herze was gevieret:
         eteswenne gezieret
         mit vil grôzen triuwen
         und daz in begunde riuwen
   4640 allez daz er unz her ie
         ze unrehte begie,

4629.44–4652 *Von W IVᵛ der obere Rand mit fünf Schriftzeilen und der linke
Rand mit zwei bis vier Buchstaben von den Zeilenanfängen weggeschnitten.*
4629.44 [mir vol]git *ergänzt Heinemann 264, vgl. Gärtner 229;* ir erbelget
Naumann Leitzmann.   **29.45/46** *Naumann]* (d)az ir mit mir z(ů) gemahe · /
[ri]tit *W.*   **29.49** enliget *Leitzmann.*   **29.52** ir nû *Naumann Leitzmann.*
fon hin *W.*   **32** odˢ solde / [sin] geuangene sin *W.*   **35** schalkhafˢn *W (vgl.*
4735).   **36** gemeret *A.*   **39** und *fehlt W.*   **40** unz her *fehlt vermutlich W.*

137

alsô daz er vor valsche was
lûter sam ein spiegelglas
und daz er sich huote
4645 mit werken und mit muote
daz er immer missetæte.
des was er unstæte,
wan dar nâch kam im der tac
daz er deheiner triuwen phlac.
4650 sone wolde in niht genüegen,
swaz er valsches gevüegen
mit allem vlîze kunde
mit werken und mit munde: w Vʳ
daz riet elliu sîn ger.
4655 dar zuo sô was er
küene an etelîchem tage,
dar nâch ein werltzage.
diz wâren zwêne twerhe site:
dâ swachete er sich mite,   39ᵛᵇ
4660 daz er den liuten allen
muoste missevallen
und niemen ze guote was erkant.
von sînem valsche er was genant
Keiîn der quâtspreche.
4665   nû verstuont sich vil gereche
Êrec waz er meinte,
als er im ouch bescheinte.
er sprach: ›herre,
ich hân ze varne verre

---

42 vor valsche *Bech 457*] fon valsche *W*, vol valsches *A*.   **43** alsein *W*.
47 dar an *W*.   **49** niht / [de](r) triwin *W*.   **50** so *A*. ime *W*.   **51** [da]z
hˢ *W*.   **53–93** *Von W Vʳ der obere Rand mit fünf Schriftzeilen bis 4661*
[mis]/seuallin *und der rechte Rand mit zwei bis vier Buchstaben am Zeilen-
ende weggeschnitten.*   **53** munde] wunde *A*.   **54** beger *A*.   **58** dwerbe *A*.
59 *Leitzmann 209*] verschwachet *A*. sich *fehlt A*.   **62** zu gůtir wis *W*.
63 was *fehlt W*.   **64** Chay der chot sprach *A*. keye dˢ quat (s)[pehte ·] *W*;
Spatium nach quat *ganz sicher, danach Rest eines Schaftes, wohl eines* s,
daher spehte *ergänzt; vgl.* speht *stm. und* spehter *'Schwätzer' bei Lexer 2,
1075f. u. DWb. 10.1,2028f.,* spehte *swm. allerdings nicht belegt.* **65** uil
rehte *W*. **66** neinde *A*.   **67** ime *W*, nu *A*. ouch *fehlt W*.   **68/69** geloubit
mirs her[re ·] zů ritene han ih uerre *W*.

4670 und enmac ze disen zîten
ûz dem wege niht gerîten.
wærez an mîner muoze,
nâch des küneges gruoze
vüere ich tûsent mîle.
4675 ir sult mich ze dirre wîle
mîne strâze lâzen varn.
got müeze iuch, herre, bewarn.‹
dô sprach der valsche Keiîn:
›herre, lât die rede sîn.
4680 irn sult sus hin niht scheiden:
ez missezæme uns beiden.
ich bringe iuch ze hûse
dem künege Artûse
zewâre oder ich enmac.‹
4685 Êrec fil de roi Lac
wart ein teil dâ von beweget.
er sprach: ›ich wæne ir enmeget.
dâ von ist iu alsô guot,
ir habet dar umbe ringen muot:
4690 wan welt ir mich dar bringen,
ir müezet mich es twingen.
doch sît ir vrum, ir bringet mich hin,
wan ich iu wol gewunnen bin.‹
›ich weiz wol‹, sprach Keiin,   W Vᵛ
4695 ›daz ich harte vrum bin.
ê ir michs überstrîtet
daz ir sus hinnen rîtet,
irn gesehet mînen herren,
wandez iu niht mac gewerren,

70 vnd mag *A,* ichn mach *W.*   **76** strasse lasse lassen *A.*   **77** herre *W*
Wolff] fehlt A Leitzmann.   **78/79** keye entwurte ime do · herre en redit
[niht] / also *W.*   **78 Do** *A.*   Chain *A.*   **80** Ir solt nit also hinschaiden *A.*
hinnen *W.*   **84** mag *A.*   **85** filli roy *W.*   **86** fon dˢ rede wart bewegit *W.*
87 mȯgt *A.*   **91** michs *A,* is mich *W.*   **92** doch *fehlt W.*   dar hin *W.*
93 wol ze wŭnne *A,* gůt zů gewinnene *W.*   **4694–4743** *Von W Vᵛ der obere
Rand mit fünf Schriftzeilen bis 4703* [gesc](h)en *und der linke Rand mit fünf
bis acht Buchstaben von den Zeilenanfängen weggeschnitten. Die verlorenen
Textteile nicht immer mit Sicherheit rekonstruierbar.*   **94** Chayn *A.*
95 harte *fehlt A.*   **96** mich des *A.*   **97** sohin *A.*   **98** Ir *A.*   **99** gewern *A.*

139

4700 ich twinge iuchs güetlîchen.
dâ von sult ir entwîchen
und mînen herren gesehen.
daz muoz benamen geschehen.‹
daz wart Êrecke alrêst zorn.
4705 daz ros ruorte er mit den sporn.
›ziehet zuo iu die hant!‹
ûf warf er daz gewant
und ervuorte daz swert.
wan ers wol wære wert,
4710 sô wolde er dem argen zagen
abe die hant hân geslagen.
dô zuhte er si enzît
unde vlôch âne strît.
swie er ûf Wintwaliten
4715 dem besten rosse wære geriten
daz ie ritter gewan,
alsô seine kêrte er dan
rehte an die widervart:
von Êrecke er ervolget wart.
4720 und als er rehte daz gesach
– als ez im ze heile geschach –,
daz er gewæfens was blôz,
wie wol her Keiîn genôz
der tugent die Êrec hâte.
4725 vil wunderlîchen drâte
daz sper er umbe kêrte
daz er in niht versêrte.
er wante gegen im den schaft

4704 daz] do *W.* wart *W Leitzmann 233*] tet *A.* allererst *A W.* **5** sin urs *W.*
6 hˢ spᵃch zihet zů v iwˢ hant *W.* **8** fůert *A*, rukte *W.* **10** hˢ wolde *W.*
11 die pant han abgeschlagen *A.* **12** do entzukter sie ime *W.* bey zeit *A.*
14 swe *W*, doch *A.* Wintwaliten; *vgl. Chr. 3955 und Varianten.* **15** zu
dem *A.* **17** seine] trage *W.* **18** [da]z hˢ oufe der uart *W.* **19** er ervolget
Leitzmann 174] Ir geuolget *A*, ir ritin *W.* **20–24** *Ergänzungen von W nicht
immer möglich.* **20** irsach *W.* **21** daz ime *W.* **22** *A W*] was gewæfens
Pfeiffer 217 Leitzmann. **23** keye dˢ untuginde genoz *W; vgl. Parz. 296,20.*
her Keiîn] es Chay *A.* **24** . . . . . e erek hate *W.* **25** wunderlich *A.*
26 daz sper umbe / . . . *W.* er *fehlt A(W?).* **27** iht ůserit *W.* **28** gegen im]
im *A*, umbe *W.*

und stach in mit selher kraft
4730 daz Keiîn rehte sam ein sac
under dem rosse gelac,
nâch sînem rehte
ungelîch einem guoten knehte.
daz ros vuorte Êrec dan.
4735 Keiîn, der schalchafte man,
ime vaste nâch lief:
lûte er in ane rief:
›nein, ritter vil guot!
durch dînen tugenthaften muot
4740 daz mir daz ros hie bestê!
oder ich muoz es immer mê
geswachet und gehœnet sîn.
jâ enist ez weizgot niht mîn.‹   39^{vc} W VI^r
dô kêrte der guote
4745 mit lachendem muote
und vernam sîne klage.
er sprach: ›ritter, nû sage,
wie bistû genant?
unde tuo mir erkant
4750 dises rosses herren.
ez enmac dir niht gewerren:
ich wil wizzen dînen namen.
dû endarft dich niht sô sêre schamen.
ez ist geschehen manegem man
4755 der doch nie zagen muot gewan.‹
Keiîn sprach: ›nein, herre!
ich bites iuch vil verre:
ist daz ir mir genâde tuot,
sô sît mir volleclîche guot,
4760 alsô daz ir mich erlât

30 Chaim *A*, key *W.*   sam *W Leitzmann 207*] rechte wie *A*, als *Haupt.*
31 lac *A.*   32/33 *fehlen W.*   35 Chaim *A*, keye *W.*   37 im anrŭeff *A.*
38 nein] ia *W.*   39 ritt^{e}lichin *W.*   41 ich mŭz is *W*, es mŭs *A.*
42 *Leitzmann 209*] ge . . . *W*, verschwachet *A.*   43 ist *A.*   niht *fehlt A.*
48 rechte wie *W.*   50 ditz *A.*   51 mag *A.*   geweren *A.*   52 wil ouch *W.*
53 darfft *A*, *weggeschnitten W.*   so *fehlt W.*   54 uil ma . . . *W.*   55 doch
fehlt W.   56 Chaym *A*, keye *W.*   57 bit is uch *W*, pit euch *A.*   60 dar an
daz *W.*   des erlat *A Leitzmann.*

141

des ir mich gevrâget hât,
daz ich mich iu nande.
mich hât ûf selhe schande
hie brâht mîn zageheit
4765 daz doch mir ein herzeleit
von den dingen muoz geschehen,
sol ich iu mînes namen jehen,
wan ich hân wol garnet iuwern spot.
nû enbert es durch got.‹
4770 Êrec sprach: ›ritter, saget an:
jâ enist hie nieman
niuwan iuwer unde mîn:
es enmac dehein rât sîn,
oder ir hât daz ros verlorn.‹
4775 daz sîne mante er mit den sporn,
als er dan wolde rîten.
Keiîn bat in bîten.
er sprach: ›ich wil ez gote klagen
daz ich muoz mîn laster sagen.
4780 nû sage ich iu wer ich bin.
mîn name lûtet Keiin.
ouch geruochet mîn der künec Artûs
ze truhsæzen in sînem hûs.
sîner swestersüne ein,
4785 der edel ritter Gâwein,
diz ros er mir lêch:
mirst leit daz er mirs niht verzêch,

61 habt gefragt *A.*   **63** ûf] an *W.*   **64** braht al hie *W.*   **65** ein grûz
hˢzeleit *W.*   **66** mûz dar an al hie gesch[en] *W.*   **67** ůihen *W.*   **68** so hete
ich garnet *W.*   **69** nꝟ emper is herre *W.*   es] sein *A.*   **70** *Raum für*
Lombarde ausgespart W.   nꝟ sagit *W.*   **71** Ia ist hie *A,* ir shet wol hie *W.*
72 wan nur Ir vnd die hausfraw mein *A.*   wan *W.*   **73** mag khain *A,* en
mach andˢ *W.*   **75** dannen *W.*   **77** Chaym *A,* keye *W.*   zupeiten *A.*   **78** iz
iemˢ *W.*   **79** daz ic[h mûz] / min lastir sagin *W.*   mein laster mûß *A.*
79a–86 *in W*:
                des ich uil sere scheme (m)[ich ·] /
                truchtseze keye bin ich ·
                diz urs here wal(i)[wan mir] / lech.
81 Chaym *A.*   **84** Swester Sun *A.*   **85** Cawein *A.*   **87** Er michs *A,* hers
mir *W.*

wan sô wære mir schande buoz
die ich nû dulden muoz.
4790 dô mîn herre hiute enbeiz
– den tiuvel ich mir selben weiz   W VI[v]
daz ich mir niht sanfte kunde leben:
nâch laster begunde ich streben:
des hân ich gewunnen teil –,
4795 dô riet mir mîn unheil
daz ich mir sîn ros lîhen bat.
dô lêch er mir ez an der stat.
hete er dô des niht getân,
sô wære ich schanden erlân
4800 diu mir sus ist widervarn.
nû enmac doch daz nieman bewarn
daz im geschehen sol.
edel ritter, nû tuot sô wol
und gebet mirz wider durch got,
4805 oder ich bin aller der spot
die mich wider in sehent gân.‹
Êrec sprach: ›daz sî getân.
ich gibe iuz mit gedingen:
ir sult ez wider bringen
4810 dem herren Gâweine von mir.
mit iuwern triuwen müezet ir
daz geloben wider mich.‹

4788–90 *Von W VI[r] der untere Rand mit zwei Zeilen weggeschnitten, von der vorletzten Zeile noch Oberlängen und Superskripte erhalten, die die Ergänzung* d[s] schande bûz *sichern.* **90** Dô *A.* **4791–4832** *Von W VI[v] der linke Rand mit etwa acht bis zehn Buchstaben an den Zeilenanfängen weggeschnitten.* **91** selber *A,* [selbi](r) *W.* **92** mir *fehlt W.* **4793f.** *In W die Zeile stark abgerieben und deshalb schwer zu entziffern.* **93** . . . begu](nde strebin) · *W.* **96** daz urs mir *W.* **4797–4802** *in W:*
[daz mic]h trûch an die stat ·
da mir last[s] solde / [wid[s] varn ·
n]ieman kan daz wol bewarn ·
swaz dem / . . . .(n) sol ·
97 diser stat *A.* **4801** nu mag doch des nyemands b. *A.* **3** tu *A.* so *fehlt W.* **4** vnd gib mirs *A,* gebet mir daz / . . . *W.* **5** der *AW*] *fehlt Leitzmann.* **7** sî] sin *W.* **8/9** [geding]e: wd[s]bringe *W.* **10** dem *fehlt W.* Cawein *A,* waliwane *W,* Walwân *Leitzmann.*

Keiîn sprach: ›daz tuon ich‹
unde tete ouch alsô,
4815 wan er was der rede vrô.
      als er daz ros zuo im gewan,
er sprach: ›ich bite iuch, tugenthafter man,
sît ir mir sît gewesen guot,
daz ir volle wol tuot,
4820 daz ich iuch müeze erkennen:
geruochet iuch mir nennen.
ez enschadet iu niht und hilfet mich.
iuwern namen den wolde ich   40ʳᵃ
wizzen durch iuwer vrümekeit.
4825 ez ist mir immer ein leit,
muoz ich alsus scheiden hin
daz ich iuwers namen unwîse bin
und enweiz wie ich iuch nennen sol,
sô ich iuwer gedæhte gerne wol.
4830 durch got saget mir wer ir sît.‹
er sprach: ›nein ich ze dirre zît:
ez wirt iu lîhte her nâch kunt.‹   *Ende* W
      nû schieden si sich zestunt.
ir ietweder reit sînen wec,
4835 Keiîn und Êrec.
Keiîn hin ze hove reit,
und twanc in des sîn wârheit
daz ers doch niht verdagete,
wan daz er rehte sagete
4840 sîn schemelîchez mære,
wiez im ergangen wære,
und gap dem schaden selhen gelimph
daz man gar vür einen schimph

---

13 Chaym *A, Zeilenanfang weggeschnitten* W.   **14** ouch sichˢlichen
al/[so ·] W.   **16** Als *A, Lombarde erschließbar* W.   zuo im] widˢ W.
17 ich bit uch spᵃch dˢ edil / [man] W.   **19** daz irz nv̊ uollin / . . . W.   vol *A*.
21 uñ gerv̊chit W.   zunennen *A*.   **22** schadet *A*, . . . dit W.   **26** also
schaiden von hin *A*, scheiden alsus hin W.   **27** daz ich is ungewis / . . . . W.
28 vnd wayß nit *A*, . . . weiz W.   **29** iwˢ gˢne / . . . . (o)l · W.   **30** got
fehlt W.   nv̊ sagit W.   **31** nein ich *Bech 452*] im nicht *A*, herre / . . . W.
32 *In* W *danach unterer Blattrand mit zwei Schriftzeilen = acht Versen weg-
geschnitten.*   **35** Caim.   **36** Chaym.   **40** seine schåmliche.

sîne schande vervie
4845 und man sîn ungespottet lie.
als in dô selh manheit
von dem ritter wart geseit,
dô nam si besunder
alle michel wunder
4850 wer der ritter möhte sîn.
dô sprach Keiîn:
>ich enmohte sîn niht erkennen:
er enwolde sich niht nennen.
sîne stimme hôrte ich,
4855 wan er jach vil wider mich:
als ichz dar an kiesen mac,
sôst ez Êrec fil de roi Lac.<
dô rieten si alle gelîche
er wærez wærlîche.
4860   der künec Artûs sprach dô:
>nû wære ich es harte vrô
und lônte ims mit minnen,
swer mir in möhte gewinnen.
Gâwein, daz tuon ich
4865 an Keiîn und an dich.
ir habet mich unz an disen tac
sô gêret daz ich niene mac
iu gesprechen niuwan guot.
ist daz ir diz nû tuot,
4870 daz wil ich vor im allen hân
swaz ir mir liebes habet getân.
Gâwein, nû wis gemant
wiez under uns ist gewant,
daz dû mîn næhster vriunt bist,
4875 und sûme dich deheine vrist
mêre durch die liebe mîn.
sô hilf mir und der künegîn
daz wir Êrecken gesehen:
sô enmac mir liebers niht geschehen.<

44 gar verfie. **46** im. **51** Chaym. **52** mo̊chte. **53** wolt. **55** jach
Leitzmann 221] sprach. **58** errieten. **65** Chaym. **68** iu] nu. wañ.
69 *Wolff*] nu ditz. **72** wis] bis. **76** mêre] ymmer. **79** mag.

145

40rb

4880 Gâwein sprach: ›herre,
enmanet mich niht sô verre,
wan ich der verte willic bin.
jâ enlebet er niht den ich vür in
iezuo wolde sehen.
4885 und lât mir got sô wol geschehen
daz ich im immer kume zuo,
ich sage iu, herre, waz ich tuo:
ich bringe in, mac ich ins erbiten.‹
sâ zehant si dô riten.
4890 Gâweinen brâhte Keiin
rehte des endes hin
dâ er in lâzen hâte.
vil wunderlîchen drâte
îlten si im beide nâ,
4895 allez ûf sîner slâ.
und alsô schiere er ûf der vart
von in ervolget wart,
Gâwein der tugentrîche
gruozte in minneclîche
4900 nâch vriuntlîcher stimme
unde niht mit grimme.
dar an er im bescheinte
daz erz in guot meinte.
er gap im einen guoten tac.
4905 als im Êrec fil de roi Lac
dô genâden began,
dâ marhte er sînen namen an,
und als er in erkande,
zehant er in nande.
4910 vaste er in zuo im gevie,
als ins diu vreude niht erlie,
von liebe diu im geschach,
wan er in starc und guot sach.
er hiez in willekomen sîn
4915 unde sîne vriundîn.
er genâdete im vil sêre

80 Gawein.   **81** *Leitzmann 221*] ermant.   **82** der verre.   **83** *Lachmann*]
Ia lebt er icht dann ich fũer In.   **85** last.   **88** in *fehlt.*   **90** Chaim.

sô vriuntlîcher êre
die er im an sînem rosse bôt:
von triuwen gie im nôt
4920 daz er imz wider sande.
als schiere er in nande,
er sprach zuo dem gaste:
›wir haben iu vil vaste
durch den walt geriten nâch.
4925 vrâget ir von wiu sô gâch
uns sî oder waz ich welle,
herre, wîlent geselle,
daz sol iuch unverswigen sîn.
ich bite iuch, nû lât werden schîn
4930 ob iu mîn herre liep sî,
unde sage iu wâ bî.
dô unser vriunt Keiîn
hin ze hove daz ros mîn
mir wider brâhte
4935 und er iuwer gedâhte
ze alsô grôzer manheit,
als er diu mære hete geseit,
dô nam uns wunder
alle besunder
4940 wer ez möhte hân getân:
doch rieten wir ûf einen wân
iuwern namen mit gelîchem munde.
nû hât uns dâ ze stunde
gemanôt sô verre
4945 diu künegîn und mîn herre
daz wir iu îlten hin nâch,
dâ von ist uns gewesen gâch,
und iuch im bræhten ze hûs.
würde iu der künec Artûs
4950 ie liep oder wert,
sô sehet daz er iht werde entwert
und geruochet in gesehen.

4919 gie im nôt] genot.   **25** von weu.   **32 D**o.   Caym.   **44** gemanôt
Bech 452] an not.   **46** *Bech 453*] hernach.

147

mac daz nû geschehen,
sô gewan nie dehein man
4955 grœzer liep dan er dar an.
diz leistet âne widerstrît,
ob ir dienstes willic sît:
dar zuo sîn wirs alle vrô.‹
    Êrec antwurte im alsô:
4960 ›noch hât der künec verschuldet wol
daz ich im immer wesen sol
mînes muotes undertân,
und swâ ich im des abe gân,
daz sîn gebot niene geschiht,
4965 dâ enwendet michs der wille niht,
ich entuo swes er niht wil enbern.
dises muoz ich in entwern.
mînen willen ich im wol schîn tuo,
kumt ez immer dar zuo,
4970 als ez doch vil lîhte getuot,
daz mir lîp unde guot
durch in ze wâgenne geschiht:
daz entriuget danne niht,
ich enzeige im wol wie er mir ist.
4975 er sol mich ze dirre vrist
mit hulden lâzen rîten.
ich hân ze disen zîten
gemaches mich bewegen gar.
geruochet, swâ ich hin var,
4980 daz ich iuwer dienest müeze sîn.
mînem herren und der künegîn
sult ir mînen dienest sagen
und mich zornes übertragen.‹
    als daz her Gâwein ersach
4985 daz er sô gar dâ wider sprach,
des wart er ein teil unvrô.
sînem gesellen wincte er dô   40^{rc}

---

54 dehein man *Schröder ZfdA 70,153*] yeman.   **57** dienst.   **60** noch *Bech*
453] mich.   **61** nymmer.   **63** abe *fehlt.*   **64** seine.   **65** wenndet.
66 tů.   **67** ditz.   **73** treuget.   **74** *Bech*] ertzaige.   **78** *Pfeiffer 217*] mich
gemaches.   **80** dienste.   **84** Also.   der herre Cawein.

unde rûnte im zuo.

er sprach: ›edel ritter, nû tuo

4990 tugentlîchen unde wol,

als ichz verschulden sol

und ouch mîn herre umbe dich:

daz selbe râte ich.

rît drâte dînen wec

4995 unde sage daz Êrec

niht erwinden welle.

sus hân ich an im, geselle,

uns erdâht einen list

der doch nû der wægest ist.

5000 sage im, welle er in gesehen,

daz müeze alsô geschehen

als ich dir wol gesagen kan.

heiz inz rûmen von dan

dâ er lît in dem walde,

5005 und daz er sich balde

vür mache ûf den wec

dâ der ritter Êrec

jenhalp ûz rîten sol.

die wîle kan ich in wol

5010 ûf dem wege mit listen

gesûmen und gevristen

daz er niht vür kumt.‹

›und ist daz ez uns vrumt‹,

sprach der ritter Keiîn,

5015 ›daz sol mit guotem willen sîn.‹

zehant reit er unde tete

allez nâch sîner bete.

als diz der künec Artûs vernam,

die tavel man abe nam,

5020 und îlte vür vil drâte

nâch sînes neven râte

und leite sich rehte umb den wec,

daz der ritter Êrec

88 raŭmbde.   **92** und *fehlt.*   **5001** mŭs.   **13** ez *fehlt.*   **14** Chaym.
15 solt.   **17** als nach seinem pet.

iender kæme dâ bî,
5025 er enrite rehte vür sî.
Gâwein, der tugenthafte man,
Êrecken sûmen began
mit listen swâ er kunde,
unz daz er im die stunde
5030 mit kurzem wege abe genam,
unz daz der künec wol vür kam.
swie ofte er in wider rîten bat,
sô sprach er: ›iezuo an der stat,‹
unz er mit schœner trügeheit
5035 den walt mit im ûz reit
dâ der künec umbe den wec lac.
und als Êrec fil de roi Lac
die poulûne alle ersach,
niht liebes im dar an geschach,
5040 wan daz velt was sô vol.
ouch erkande er si wol,
wan er si dicke hete gesehen.
[er sprach: ›wie ist mir geschehen?]
ich wæne mich verriten hân.
5045 ir enhabet niht wol an mir getân,
her Gâwein, diz ist iuwer rât.
nû hân ich iuwer missetât
selten alsô vil vernomen.
daz ich dâ her bin komen,
5050 des was mir vil ungedâht.
ir habet mich übele her brâht.
swer hin ze hove kumt
dâ ez im sô lützel vrumt
als ez mir nû hie tuot,
5055 dem wære dâ heime alsô guot.
swer ze hove wesen sol,
dem gezimet vreude wol

24 *Bech*] nynndert. komen.   25 ritte.   27 Ereck.   30 mit kurzem wege
A *Okken 96 Scholz*] mit kurzer wîle *die übr.*   38 pauiln.   41 si] so.
43 *fehlt, Ergänzung von Haupt.*   45 habt.   46 Herre.   53 dâ *Okken 96*
Scholz] da, dô *Haupt Cormeau/Gärtner*, daz *Leitzmann nach Bech.*
57 zimet.

150

und daz er im sîn reht tuo:
dâ enkan ich nû niht zuo
5060 und muoz mich sûmen dar an
als ein unvarnder man.
ir sehet wol daz ich ze dirre stunt
bin müede unde wunt
und sô unhovebære
5065 daz ich wol hoves enbære,
hetet ir es mich erlân.
ir enhabet niht wol an mir getân.‹
      Gâwein den zorn mit güete rach.
er hiels in zuo im unde sprach:
5070 ›herre, senftet iuwern zorn.
jâ ist ein vriunt baz verlorn
bescheidenlîchen unde wol
dan behalten anders dan er sol.
wirt im ein teil ze zorne gâch,
5075 er verstât sich rehtes dar nâch   40va
und hât in lieber dan ê.
waz mac ich nû gesprechen mê?
wan sol ich iuch beswæret hân,
daz hân ich doch durch guot getân.
5080 ouch rihtet selbe über mich.‹
alsô versuonte er sich
mit im vil tugentlîchen,
daz im begunde entwîchen
ungemüete unde leit:
5085 ez enwart ouch grœzer werdekeit
noch volleclîcher êre
nie manne erboten mêre
dan im dâ ze hove geschach.
daz man in dâ gerne sach
5090 daz tâten vil wol schîn
Artûs und diu künegîn
mit der massenîe gar.

---

59 enkan] han. **61** vnwarnder. **65** hoves enbære] houesbare. **67** habt.
68 Gawein. **74** ze *fehlt.* **79** hân *Bech*] *fehlt.* **85** ward. grosser.
86 nach. **87** nie manne] man. **90** daz *Bech*] des.

si wâren willekomen dar:
man emphienc si wirdeclîche
5095 beide gelîche,
Êrecken und Ênîten,
die ze manegen zîten
unruowe hâten gephlegen
ûf unkunden wegen.
5100 Ginovêr diu künegîn
tete süezen willen schîn,
dô ir vrouwe Ênîte kam.
in ir phlege si si nam
und vuorte si von danne
5105 besunder von ir manne
in ir heimlîche.
dâ wart vil wîplîche
von in beiden geklaget,
vil gevrâget und gesaget
5110 von ungewonter arbeit
die vrouwe Ênîte erleit.
sô kumberlîcher sache
ergazte si mit gemache
diu vil edel künegîn
5115 die wîle und daz mohte sîn.
ouch wart her Êrec
von den rittern enwec
gevüeret besunder
dâ er alsô wunder
5120 sîner müede ruowe emphie.
diu ritterschaft zuo im gie
und entwâfenten in sâ.
er gewan vil rîcher knaben dâ,
der deheiner dâ ze stunde
5125 dem andern niht engunde
daz er wære vür in guot.
sich vleiz von in ein gelîcher muot
swaz im dienest mohte sîn.

---

94 wirdikleichen.   **95** baid geleichen.   **5100** genouere; *vgl. Chr. 125.*
4 von *fehlt.*   **5** al besonnder.   **11** so die.   **13** vngemache.   **16** her *fehlt.*
17 weg.   **24** der *fehlt.*

vil schiere kam diu künegîn
5130 in klagen unde schouwen
mit allen ir vrouwen.
ein phlaster wart mit ir getragen.
dâ von wil ich iu sagen
wie guot ez ze wunden was:
5135 manec verchwunder sîn genas.
swem ez wart gebunden
über sîne wunden,
den geswar si nie mêre,
und heilte niht ze sêre,
5140 wan ze rehter mâze genuoc.
dehein übel nie dar zuo gesluoc.
allez argez ez vertreip:
swaz ez guotes vant, daz beleip,
und die dâ von genâsen,
5145 die überhuop ez mâsen,
daz man die lîch ebene sach
als dâ nie wunde geschach.
mit disem phlaster verbant
der küneginne hant
5150 des ritteres sîten.
diu werlt ze deheinen zîten
bezzer phlaster nie gewan.
    wundert nû deheinen man,
derz gerne vernæme
5155 von wanne diz phlaster kæme,
daz hâte Feimurgân,
des küneges swester, dâ verlân
lange vor, dô si erstarp.
waz starker liste an ir verdarp
5160 unde vremder sinne!
si was ein gotinne.   40vb
man enmac diu wunder niht gesagen
von ir, man muoz ir mê verdagen,

---

30 In zu klagen. **38** dem. **46** so daz. **55** von wannen. **56** famurgan;
vgl. Chr. 1957 und Iwein 3424. **58** lanng daruor. **60** von frembden
synnen. **61** gŏttinen. **62** Man mag.

153

der diu selbe vrouwe phlac.
5165 doch sô ich meiste mac,
sô sage ich waz si kunde.
swenne si begunde
ougen ir zouberlist,
sô hâte si in kurzer vrist
5170 die werlt umbevarn dâ
unde kam wider sâ.
ich enweiz wer siz lêrte.
ê ich die hant umb kêrte
oder zuo geslüege die brâ,
5175 sô vuor si hin und schein doch sâ.
si lebete ir vil werde:
in lufte als ûf der erde
mohte si ze ruowe sweben,
ûf dem wâge und drunder leben.
5180 ouch was ir daz untiure,
si wonte in dem viure
als sanfte als ûf dem touwe.
diz kunde diu vrouwe.
und sô si des gern began,
5185 sô machete si den man
ze vogele oder ze tiere.
dar nâch gap si im schiere
wider sîne geschaft:
si kunde eht zoubers die kraft.
5190 si lebete vaste wider gote,
wan ez warte ir gebote
daz gevügel zuo dem wilde
an walde und an gevilde,
und daz mich daz meiste
5195 dunket, die übelen geiste,
die dâ tiuvel sint genant,
die wâren alle under ir hant.
si mohte wunder machen,

72 wayß nit.   **73** hant *fehlt*.   **77** im.   **79** darŭndter.   **84** gern *Müller*]
fehlt.   **85** mochte.   **89** eht *Bech*] doch.   **91** wartette.   **93** one walde vnd
on geuilde.   **95** dunket *fehlt*.

154

wan ir muosten die trachen
5200 von den lüften bringen
stiure zuo ir dingen,
die vische von dem wâge.
ouch hâte si mâge
tiefe in der helle:
5205 der tiuvel was ir geselle.
der sande ir ze stiure
ouch ûz dem viure
swie vil si des wolde.
und swaz si haben solde
5210 von dem ertrîche,
des nam si unangestlîche
alles selbe genuoc.
diu erde deheine würze truoc,
ir enwære ir kraft erkant
5215 alse mir mîn selbes hant.
      sît daz Sibillâ erstarp
und Erictô verdarp,
von der uns Lûcânus zalt
daz ir zouberlîch gewalt
5220 swem si wolde gebôt,
der dâ vor was lange tôt,
daz er erstuont wol gesunt,
von der ich iu hie zestunt
nû niht mêre sagen wil,
5225 wan es würde ze vil:
sô gewan daz ertrîche,
daz wizzet wærlîche,
von zouberlîchem sinne
nie bezzer meisterinne
5230 danne Feimurgân,
von der ich iu gesaget hân.
von diu wære er niht wîser man

5206 ze *fehlt.*   **10** dem *fehlt.*   **11** unangestlîche *Lachmann*] im angstliche.
13 wurtzen trůg, wurz entruoc *Leitzmann nach Bech 454.*   **14** ware.
16 Seyt.   sibilla; *fehlt bei Chr.*   **17** Ericto; *fehlt bei Chr.*   **18** Lucanus;
fehlt bei Chr.   **26** sô] Sy.   **28** zauberlichen.   **30** Famurgan.   **32** von
diu] wann da.

swer im wolde dar an
nemen grôz laster,
5235 ob ouch si ein phlaster
vür in geprüeven kunde.
jâ wæne man iender vunde,
swie sêre man wolde ersuochen
die kraft ûz arzâtbuochen,
5240 sô krefteclîche liste
die si wider Kriste
uopte sô des gerte ir muot.
daz selbe phlaster machete si guot
von allem ir sinne,
5245 dâ mite diu küneginne
Êrecke die wunden bant.
    des phlasters güete er wol emphant:
wan als er verbunden wart,   40^{vc}
dô hügete er wider ûf die vart.
5250 in dûhte er wære gar genesen
und enwolde dâ niht langer wesen,
swie vil si in gebâten
und rede dar umbe hâten,
ritter unde vrouwen
5255 die kâmen in schouwen.
doch handelten si die naht
volleclîche nâch ir maht
die werden geste
und sô si kunden beste,
5260 und heten des gerne vil getân,
wolde ins Êrec gehenget hân:
des er doch niht tete.
des künec Artûses bete
unde der künegîn
5265 mohte niht vrum sîn,
daz si in mit deheinen listen
langer mohte gevristen

---

35 ob *fehlt.*   si] sey.   **37** Ia wann.   nyndert.   **38** man sy.   **42** begerte.
46 Erecken.   verpant.   **51** wolt.   **55** zu schawen.   **65** *Wolff*] gesin.

dan unz morgen vil vruo:
dâ enstuont doch dehein bete zuo.
5270 alsô ez dô morgen wart
und er ouch sîner vart
durch niemen wolde abe stân,
diz dûhte si alle missetân.
nû enbeiz der künec durch in vruo:
5275 dar nâch zôch man diu ros zuo.
Êrec urloup dô nam,
als sînen zühten wol gezam,
von rittern und von vrouwen.
dô mohte man êrste schouwen
5280 an ir aller gebâren
daz si in dâ liep wâren,
wan dô weinde wîp und man
vor leide dô si schieden dan.
den künec muote sêre,
5285 daz er niht wolde mêre
in dem walde bestân:
er vuor gegen Karadigân.
nû reit der ritter Êrec
als in bewîste der wec,
5290 er enweste selbe war:
sîn muot stuont niuwan dar
dâ er âventiure vunde.
nû reit er dâ ze stunde
ein wênige wîle,
5295 kûme eine mîle:
dô hôrte er eine stimme
jæmerlîchen grimme
von dem wege wüefen,
nâch helfe rüefen
5300 erbarmeclîchen ein wîp,
der was bekumbert ir lîp.

69 entstund. **70** da es morgens. **71** er *fehlt.* **79** dô] die. von erste. **80** gepården. **81** in *Müller 135] fehlt.* **84** muote sêre *Pfeiffer 218*] můet so sere. **85** wolde *fehlt.* **90** weste selbs nit. **91** nůr. **92** vand. **5300** erparmiklich.

als er daz rüefen vernam,
michel wunder in des nam
waz diu rede möhte sîn.
5305 dô was doch sîn manheit schîn.
er hiez vrouwen Ênîten
sîn dâ ze stete bîten
und tete si erbeizen ze wege.
ir sorge ergap si in gotes phlege,
5310 als si der wille lêrte,
dô er von ir kêrte.
des endes huop sich Êrec
durch rûhen walt âne wec
unerbûwen strâze,
5315 wan daz er die mâze
bî des wîbes stimme nam,
unz daz er rehte dar kam
dâ si von klage michel leit
in dem wilden walde erleit.
5320 ir riuwigen hende
hâten daz gebende
unschône abe gestroufet:
zekratzet und zeroufet
hete sich daz lîplôse wîp,
5325 daz ir diu wât und der lîp
mit bluote was berunnen.
si hâte ouch gewunnen
von jâmer selhe swære
daz doch niemen wære
5330 alsô vestes herzen,
hæte er ir smerzen
zuo den zîten gesehen,
sît ich der wârheit sol jehen,
si enmüeste im erbarmen.
5335 als er dô die armen
in selher ungehabe sach,
vil nâch weinende sprach

2 Als. **8** sy da. ze *Bech*] zu dem. **9** *Pfeiffer 218*] mit. sorgen er gab.
18 dâ] daz. **20** rüwige. **24** *Lachmann*] liebelose. **34** müeste.

158

Êrec der tugenthafte man:
›vrouwe, durch got saget an,
5340 waz ist daz ir weinet
und wie sît ir sus vereinet
in disem walde?
durch got saget balde
ob ich iu ze staten müge komen.‹
5345 nû hâte ir benomen
diu bitter leides grimme
vil nâch gar die stimme:
ir herzen sûft daz wort zebrach
daz si vil kûme gesprach:
5350 ›weinens gât mir michel nôt.
herre, mir belîbet tôt
der aller liebiste man
den ie wîp gewan.‹
      Êrec sprach: ›vrouwe, wiest daz komen?‹
5355 ›herre, dâ hânt mir in benomen
zwêne risen, die vuorten in
des gevertes vor mir hin.
herre, si enlânt in niht genesen,
wan si sint im gewesen
5360 vîent nû vil manegen tac.
ouwê wie wol ich weinen mac!‹
›vrouwe, sint si iht verre?‹
›nein si, lieber herre.‹
›nû wîset mich nâch in.‹
5365 ›herre, hie riten si hin.‹
mit dem vinger wîste si in die vart
dâ er hin gevüeret wart.
Êrec sprach: ›vrouwe, nû gehabet iuch wol,
wan ich benamen sol
5370 bî im belîben tôt,
oder ich hilfe im ûz der nôt.‹
nû bevalh in diu guote

---

38 Êreck *fehlt.*   **41** Vnd wie, wie *Leitzmann nach Pfeiffer 218.*   **48** seufftz.
54 Ereck.   **58** lassen.   **62** sein.   **65** ritend.   **66** im.   **71** der *Müller*
135] fehlt.

mit worten und mit muote
in unsers herren gewalt.
5375 ir gebet wart vil manecvalt
und getriuwelîch der segen
den si tete über den degen.
    nû was er komen ûf ir slâ
und îlte in vil sêre nâ
5380 unz er si begunde sehen an.
nû heten die zwêne grôzen man
weder schilt noch sper
noch swert alsô er:
des er von rehte genôz.
5385 wâfens wâren si blôz.
waz ir wer wære?
zwêne kolben swære,
grôze unde lange:
den wâren die stange
5390 mit îsen beslagen.
ez möhte doch einen zagen
immer mêre vergân
daz er getorste si bestân.
ouch vuorten die unguoten
5395 zwô geiselruoten
mit vingergrôzen strangen:
den si dâ heten gevangen,
den triben si dâ mite
nâch vreislîchem site.
5400 er reit âne gewant
unde blôz sam ein hant.
geleit wâren im die hende
ze rücke mit gebende
und die vüeze unden
5405 zesamene gebunden.
vil manegen geiselslac er leit
dâ er vor in hin reit.
si sluogen in âne erbarmen,

83 alsô er] daz er ·.   **84** des er *fehlt; vgl. 5383.*   **91** einem.   **92** mêre
fehlt.   **94** die] sy die.   **5404** die *fehlt.*   **8** *Wolff*] parmen.

sô sêre daz dem armen
5410 diu hût hin abe hie
von dem houbete an diu knie.
si brâchen vaste ritters reht
und handelten den guoten kneht,
und wære er begangen,
5415 an diebes stat gevangen,
selher zuht wære ze vil.
er was geslagen unz ûf daz zil
daz er des bluotes was ersigen
unde nû sô gar geswigen
5420 daz in schrîens verdrôz.
daz bluot regens wîs vlôz
des rosses sîten hin ze tal:
ez was bluotic über al.
der ritter grôze quâle leit,
5425 sô unvernomen arbeit,
daz nimmer man âne den tôt   41rb
möhte erlîden græzer nôt
danne im dô geschach.
    als diz Êrec ersach,
5430 nû bewegete des ritters smerze
sô sêre sîn herze
daz er bî im ê wære erslagen
ê er inz hæte vertragen
und daz ez an sîner varwe schein.
5435 er sprach zuo den zwein:
›ir herren beide,
ichn vrâge iu niht ze leide:
durch got muget irz mich wizzen lân,
waz hât iu der man getân
5440 den ir dâ habet gevangen?
saget, waz hât er begangen?
ez enschadet iu niht und ist mir liep.
weder ist er mordære oder diep?
od wie hât erz umbe iuch verholt,
5445 sô swære zuht die er dolt?‹

10 abhin.   **18** *Lachmann*] erwigen.   **24** D**er**.   **26** an den todt, âne tôt
Leitzmann.   **35** sprache.   **37** ich.   **41** habt Ir.   **42** schadet.

des antwurte im der eine,
der ahte sîn vrâge kleine:
›nû waz hâstû tumbe
ze vrâgen dar umbe
5450 waz er uns habe getân?
des enwellen wir dich niht wizzen lân.
rehter affe, nû sich,
dû unwirdest dich
daz dû vrâgest alsô vil
5455 daz dir niemen sagen wil.
nû war umbe jagestû mich?‹
Êrec sprach: ›herre, nein ich.‹
dannoch redete er mit listen
und wânde in sô gevristen:
5460 ›ich hôrte in rüefen verre.
geloubet ir mir, herre,
ich enhân ez niht durch übel getân
daz ich iu her gevolget hân.
mich wundert waz ez wære.
5465 daz ensî iu niht swære.
doch wil ich iu zewâre sagen,
daz enmöhte ich niht verdagen,
hât dirre man ritters namen,
sô möhtet ir iuch immer schamen
5470 daz er des niht geniuzet
und iuch niht bedriuzet
der grôzen unvuoge.
jâ hât er zuht genuoge
emphangen, swaz er hât getân:
5475 muget ir in durch got lân?‹
der michel man sus wider sprach:
›dîn klaffen ist mir ungemach:
erlâ mich dîner vrâge.
dû setzest enwâge
5480 dînen lîp vil sêre.
möhte ich an dir dehein êre
begân oder deheinen ruom,

46 Des.   **47** im sein.   **51** wellen.   **62** habs.   **65** sey.   **67** mochte.
68 Vnd hat.

ich zebræche dich als ein huon.
waz vrumet im dîn vrâge?
5485 nû nim dir in ze mâge
und hilf im: dest im nôt genuoc.‹
im ze sehenne er in sluoc
und hiez in strîchen sînen wec.
dannoch wolde in Êrec
5490 mit güete überwunden hân
daz er den ritter hæte lân.
diu bete was vil gar verlorn,
wan daz er reizete des risen zorn.
dem ritter tâten si dô wê
5495 durch sînen haz wirs dan ê,
wan si enhâten vorhte noch wân
daz er si getorste bestân.
und als Êrec der degen balt
ersach daz er sîn engalt,
5500 daz muote in harte sêre.
nû entwelte er niht mêre,
wan undern arm sluoc er
mit guotem willen daz sper.
daz ros nam er mit den sporn:
5505 an si truoc in der zorn.
daz huop si dannoch kleine,
wan daz der eine   41^{rc}
von unwirde versûmte sich
unz daz im ein sperstich
5510 engegen in sîn houbet kam,
der im ein ouge benam.
der stich ergie mit selher kraft
daz im wol ellenlanc der schaft
ûz hienc vor dem ougen.
5515 swie kleine erz wolde erougen,
er stach in zuo der erde tôt,
als ez der hövesche gebôt.

---

84 waz *Leitzmann 154*] nu was.   **86** des ist.   **91** gelan.   **95** wirser.
96 hetten.   **5500** harte] gar.   **2** vnder den.   **6** si] sich.   **7** wan *Wesle*]
vntz.   **14** *Bech 454*] ausgieng.   den.   **15** erougen *Bech 454*] trawen.
17 der hövesche *A Scholz (z. St.)*] der hövesche got *die übr.*

als sîn geselle
daz grôze gevelle
5520 gesach von dem micheln man,
mit zorne kêrte er wider dan
und begunde den kolben wenden
und gap in ze beiden henden.
Êrec erbeizete dô:
5525 des was der rise vrô
und wânde in sâ gewunnen hân.
in trouc ob got wil sîn wân.
er sluoc sam er wuote:
wan daz sich Êrec huote
5530 unde sich mit listen
wol kunde gevristen,
er wære zem êrsten erslagen.
sîn snelheit kunde in ûz getragen.
den schilt er im dar bôt:
5535 über den gienc doch diu nôt.
swâ er den schilt erreichte,
daz herte bret erweichte
daz ez sich wol endrîzic kloup
unde hôhe ûf stoup
5540 swaz dar gehaft wære.
der kolbe was sô swære,
alsô dicke und er sluoc,
daz er sô sêre nider truoc
daz er in sô kurzer stunde
5545 [in niht erziehen kunde:]
ê er in ze slage vol erreit,
Êrecken hete sîn snelheit
an in und wider von im getragen.
alsô hete er im geslagen
5550 wol vierstunt zuo dem beine:
ez enhuop in nie sô kleine,

18 Als.   26 maynet In so.   31 fristen.   32 zu dem.   33 austragen.
37 er erwaichte.   38 endreyssig klob, endriu zekloup *Leitzmann nach*
Pfeiffer 219f.   39 ûf stoup] auf haubt lůt.   40 dar gehaft *Bech 455 und*
Jänicke 115] aus der crafft.   45 *fehlt, Ergänzung von Lachmann.*   49 im *A*
Okken 98 Scholz] in *die übr.*   51 hůb.

164

er enslüegez im ze jungest abe.
dô der ungevüege knabe
begunde sîgen ûf diu knie,
5555 Êrec im vaste zuo gie.
dannoch vaht der vâlant
mit unverzageter hant.
er sluoc sô manegen grimmen slac
daz uns wol wundern mac
5560 daz Êrec vor im genas,
wan daz der mit im was
der Dâvîde gap die kraft
daz er wart sigehaft
an dem risen Gôlîâ:
5565 der half ouch im des siges dâ
daz er in mit gewalte
volle gevalte
und im daz houbet abe sluoc.
dô was dâ vehtens genuoc.
5570 als Êrec den sige gewan,
dô hâte den gevangen man
daz ros in den walt getragen,
daz ez niemen kunde gesagen
wâ er im ze vindenne wart.
5575 doch brâhte in daz ûf die vart:
swâ er hin geriten was,
dâ wâren boume unde gras
von sînem lîbe gar
worden harte bluotvar,
5580 swâ er ane ruorte
dâ in daz ros hin vuorte,
wan er was gebunden
daz er ze deheinen stunden
den boumen mohte entwîchen,
5585 er enmüeste sich dran strîchen.
dô spürte in der guote

---

52 schlůge es. **53** da begunde *A Haupt.* **54** begunde *fehlt A Haupt.*
62 Dâvîde] dawider; *fehlt bei Chr.* **64** Golia; *fehlt bei Chr.* **67** vol
gewalte. **68** abslůge. **69** genůge. **70** Als. **73** ez] er. **79** harte] vil.
80 anrůte. **83** dhainer. **85** mŭste.

allez an dem bluote
verre unz daz er in vant.
dô lôste er im diu bant
5590 von vüezen und von henden
und brâhte den ellenden
wider ze sînem wîbe
mit unganzem lîbe
und doch anders gesunden,
5595 als er in hete vunden, 41va
mit geiseln zeslagen.
doch endorfte er nimmer geklagen,
sît im daz leben beliben was,
wan er dises smerzen wol genas.
5600 als si in ane sach,
beide liebe und ungemach
wâren in ir herzen schîn,
doch si niht wol ensament sîn.
als in diu guote
5605 berunnen sach mit bluote,
dâ erlasch ir herze von,
wan si was vil ungewon
an im der herzesêre.
si enhâte in nie mêre
5610 in selhen zühten gesehen.
dâ bî was ir ein liep geschehen,
daz ez den sige an leide nam:
diz was daz er hin wider kam
mit lebendigem lîbe.
5615 hie verkêrte sich dem wîbe
ir herzen trüebe
als ein glas, derz wol schüebe,
daz von swarzer varwe
bestrichen wære begarwe:
5620 sô diu varwe abe kæme,
sô würdez genæme

87 in. **93** *Wolff*] gantzem. **95** gefünden. **97** dorffte. nymmer nicht.
5600 als sein ane ersach. **2** waren in Ir hertzen schein, vuoren in ir herzen
schrîn *Lachmann*, wâren in ir herzen schrîn *Leitzmann*. **9** het. **12** ez] er.
an] on. **14** lemprigem. **19** bey garbe.

und lieht daz ê vinster was.
sus wart ir herze ein lûter glas,
der erren sorgen beschaben
5625 unde wol ze liehte erhaben
mit unvalscher wünne,
sam si nie leit gewünne.
diu zwei gelieben wâren vrô.
Êrecke sageten si dô
5630 genâde sô manecvalt.
si sprâchen: ›herre, in iuwer gewalt
suln wir uns vür eigen geben:
von iu sô haben wir daz leben.‹
Êrec antwurte dem ritter dô:
5635 ›herre, des wære ich immer vrô,
hete ich iu vrumes gedienet iht,
daz, ob got wil, noch geschiht,
swâ ich es niht hân getân,
wan ich es guoten willen hân.
5640 ich enbite iuch mêre
deheiner slahte êre
ze widergelte an dirre zît,
wan saget mir wer ir sît.‹
Cadoc er sich nande
5645 von Tabrîol dem lande
und jach im wie daz wære ergangen
daz in hæten gevangen
die zwêne vâlande:
er wolde varn von lande
5650 ze Britanje in daz lant,
daz er dâ würde erkant,
er und sîn âmîe
von des küneges massenîe.
nû was sîn rihte durch den walt:
5655 daz was den risen vor gezalt.
die wâren im lange vîent genuoc:

22 slecht daz es Ee. **24** eren. **29** Erecken saget. **34** Ereck. **40** Bit.
44 Cadoc] So doch; *nach Chr. 4515* Cadoc de Tabriol, *vgl. Varianten.*
45 Tabrîol] Bafriol. **46** jach] saget.

welh schulde si hin zuo im truoc,
des enist mir niht kunt,
wan si heten im zuo der stunt
5660 lâge al umbe den wec geleit
und viengen in dâ er zuo reit.
　als Êrec hâte vernomen
wie im sîn dinc was komen,
durch schœnen list er sprach,
5665 im ze benemen sîn ungemach:
›herre, missehabet iuch niht
umbe dise geschiht,
daz iu die risen hânt getân.
jâ enwirt es nieman erlân
5670 swer sô manheit üeben wil,
in enbringe geschiht ûf daz zil
daz er sich schamen lîhte muoz:
dar nâch wirt im es buoz.
wie dicke ich wirs gehandelt bin!‹
5675 mit dirre rede trôste er in.
er sprach: ›diz ist mîn rât,　　　　　　　　41vb
daz ir durch nieman lât
ir enleistet iuwer vart,
als si ûf geleget wart,
5680 ze Britanje in daz lant.
dâ ist ez alsô gewant,
daz ich iu wil zewâre sagen,
ez enmac ein ritter niht bejagen
in deheinem lande anderswâ
5685 bezzer lop dan ouch dâ.
swer ez dâ gevürdern kan,
der wirt schiere ein sælic man.
nû muote ich einer êre
von iu und ouch niht mêre:
5690 swenne ir komet in daz lant,
sô nemet iuwer vriundîn an die hant
und gât vür die künegîn

58 ist.　　**59** In.　　**62** Als.　　**69** wirt.　　**71** bringe.　　**72** daz *Bech*] da.
78 leystend.　　**81** ez *Bech*] *fehlt.*　　**83** mag.　　**86** geuordern.

168

und saget ir den dienest mîn.
kündet ir iuwer sache gar,
5695 unde daz ich iuch ir dar
ze ingesinde habe gesant.
Êrec bin ich genant:
vil wol erkennet si mich.‹
diz lobete er, unde schieden sich.
5700   Cadoc vuor hin ze hove und tete
allez nâch Êreckes bete.
er bôt der künegîn êre
rehte nâch der lêre,
als er im hâte vor gezalt:
5705 er ergap sich in ir gewalt.
Êrecke wunschte ze lône
diu vrouwe mit der krône,
diu vil edel künegîn,
daz er sælic müeste sîn.
5710 ouch schiet harte balde
wider ûz dem walde
der tugentrîche Êrec
unde suochte den wec
dâ er vrouwen Ênîten
5715 sîn gehiez bîten.
nû hâte er sich ervohten
daz im niene mohten
die wunden ganz bestân:
die wâren wider ûf gegân.
5720 des bluotes was er gar ersigen,
die slege heten in erwigen
daz im diu varwe gar erbleich
und im diu kraft sô nâch entweich
daz er mit grôzer arbeit
5725 hin widere gereit
dâ sîn diu vrouwe hâte erbiten:
solde er iht vürbaz sîn geriten,

---

94 verkündet.   **99** lobete er] gelaubet.   **5700** Cadoc] Sadoch.   **1** allez
Scholz] als, al *die übr.*   **6/7** Erecke ze lone · wunste.   **10** harte] vil.
14 die fraẅen.   **15** hieß.   **16** er *fehlt.*   **19** *Lachmann*] aufgetan.

sô müeste er beliben sîn.
daz wart hier an wol schîn.
5730   als sich der halptôte man
zuo neigen began,
als er erbeizen wolde,
wan er ruowen solde,
dô was er sô betoubet
5735   daz im daz houbet
vor den vüezen nider kam.
einen selhen val er nam
daz er lac vür tôt.
nû huop sich ein bitter nôt
5740   und alles leides galle
von disem valle
in vrouwen Ênîten muote.
von jâmer huop diu guote
ein klage vil erbarmeclîche,
5745   herzeriuweclîche.
ir wuof gap alselhen schal
daz ir der walt widerhal.
nû enhalf ir niemen mêre
klagen ir herzesêre
5750   niuwan der widergelt
den ir der walt ûz an daz velt
mit gelîchem galme bôt.
der half ir klagen ir nôt,
wan ir was niemen mêre bî.
5755   diu guote, nû viel sî
über in unde kusten.
dar nâch sluoc si sich zen brusten
und kuste in aber unde schrê.
ir ander wort was ›wê ouwê.‹
5760   daz hâr si vaste ûz brach,
an ir lîbe si sich rach
nâch wîplîchem site,

29 des.   30 Als.   39–47 *auf sechs Verse verkürzt im FvS 6359–64.*
42 fraw *A.*   44 *Wolff*] parmikliche *A,* Bårmigclichen *FvS.*   45 hertz
ruikliche *A.*   46 wuof *Leitzmann 233*] rŭff *A.* also solhen *A.*   48 half Ir
da.   50 nun.   52 galine.   57 zu den.   59 owe owee.   61 laide.

wan hie rechent si sich mite.

swaz in ze leide geschiht,

5765 dâ wider tuont die guoten niht,
wan daz siz phlegent enblanden
ougen unde handen
mit trehenen und mit hantslegen,
wan si anders niht enmegen.

5770 dâ von müeze er unsælic sîn,
des wünschet im der wille mîn,
swer den wîben leide tuot,
wan ezn ist manlîch noch guot.

vrouwe Ênîte zurnte vaste an got.

5775 si sprach: ›herre, ist diz dîn gebot
daz ein ritter alsô guot
durch sînen reinen muot
sînen lîp hât verlorn,
sô hât ein wunderlîcher zorn

5780 dîner gnâden erbarmunge genomen.
daz ich hân von dir vernomen
daz dû erbarmherzic sîst,
wie swachez bilde dû des gîst
an mir vil armen!

5785 mahtû dich nû erbarmen
über mich, sich, des ist zît.
nû warte wâ mîn man lît
gar oder halp tôt.

nû erbarme dich, des ist nôt,

5790 wan ich ein tôtez herze hân.
nû sich wie trûric ich stân.
erbarme dich, herre, über mich,
wan ez ist erbarmeclich
daz ich verweisetez wîp

5795 langer habe mînen lîp
in selhem ellende.

wan daz âne missewende

---

64 Was.   **68** trahern.   **73** es ist weder.   **74–93** *im FvS 6365–84.*
74 Fraw *A.*   **75** ditzs *A.*   **80** *Wolff*] parmunge *A*, erbǎrmd *FvS.*   **82** *Wolff*]
parmhertzig *A FvS.*   **83** des *fehlt A FvS.*   **88** Ist er lebendig oder tot *FvS.*
97 vnd wann.

allez dîn werc stât,
herre, ich zige dich missetât
5800 daz dû mich langer leben lâst,
sît dû mir den benomen hâst
dem ich eine solde leben.
mahtû des, herre, bilde geben
daz dir aller herzen grunt
5805 ist gesihteclîchen kunt,
wan dir mac niht verborgen sîn,
daz tuo durch dîne erbermde schîn.
unde habe ich mînen man,
sît ich in von êrste gewan,
5810 verworht an ihtes ihte
mit muote oder von geschihte
alsô daz ez niht wol gezimt,
ob mir in dîn gewalt danne nimt,
daz selbe reht vinde ich mir,
5815 wan ichs von rehte danne enbir.
hân aber ich des niht getân,
des soltû mich geniezen lân:
herre, sô erbarme dich
durch dîne güete über mich
5820 unde heiz mir in leben.
wil aber dû mirs niht wider geben,
sô wis, herre got, gemant
daz aller werlde ist erkant
ein wort daz dû gesprochen hâst,
5825 und bite dich daz dûz stæte lâst,
daz ein man und sîn wîp
suln wesen ein lîp,
und ensunder uns niht,
wan mir anders geschiht
5830 von dir ein unrehter gewalt.
sî dîn erbermde manecvalt,
sô hilf ouch mir des tôdes hier.

---

99 herre so zige ich.   **5805** sitlichen.   **7** tuo] du.   *Wolff*] parmde.
10 ihtes *Lachmann*] *fehlt.*   **22–31** *im FvS 6385–94.*   **22** wis] bis *A FvS.*
30 vnrechter *A FvS Haupt,* unreht *Leitzmann nach Bech.*

wâ nû hungerigiu tier,
beide wolf unde ber,
5835 lewe, iuwer einez kome her
und ezze uns beide,
daz sich sô iht scheide
unser lîp mit zwein wegen!
und ruoche got unser sêlen phlegen,
5840 die enscheident sich benamen niht,
swaz dem lîbe geschiht.‹
    der si deheinez komen sach.
si rief in aber unde sprach:
›ir tier vil ungewizzen,
5845 nû habet ir erbizzen
manec schâf unde swîn,   42ʳᵃ
armer liute vihelîn,
die ius niht engunden
noch überwinden kunden.
5850 wæret ir nû wîse,
ir holtet iuwer spîse
hie mit vollem munde,
wan ich iu mîn wol gunde:
dâ von müeste ich iu wol gezemen.
5855 nû kumt, ir muget mich gerne nemen.
wâ sît ir nû? jâ bin ich hie.‹
daz laden si niht vervie
daz dehein tier ez vernæme
oder dar kæme.
5860 ob aber deheinez kæme
und ob ez rehte vernæme
ir trûrige gebâre,
sô weiz ich wol zewâre,
swie hungeric ez wære,
5865 ez müeste ir die swære
ze jungest helfen weinen
und daz wol bescheinen

---

39 sêlen *Lachmann*] *fehlt.*   **40** entschaident.   **43** rǔeffte im.   **47** *Pfeiffer*
220] Vnd armer.   **48** engunnen.   **60** dar kǎme *A Haupt.*   **62** gepǎrde.
67 *Gierach 263, 543*] erschainen.

daz si ze erbarmenne was.

über ir willen si genas.

5870   alsô si rehte ersach

daz ir ze sterben niene geschach,

dô begunde si von êrste klagen

und hete sich selben nâch erslagen.

man sach nie jâmer merre.

5875   si sprach: ›lieber herre,

sît ich dich muoz verliesen,

sô wil ich hie verkiesen

alle man immer mêre

wan einen den ich sêre

5880   in mînem herzen minne

von allem mînem sinne.

dem bin ich gâhes worden holt.

hæte ich umbe den versolt

daz im geviele mîn lîp,

5885   dem wolde ich sîn ein stætez wîp.

vil lieber Tôt, nû meine ich dich.

von dîner liebe kumt daz ich

alsô verkêre den site

daz ich wîp mannes bite.

5890   nâch dîner minne ist mir sô nôt.

nû geruoche mîn, vil reiner Tôt.

ouwê wie wol ich arme

gezim an dînem arme!

dû bist vil wol ze mir gehît.

5895   wan nimestû mich enzît?

sît daz dû mich doch nemen muost,

sô râte ich daz dûz iezuo tuost.

ich gezim dir wol ze wîbe:

ich hânz noch an dem lîbe,

5900   beide schœne unde jugent,

ich bin an der besten tugent.

dirn mac mit mir niht wesen ze gâch.

nû waz touc ich dir her nâch,

70 Also.   74 gesach.   83 Ich hette.   93 deinen.   95 wan] vnd.
97 iezuo] entzeit A Haupt.   5902 dir.

174

sô beide alter unde leit
5905   mir schœne unde jugent verseit?
nû waz sol ich dir danne?
noch zæme ich guotem manne.‹
        dô si der rede vil getete
und si den Tôt mit ir bete
5910   niht mohte überwinden
noch ir willen vinden
daz er si næme in sînen gewalt,
vil wîplîchen si in dô schalt
als ir der wille gebôt.
5915   si sprach: ›wê dir, vil übeler Tôt!
daz dû vervluochet sîst!
wie manec bilde dû gîst
dîner unbescheidenheit!
diu werlt doch wâr von dir seit,
5920   dû sîst mit valsche beladen.
dû vlîzest dich ûf maneges schaden
dem nimmer solde leit geschehen.
des hân ich vil von dir gesehen.
dû hâst vil bœser râtgeben,
5925   wan dû gâhes nimst daz leben
einem sô gewanten man
den diu werlt niht überwinden kan,   42ʳᵇ
und gebiutest einem an sîne stat
dem ie diu werlt des tôdes bat
5930   unde lâst den werden alt.
dû zeigest dînen gewalt
unbescheidenlîchen.
einen tugentrîchen
hâstû hie gevellet
5935   unde mich gesellet
anders dan dû soldest,
ob dû gedienen woldest
daz ich dir immer spræche wol.
nû enweiz ich war ich armiu sol.

24 *Wesle*] bösen.   rat geben.   **25** benymbst gähes.   **26** sô gewanten
Zwierzina 351] als solhen.   **32** vnbeschaidenliche.   **33** eine tugentreiche.
39 Nu wais Ich nit wohin.

5940 unheiles wart ich geborn,
     wande nû hân ich verlorn
     beide sêle unde lîp,
     als von rehte tuot ein wîp
     von sô grôzer missetât,
5945 diu ir man verrâten hât
     als ich mînen herren hân.
     des tôdes wære er hie erlân,
     ob ich in drûf niht hæte brâht.
     jâ enhæte er im nie gedâht
5950 dirre leidigen vart,
     hæte ich den klagenden sûft bewart
     den ich nam sô tiefe
     dô ich wânde er sliefe,
     des tages dô ich bî im lac.
5955 daz vervluochet sî der tac,
     dô ich die rede ruorte!
     wan ich mîn heil zevuorte,
     vil grôze êre und gemach.
     ouwê wie übele mir geschach!
5960 nû waz wolde ich tumbe
     ze redenne dar umbe?
     swie mîn herze wolde leben,
     jâ hâte mir got gegeben
     daz mîn dinc ze wunsche stuont.
5965 ich tete als die tôren tuont,
     unwîses muotes,
     die êren unde guotes
     in selben erbunnen
     und niht vertragen kunnen
5970 sô ir dinc vil schône stât,
     und leistent durch des tiuvels rât
     dâ von ir heil zestœret wirt,
     wan er ir êren gerne enbirt.
        ouwê liebiu muoter
5975 unde vater guoter!

---

43 tuot *Bech*] *fehlt.*   **47** verlan.   **49** het.   **51** sŭn(s)t.   **53** maynet.
56 dô *Leitzmann 154*] daz.   **59** mir geschach] sache.   **68** erwunnen.
69 kunden.   **74** Owe.

nû ist iu ze dirre stunt
mîn grôzer kumber vil unkunt.
ez was iuwer beider wân
mîn dinc vil wol gebezzert hân:
5980   ouch was ez vil wænlîch,
dô ir mich einem künege rîch
gâbet ze wîbe.
der wân ist mînem lîbe
verkêret ze ungewinne.
5985   in triegent sîne sinne,
swem daz ze wendenne ist gedâht,
ez enwerde vollebrâht
swaz von gote geschaffen ist:
dâ vür hœret dehein list,
5990   man enmüeze im sînen willen lân.
der muoz ouch an mir ergân:
ich muoz eht unsælic sîn.
daz ist mir wol worden schîn
an grimmeclîcher arbeit,
5995   der ich vil unz her erleit.
er hât mir armen wîbe
verteilet an dem lîbe:
des bin ich wol innen brâht.
wes im zer sêle sî gedâht,
6000   des enmac ich wizzen niht.
swaz dem lîbe nû geschiht,
ze ringer klage mir daz stât,
wirt iedoch der sêle rât.
daz ich dicke hân vernomen,
6005   des bin ich an ein ende komen:
swaz man dem unsæligen tuot,
sîn gelücke wirt doch nimmer guot.
   swer die linden von dem wege
næme ûz unwerder phlege
6010   und si in sînen garten sazte   42^{rc}
und si mit bûwe ergazte

86 wedenne.   87 werde.   89 gehöret kain.   90 müsse.   92 eht] auch.
99 zu der.   6000 mag.   3 doch.   8 Wer.   von] don.   10 seinem.

177

daz si in dürrer erde
stüende unz dar unwerde,
und daz dar ûf tæte
6015 daz er gedâht hæte
daz er ir wolde warten
in sînem boumgarten
ze guotem obezboume,
dern möhte von einem troume
6020 niht sêrer sîn betrogen,
wan dâ würde niht an erzogen,
swie vlîzic man ir wære,
daz si bezzer obez bære
dan ouch ê nâch ir art,
6025 ê daz si ûz gegraben wart
ûz bœser erde von dem wege,
dâ si schein in swacher phlege.
swie schœne und edel ein boum si ist,
michel graben unde mist
6030 mac man dar an verliesen.
des sol man bilde kiesen
an mir vil gotes armen,
und möhte die werlt erbarmen
mîn vil grôzer ungeval:
6035 und krônte mich diu werlt al
ze vrouwen über elliu wîp,
sô hât doch got den mînen lîp
sô unsælic getân
daz ich kumber muoz hân
6040 al die wîle und ich lebe,
got ensî der mirs ende gebe.
sît mir mîn dinc alsô ist komen
daz mir got hât benomen
den aller liebisten man
6045 den ie vrouwe gewan
und mîn der Tôt niene wil,

13 dar] das. **18** gûten. **19** deren mochte. **20** sere. **22** warte. **28** ein
Bech] *fehlt.* **34** gros. **39** musse. **41** sey. ende *Wolff*] ein ende.
42 **S**eyt.

des selben neme er im ein zil.
diu stæte under uns beiden
sol sich sô niht scheiden:
6050 den list ich vil wol vinde
daz er mich ze ingesinde
sunder danc nemen muoz.
war umbe solde ich sînen vuoz
sô vlîzeclîche suochen
6055 sît er mîn niht wil ruochen?
dar umbe ich in sô sêre bat,
des mac ich mich an dirre stat
selbe vil wol gewern.
ich enwils ouch langer niht enbern,
6060 ez enwerde vollebrâht.
entriuwen, ich hân nû wol gedâht.‹
    diu hant ir gegen der erde sleif,
ir mannes swert si begreif
und zôch ez ûz der scheide,
6065 als si sich vor leide
mit im wolde erstechen
und kintlîche errechen
über sich ir mannes tôt,
wan daz irz got verbôt
6070 und ir leben gevriste
mit genædeclîchem liste
dar an daz si begunde
dem swerte dâ ze stunde
vluochen dô siz gesach.
6075 daz ir herze niht zebrach
von leide, daz was wunder.
sich teilte dô besunder
von des jâmers grimme
rehte enzwei ir stimme,
6080 hôhe unde nidere.
der walt gap hin widere

---

59 wil es. nicht lennger. **60** es werde dann. **62** entgegen. **68** *Bartsch bei Bech*] sich über. ir *fehlt.* **70** ir leben *fehlt,* sî *Haupt.* **79** enzwei ir] entzwayer.

vorhteclîch swaz si geschrê.

dô lûte dicke: ›ouwê ouwê!‹

vil lûte schrîende sî sprach,

6085 dô si daz swert ane sach,

mit klegelîchem munde:

›ouwê, vervluochet sî diu stunde

daz man dich ie smiden began!

dû hâst getœtet mînen man.

6090 daz im der lîp ist benomen

daz ist von dînen schulden komen.

jâ enhæte er anderswâ noch hie

dehein eislîch dinc bestanden nie,

wan daz erz tete ûf dînen trôst.

6095 sus hâstû mich sîn belôst.   42ᵛᵃ

er reit vil manege reise

sîns lîbes envreise,

die er hæte verlân,

wære si dar ûf niht getân

6100 daz mîn lieber herre

dir getriute verre.

vil dicke er jach dû wærest guot:

nû hâstû dich an im missehuot:

ich enweiz ob ez dich riuwe.

6105 dû hâst dîne triuwe

gar an im zebrochen.

daz wirt an dir gerochen.

ez ensol dich niht sô ringe stân:

dû muost noch mordes mê begân.‹

6110 vil wol bewârte si daz wort

unde kêrte daz ort

engegen ir brüsten,

nâch tôdes gelüsten,

als si sich wolde ervallen dran.

6115 nû kam geriten ein man

der si es erwande,

---

88 schmiden dich ye.   **89** ertötet.   **92** hette.   **93** eislîch *Bech 457*]
angstliche.   **6102** *Lachmann*] Er sprach vil dick.   **4** wayß.   **8** sol.
9 noch mer mordes.

den got dar gesande.
diz was ein edel herre,
ein grâve: vil unverre
6120 sô stuont sîn wesen von dan.
Oringles hiez der rîche man,
von Lîmors geborn.
den hâte got dar zuo erkorn
daz er si solde bewarn.
6125 [er kam von sînem hûs gevarn,]
ir ze heile reit er durch den walt:
nâch wiu, des enist mir niht gezalt,
wan daz ich betrahte
in mînes herzen ahte,
6130 ez kam von ir sælikeit
daz er des tages ie ûz gereit.
er vuorte mit im ritter genuoc.
von geschihte in truoc
in den walt der selbe wec
6135 dâ der ritter Êrec
in sô grôzem kumber lac
und sîn vrouwe Ênîte phlac.
dannoch dô der herre
von in was vil verre,
6140 dô gehôrte er daz wîp
mit wuofe quellen ir lîp.
und als er ir stimme vernam,
von wunder er dar kam,
ze diu daz er gesæhe
6145 waz wunders dâ geschæhe,
iemitten unde si daz swert
gegen ir brüsten wert
sich ze tœten hete gesat.
nû kam er rîtende an die stat,
6150 und als er ir gebærde ersach,

---

18 edler.   **20** wesen *Bech*] was.   **21** Oringles; *vgl. Chr. 4947.*
22 Limors; *vgl. Chr. 4947.*   **25** *fehlt, Ergänzung von Haupt.*   **27** weu. ist.
33 *Müller 136*] geschichten.   **37** die fraw.   **38** vnd dannoch *A Haupt.*
41 *Leitzmann 233*] rûffe.   chelen.   **44** zu dem daz er gesach.
45 geschach.   **48** *Leitzmann 208*] zertöten.   **50** *Bech*] sach.

daz si gegen dem lîbe stach,
dô wart im von dem rosse gâch,
wan er mohte sich vil nâch
an der rede versûmet hân
6155 daz der stich wære getân.
er vienc si gâhes an sich
und erwante den stich.
ûz der hant er irz brach,
er warf ez von im unde sprach:
6160 ›saget, wunderlîchez wîp,
war umbe woldet ir den lîp
selbe hân ersterbet
und an iu hân verderbet
daz schœniste bilde
6165 daz zam oder wilde
ie mannes ouge gesach?‹
vrouwe Ênîte kûme sprach:
›nû sehet ir, lieber herre,
selbe waz mir gewerre.‹
6170 ›woldet ir iu selbe tuon den tôt?‹
›herre, des gienc mir doch nôt.‹
›was er iuwer âmîs ode iuwer man?‹
›beide, herre.‹ ›nû saget an,
wer hât in iu erslagen?‹
6175 nû begunde vrouwe Ênîte sagen
vil rehte diu mære
wiez im komen wære.
    nû begunde der grâve ahten
und bî im betrahten
6180 daz er bî sînen zîten
nâhen noch wîten
nie schœner wîp hete gesehen: 42ᵛᵇ
ouch begunden ims die ritter jehen.
die vrouwen er von im lie.
6185 ze einer kurzen sprâche er gie.
er sprach ze den gesellen sîn:

52 vom.   **60** Saget.   **67** die fraẘ.   **68** ir *fehlt.*   **74** iu *Wolff*] *fehlt.*
83 ims] vnns.

›ein dinc ist wol schîn,
daz muget ir wol schouwen
an dirre vrouwen.
6190 swâ si der ritter habe genomen
oder swie si her sî komen,
si ist benamen ein edel wîp:
daz erziuget ir wünneclîcher lîp.
nû sprechet, waz ist iuwer rât?
6195 ir wizzet wol wiez mir stât,
daz ich âne wîp bin.
nû rætet vaste mir mîn sin
daz ich si ze wîbe neme.
mich dunket daz si wol gezeme
6200 ze vrouwen über mîn lant.
ich hân kurze an ir erkant,
si ist mir genuoc wol geborn.
ouch hât si mir erkorn
mînes herzen rât ze wîbe.
6205 nû bite ich daz ez belîbe
in iuwerm râte âne haz,
vil gerne wil ich immer daz
umbe iuch verschulden unz ich lebe,
daz ez iu âne widerstrebe
6210 gelîche allen wol gevalle.‹
nû rieten si imz alle.
    des râtes was der grâve vrô.
vrouwen Ênîten trôste er dô
vlîzeclîche unde wol,
6215 sô man den vriunt nâch leide sol.
er sprach: ›wünneclîchez wîp,
war umbe quellet ir den lîp
sô grimmeclîchen sêre?
vrouwe, durch gotes êre
6220 und ouch durch mich sô tuot daz
und gehabet iuch ein lützel baz

---

93 zaiget *A Haupt.*   **97** mir *fehlt.*   **6209** ez *fehlt.*   **11** Rietens sy.
12–19 *im FvS 5441–48.*   **12** Des *A.*   **13** die fraw *A.*   **15** Als man *FvS.*
in laid *FvS.*   **17** cholent *A,* quelt *FvS.*

dan iu doch sî geschehen.
ich muoz iu des von schulden jehen
daz ir wîplîchen tuot,
6225 und dunket mich von herzen guot
daz ir klaget iuwern man,
wan dâ schînet iuwer triuwe an.
doch habet irs nû genuoc getân,
wan ez mac iuch niht vervân.
6230 diz ist der schœniste list
der vür schaden wæne ich vrum ist,
daz man sichs getrœste enzît,
wan langiu riuwe niht engît
wan einen bekumberten lîp.
6235 dar an gedenket, schœnez wîp.
und möhtet ir im daz leben
mit weinenne wider geben,
sô hulfen wir iu alle klagen
und iuwer swære gelîche tragen:
6240 des enmac doch leider niht geschehen.
als ouch ichz hân ersehen,
ob ich ez rehte erkiesen kan,
sô enwas iuwer man
weder sô edel noch sô rîch,
6245 sô starc noch sô wætlîch
noch sô ahtebære,
ir enmüget iuwer swære
vol werden ergetzet:
er wirt iu wol ersetzet,
6250 ob ir mir gevolgic sît.
mich wæne in sæliger zît
ze iu got her gesendet hât.
iuwer wirt vil guot rât.
dâ dicke ein man
6255 grôzen schaden nimet an,
daz verkêret sich vil ringe

31 *Bech 1. und 2. Aufl. und Wesle*] für schaden der euch wenig frŭmb ist.
32 sichs] sis.   33 lannger.   35 gedencke.   37 waynen das leben.
40 mag.   45 wackleich.   47 mŭgt.   48 vol *Leitzmann 231*] wol.
51 mich] ich.   56 verkerte.

ze lieberme dinge,
als sich, vrouwe, iuwer wân
hiute hie hât getân:
6260 der muoz sich verkêren
ze michelen êren.
sich wandelt iuwer armuot
benamen hie in michel guot.
ich bin ein grâve genant,   42^{vc}
6265 ouch herre über ein rîchez lant:
dar über sult ir vrouwe sîn.
sehet, nû wirt iu wol schîn
daz iu iuwers mannes tôt vrumt
und iu ze allem heile kumt,
6270 wan iu nû êrste wol geschiht.
ich enhân wîbes niht:
ze wîbe wil ich iuch genemen.
des lebennes mac iuch baz gezemen
dan ir mit einem manne vart
6275 über lant unbewart,
nâch deheinem iuwerm rehte.
ritter unde knehte,
vrouwen, rîche dienestman,
sô ir nie grâve mê gewan,
6280 die mache ich iu undertân,
muget ir noch iuwer weinen lân.‹
      nû enmohte im diu guote
vor grôzem unmuote
und vor herzensêre
6285 gantwurten mêre.
si sprach sô si daz herze twanc:
›lât, herre, die rede lanc:
herre, lât iuwern spot
mit mir armen durch got.
6290 und sît ir rîche, deist iu guot.
erkennet, herre, mînen muot.
des wil ich iu kurze bejehen:

---

58 wân] man.   **71** habe.   **72** nemen.   **73** des lebendes.   **75** vmb wart.
82 Nu.   **84** von hertzen sere.   **92** das.

ez enmac nimmer geschehen
daz ich iuwer wîp werde
6295 ode iemens ûf der erde
über kurz od über lanc:
ez geschæhe sunder mînen danc,
mir engebe got wider mînen man.
den êrsten den ich ie gewan,
6300 der müeze mir ouch der jungest sîn.
geloubetz, herre, ez wirt wol schîn.‹
der grâve sprach zen rittern dô:
›diu wîp suln reden alsô.
dâ von man irz niht wîzen sol:
6305 si bekêret sich wol
von ir unmuote.
ich bringez wol ze guote.‹
der vrouwen was er vil vrô.
die knehte hiez er houwen dô,
6310 alle die dâ wâren,
eine rosbâren.
diu wart vil schiere bereit.
dar ûf wart dô geleit
Êrec vür einen tôten man.
6315 ûf Lîmors vuorten si in dan,
und gewan im ze wahte
alle die er mahte
und hiez im lieht gewinnen
diu ob im solden brinnen
6320 unz daz man in begrüebe.
bitterlîcher trüebe
gienc vrouwen Ênîten nôt,
wan si hâte in vür tôt.
dem wirte dô von ir geschach,
6325 dô er ir schœne rehte ersach,
daz er sô lange stunde
erbeiten niene kunde

---

93 mag.   beschehen.   **97** geschæhe *Bech*] geschehe.   **98** mir gebe dann.
6302 Der.   zu den.   **7** bring wol.   **11** einen.   **21** Bitterliche.   **22** der
fraŵen.   **27** erpeten.

unz ir man würde begraben,
si enwürde der naht erhaben
6330 ze vrouwen sînem lande.
swiez doch dûhte schande
alle sîne dienestman,
sîne boten sande er dan
allenthalben in daz lant,
6335 daz im kæmen zehant
die herren die des ambetes phlegent
daz si die gotes ê gewegent,
daz si im würde gegeben,
wan er entriute nie mê geleben.
6340 sô grôz ist der minne maht:
er wolde eht briuten der naht.
bischove und ebbete kâmen dar
und diu phafheit vil gar,
swaz man der mohte berîten
6345 in des tages zîten.
swiez der vrouwen wære
widermüete und swære,
si wart im sunder danc gegeben.   43ra
ez enhalf ouch niht ir widerstreben:
6350 er wolde si ze wîbe hân.
got hete den gewalt und er den wân.
   nû was ouch ezzennes zît.
daz liez der wirt âne strît,
wan er die naht gerne sach.
6355 er gedâhte, des lîhte niht geschach,
mit ir vil guote naht hân.
ich enruoche, trüge in sîn wân.
der wirt gienc ezzen,
und als er was gesezzen,
6360 zwêne kappelâne sande er dan
und drîe sîner dienestman
nâch der vrouwen dâ si phlac

29 wurde.   **35** kumen.   **37** gewegent *Bechstein 322*] geben.
39 entrawetes nymmer.   **41** eht] nŭr.   **47** widermŭt.   **48** Irs dannckh.
49 halff.   **53** ließ auch.   **57** in] ich.   **58 D**er.   **59** er *fehlt.*

ir mannes dâ er ûf der bâre lac,
daz si ze tische gienge.
6365 doch wæne ichz iht vervienge,
wan si si niht ane sach,
dô der eine zuo ir sprach.
daz tâten si dem wirte kunt.
nû sande er nâch ir anderstunt
6370 der herren michel mêre.
daz tete er durch ir êre,
daz si deste gerner kæme
swenne si vernæme
daz tischgerihte mære.
6375 von ir herzen swære
nam si der boten deheine war.
der wirt sprach: ›ich muoz selbe dar.‹
alsô er dô zuo ir kam,
bî der hant er si nam
6380 und hiez si mit im ezzen gân.
des bat diu vrouwe sich erlân.
si sprach: ›ob ich nû æze
und sô schiere vergæze
des aller liebisten man
6385 den ie wîp mê gewan,
daz wære ein unwîplîch maz:
ouwê wie zæme mir daz?‹
er sprach: ›waz ist daz ir saget?
âne nôt ir iuch sô sêre klaget.
6390 ir habet verlorn einen man
den ich iu, ob mirs got gan,
harte wol ersetze:
vil gerne ich iuchs ergetze
mit lîbe und mit guote.
6395 des wære mir ze muote,
wan daz ir mich dâ von nement
mit gebærden die iu missezement,
daz iuch disen langen tac

69 an der stŭnd.   **74** *Lachmann*] daz tisch gericht wĕre.   **88** Er.
92 harte] vil.   **93** euch sein.   **97** gepären.   missezamen.

nieman getrœsten mac.
6400 ez ist ein unbiderber strît,
dâ ir doch ane sô stæte sît.
iuwer schade ist niht sô grôz:
ich bin vil wol sîn übergenôz
oder doch wol als vrum als er.
6405 vrouwe mîn, nû tuot her.
ich wil geben in iuwer hant
mich unde mîn lant
und sô kreftigez guot
daz ir iuwer armuot
6410 und leides müget vergezzen.
noch gât dan mit mir ezzen.‹
si sprach: ›daz ensol got wellen,
daz ich mînen gesellen
alsô müeze hân verlorn.‹
6415 des wart vil tiure dô gesworn:
›ê erwel ich daz ich der erde
mit im bevolhen werde.
ich hân immer manne rât
sît mir in got benomen hât.‹
6420 er sprach: ›nû lât die rede sîn
immer durch die liebe mîn
und gât dan ezzen mit mir,
wan ichs benamen niht enbir.‹
swie vil er doch si gebat,
6425 sô enwolde si niht von der stat,
unz er si alsô betwanc:
er zôch si hin sunder danc,   43rb
wan si enmohte im niht gestrîten.
er ensazte si niht ze sîten:
6430 ir wart ein valtstuol vor gesat
ze tische engegen, als er bat,
daz er die vrouwen
deste baz möhte schouwen.

6412 Sy. sol. enwellñ. **13** seyt daz *A Haupt.* **14** *Wolff*] můs *A Haupt.*
23 ich sein. **25** wolt. dannoch nicht. **27** Irn danck. **28** mochte.
widerstreiten. **29** setzt. zu seiten, besîten *Leitzmann nach Haupt.*
30 vallstůl. **32** daz] damit.

189

er bat si dicke ezzen.
6435 nû enmohte si aber niht vergezzen
ir lieben gesellen.
trehene begunde si vellen:
der tisch wart von ir ougen naz
al des endes dâ si saz.
6440 von jâmer want si ir hende,
diu vil ellende,
ir klage was vil stæte.
swie vil der wirt gebæte
daz si sichs wolde mâzen,
6445 nû enmohte sis niht gelâzen.
    nû sprach er aber ze ir:
›vrouwe, ir machet iu und mir
den jâmer al ze vesten
und mînen lieben gesten
6450 die her durch vreuwen komen sint.
und wæret ir niht ein kint,
ir möhtet iuwer klage lân,
und kundet ir iuch rehte entstân,
wie rehte schône in kurzer vrist
6455 iuwer dinc gehœhet ist,
doch iuch lützel noch bedrôz.
ich gesach nie wunder sô grôz
daz ir niht kunnet gedagen
und niht muget wol vertragen
6460 daz iuwer dinc nû vil wol stât
unde sich verkêret hât
ze guoter handelunge.
swem alsô gelunge
als iu hie muoz gelingen,
6465 er möhte baz gesingen
danne weinen unde klagen.
ich muoz doch die rihte sagen,
iuwer jâmer ist alze vester.

---

35 mocht.   **37** trähern.   **42** I *vorgeschrieben, Lombarde nicht ausgeführt.*
vil] gar.   **44** sich.   **45** mochte sy doch nit.   **49** und] in.   **50** vreuwen
Bech] frauen, freude *Haupt.*   **57** wunder nie.   **58** kündet.   **60** nû] nit.
63 wenn.   **65** er] Ir.   *Bechstein 326*] singñ.

hiute wider gester
6470 sô stât iuwer dinc doch ungelîch.
ê wâret ir arm, nû sît ir rîch:
vor wâret ir niemen wert,
nû hât iuch got êren gewert:
ê wâret ir vil unerkant,
6475 nû sît ir gewaltic über ein lant:
ê in swacher schouwe,
nû ein rîchiu vrouwe:
vor muostet ir ûz der ahte sîn,
nû sît ir ein mehtic grævîn:
6480 ê vuoret ir wîselôs,
unz iuwer sælde mich erkôs:
vor wâret ir aller genâden bar,
nû habet ir die êre gar:
ê litet ir michel arbeit,
6485 dâ von hât iuch got geleit:
vor hetet ir ein swachez leben,
nû hât iu got den wunsch gegeben:
vor muoste iu vil gewerren,
nû lobet unsern herren
6490 daz er iuchs hât übertragen
und lât iuwer tumbez klagen:
ê lebetet ir âne êre,
der habet ir nû mêre
dan dehein iuwer lantwîp.
6495 ir kestiget den lîp,
welt ir wizzen, âne nôt.
iu ist ein arm man tôt:
des sît ir ergetzet mit mir.
den selben wehsel möhtet ir
6500 immer gerne trîben.
ich rietez allen wîben,
wanz enmöhte in niht gewerren
daz si einen rîchen herren

69 weder. **70** doch ewr ding *A Haupt.* **75** ein reiches lant. **76** ê in]
Ein. **81** mir. **86** vormals. **87** den wunsch] vnns. **90** überhaben.
6502 möcht.

næmen vür einen selhen man.
6505 iuwer tumpheit ich iu verban.
nû ezzet durch den willen mîn.‹
dô sprach diu edel künegîn:
›herre, ir habet mir genuoc gesaget,
daz wære doch als guot verdaget.   43ʳᶜ
6510 vil kurze ich iu antwürten wil.
ir muget wol rede verliesen vil.
bî dem eide geloubet daz,
in mînen munt kumt nimmer maz,
mîn tôter man enezze ê.‹
6515 nû enmohte der grâve mê
im selben meister sîn,
er entæte sîn untugent schîn:
sîn zorn in verleite
ze grôzer tôrheite
6520 [und ûf grôzen ungevuoc,]
daz er si mit der hant sluoc
alsô daz diu guote
harte sêre bluote.
er sprach: ›ir ezzet, übel hût!‹
6525 beide stille und überlût
sô dûhtez si alle gelîche,
arme unde rîche,
ein michel ungevuoge.
ouch wizzenz im genuoge
6530 under sîniu ougen:
die andern redtenz tougen,
ez wære tœrlîch getân
und er möhtez gerne lâzen hân.
er wart dar umbe gestrâfet vil:
6535 si wizzen imz unz ûf daz zil
daz der schalchafte man
vil sêre zürnen began.
ir strâfen was im ungemach.

---

13 meinem. **14** esse. **15** mochte. **16** gesein. **17** tet. **20** *fehlt,*
Ergänzung von Bartsch bei Bech. **21** slŭg ·. **22** *kein Reimpunkt hinter*
gŭte. **23** harte] vil. plŭt ·. **29** wizzenz im] verwisen sy ims.
35 verwisen.

vil unsenfteclîche er sprach:
6540 ›ir herren, ir sît wunderlich,
daz ir dar umbe strâfet mich
swaz ich mînem wîbe tuo.
dâ bestât doch niemen zuo
ze redenne übel noch guot,
6545 swaz ein man sînem wîbe tuot.
si ist mîn und bin ich ir:
wie welt ir daz erwern mir,
ich entuo ir swaz mir gevalle?‹
dâ mite gesweicte er si alle.

6550   dô diu vrouwe wart geslagen,
ir gebærde suln wir iuch niht verdagen:
von dem slage wart si vrô
und ouch des tages nie mê wan dô.
wâ si die vreude möhte nemen?
6555 daz muget ir gerne vernemen,
wan slege tuont selten iemen vrô.
ir vreude schuof sich alsô:
si wære gerner tôt gewesen
tûsentstunt dan genesen:
6560 und als si den slac emphie,
wan er von mannes krefte gie,
dô hete si gedingen unde trôst
si würde des lîbes belôst,
und swaz si mêre gespræche
6565 daz erz mit slegen ræche
unz er si gar erslüege.
des wart vil ungevüege
ir klage, und schrê wider dem site,
und wânde den tôt gedienen mite.
6570 si stuont im vil verre
und sprach: ›geloubet, herre,
ich enahte ûf iuwer slege niht

48 entraw.   **50 D**o.   **53** wan] dann.   **54** wâ] was.   **57** sich *Lachmann*]
sy.   alsô] so *A Haupt.*   **58** gern.   **59** vnd tausent mal gernner wann
genesen.   **63** werde.   **68** gschray.   den.   **69** vnd maynet dem tode da
gedient mitte.   **70** stuont im *A Scholz (z. St.)*] stuont von im *die übr.*
72 enahte] habe.

und swaz mir von iu geschiht,
unde nemet ir mir den lîp,
6575 ichn wirde doch nimmer iuwer wîp.
des nemet iu ein zil.‹
der rede treip si sô vil
unz er si anderstunt
sêre sluoc an den munt.
6580 sînen slac si niht vlôch:
vil sêre si sich drunder zôch,
daz si ir mêre emphienge.
si wânde ir wille ergienge.
si sprach: ›wê mir vil armen wîbe!
6585 wære mîn geselle bî lîbe,
diz bliuwen wære vil unvertragen.‹
    dô si sô lûte begunde klagen,
Êrec fil de roi Lac
[dannoch unversunnen lac]
6590 in des tôdes wâne,
und doch des tôdes âne.
geruowet was er etewaz   43ᵛᵃ
unde doch niht vil baz.
er lac in einem twalme
6595 und erschrihte von ir galme
als der dâ wirt erwecket,
von swærem troume erschrecket.
er vuor ûf von der bâre
in vremder gebâre
6600 und begunde mit den ougen sehen.
in wunderte waz im wære geschehen,
und enweste wie er dar kam.
anderstunt er si vernam,
wande si vil dicke schrê:
6605 ›ouwê, lieber herre, ouwê!
dîner helfe ger ich âne nôt,
wan dû bist eht aber leider tôt.‹

75 Ich wurde dannoch.   **78** an der stŭnd.   **79** in.   **86** ward.   **87** sô *fehlt*.
88 EReck.   **89** *fehlt, Ergänzung von Haupt*.   **94** entwalme.   **99** in] von.
6602 weste nit.   **3** an der stund.   **7** eht *fehlt*.

als si in dô nande,
zehant er si erkande
6610 und vernam wol daz si wære
in etelîcher swære,
er enweste wie oder wâ.
er enlac niht langer dâ:
als er erkande ir stimme,
6615 ûf spranc er mit grimme
und rûschte vaste under sî.
nû hiengen dâ nâhen bî
swerte vil an einer want:
der kam im einez in die hant.
6620 er hâte zornes genuoc.
des êrsten rûsches er sluoc
den wirt selbe dritten,
under den saz er enmitten:
die andern gâben die vluht.
6625 dâne warte eht niemen deheiner zuht:
man sach dâ niemen hôher stân:
›herre, welt ir vür gân,‹
wande swem der wec wart,
der huop sich an die vart,
6630 ez was in sô geschaffen,
die leien vür die phaffen:
swie hôhe er wære beschorn,
er wart dô lützel ûz erkorn,
ez wære abbet od bischof.
6635 hie vlôch aller der hof.
zen türn wart vil enge
von grôzem gedrenge:
der kneht vür sînen herren dranc.
der wec dûhte si vil lanc
6640 der zen türn ûz gie.
si enkâmen ze selher brûtlouft nie,
ein schrit was in ein raste.

10 sy es. **12** weste nit. **13** lag. **25** da wartet nyemand, dâ warte
niemen *Leitzmann nach Haupt.* **28** wande] von. **32** ward. **35** aller
fehlt. **36** Zu dem turn. **40** zu dem Turn. **41** sy komen, ich enkam
Leitzmann nach Lachmann.

si begunden vaste
vliehen unde wenken.
6645 ez lâgen under benken
vil guoter knehte
wider ritter rehte.
eines dinges vil geschiht,
des enwundert mich niht,
6650 swer sînem lîbe vorhte treit,
daz er durch sîne gewarheit
dicke vliuhet grôzen schal
ûf die burc ûz dem tal.
sô vluhen dise ûz dem hûs
6655 und sluffen ze loche sam diu mûs.
in wart daz wîte bürgetor
beidiu dar inne und ouch dâ vor
ze wênic und ze enge,
sô daz si mit gedrenge
6660 vielen über mûre
gelîch einem schûre,
wan si diu grimme vorhte treip.
Lîmors liutlôs beleip.
vliehens gienc in michel nôt,
6665 wan si vorhten den tôt.
    ir vluht was âne schande.
swer inz ze laster wande,
der überspræche sich dar an.
nû sprechet, swâ ein tôter man,
6670 mit bluotigen wunden,
gerêwet, in gewunden   43vb
houbet unde hende,
vüeze an einem gebende,
mit einem swerte alsô bar
6675 ûf ein ungewarnte schar
in aller gæhe liefe
und wâfen über si riefe,

---

45 under *Müller 137*] vnnder den.   **49** wundert.   **54** also.   hause.
55 mause.   **62** si *fehlt*.   **66** Ir.   **71** gerêwet *Lachmann*] gerǔet, gerîset
Scholz (z. St.).   **73** an ein ennde.   **77** rǔeffte.

er vlühe swem eht wære
der lîp ze ihte mære:
6680 und wære ich gewesen bî,
ich hete gevlohen, swie küene ich sî.
sîn torste dâ niemen bîten
âne vrouwen Ênîten.

den tôten si vil gerne sach:
6685 ze liebe wart ir ungemach
allez verkêret
und ir vreude gemêret.

bî der hant er si vienc:
vil genôte er suochende gienc,
6690 unz daz er sîn îsengewant,
ouch schilt unde sper vant,
und wâfente sich als ê,
sam im nie würde wê.

sîner rosse vant er niht:
6695 ›ouwê dirre geschiht!
suln wir nû ze vuoze gân?
daz haben wir selten ê getân.‹
nû müeze got gesenden
disen ellenden,
6700 Êrecke und Ênîten,
ros dâ si ûfe rîten.

als er der rosse niene vant,
nû tete er als im was gewant.
sînen schilt nam er
6705 und in die winstern hant daz sper,
an sîner zesewen sîten
vuorte er vrouwen Ênîten
und gâhte vür daz bürgetor.
dâ wart ime vor
6710 sîn ros engegen brâht,
des im doch niender was gedâht
noch jenem der ez reit,

---

78 gen wem es wǽre.   **80** darbey.   **82** getorste.   **83** die fraŭ.   **87** ir
Müller 137] fehlt.   **97** selten ê] vor selten.   **6700** Erecken.   **2** Als.
12 jenem] nyeneme.

alse doch sîn sælikeit
volleclîche dar an schein.
6715 ez hete des wirtes garzûn ein
gevüeret ze wazzer.
dar ûfe sazer.
sîne rotruange er sanc,
vil ebene stuont sîn gedanc,
6720 wande er enweste niht
umbe dise geschiht.
nû reit er ûf den burcwec.
daz ros erkande Êrec
dô erz aller verrest sach.
6725 vil liebe im dar an geschach.
ez vuocte eht gotes wille.
nû stuont er vil stille
unz im daz ros sô nâhen kam
daz erz bî dem britel nam
6730 wider in sîne phlege,
unde huop sich after wege.
vür sich sazte er die künegîn,
ez enmohte dô niht bezzer sîn,
vrouwen Ênîten,
6735 und gedâhte rîten
allez vür sich durch daz lant.
nû was der wec im unerkant:
ouch irte daz sîne vart
daz diu naht vinster wart:
6740 ouch vorhte er in dem lande
schaden unde schande
von dem lantvolke gewinnen,
swenne si würden innen
waz er getân hâte.
6745 nâch vrouwen Enîten râte,
wan si in den wec lêrte,
ûf die strâze er kêrte

---

18 sîne rotruange *Leitzmann 224*] sein totes wanige. **26** eht] nur.
33 mochte. dô] doch. **34** die fraŭen. **36** all. **37** *Wolff*] im der weg.
42 gewunnen.

die er gebâret dar reit:
daz geschach durch gewarheit.
6750 ez wâren disiu driu lant
an ein ander gewant
unde nâhen genuoc,   43^{vc}
daz dâ er den grâven sluoc,
und aber des wênigen man
6755 von dem er die wunden gewan,
und des künec Artûses gewalt.
disiu driu schiet niuwan der walt
dâ er enmitten inne reit
nâch dirre arbeit.
6760 und als si kâmen in den walt
ûz der sorgen gewalt
wider ûf ir kunden wec,
nû vrâcte der künec Êrec
vrouwen Ênîten mære
6765 wie er komen wære
in des grâven gewalt
den ich iu geslagen hân gezalt.
nû tete si im die sache
ir ougen ze ungemache
6770 allez weinende kunt.
dô endete sich zestunt
diu swære spæhe
und diu vremde wæhe
der er unz an den tac
6775 mit ir âne sache phlac,
daz er si mit gruoze meit
sît er mit ir von hûse reit.
durch daz diu spæhe wart genomen,
des ist er an ein ende komen
6780 und westez rehte âne wân.
ez was durch versuochen getân
ob si im wære ein rehtez wîp.
nû hâte er ir lîp

48 gebâret *Bechstein 328*] gewert, gerêwet *Lachmann.* **50** Es. **54** aber
Lachmann] von. **57** nur. **69** ze *fehlt.* **79** an] on.

ersichert genzlîchen wol,
6785 als man daz golt sol
liutern in der esse,
daz er nû rehte wesse
daz er an ir hæte
triuwe unde stæte
6790 unde daz si wære
ein wîp unwandelbære.
er druhte si an sîn bruste,
vil dicke er si kuste
vol minneclîchen
6795 und bat die tugentrîchen
daz si wolde vergeben
als ungeselleclîchez leben
unde manege arbeit
die si ûf der vart erleit.
6800 bezzerunge er ir gehiez,
die er benamen wâr liez.
nû vergap si imz an der stat,
wan er sis vriuntlîchen bat.
si sprach: ›lieber herre,
6805 jâ enmuote mich sô verre
dehein ander ungemach,
der vil âne zal geschach.
ez huop mich allez ringe
wider deme dinge
6810 daz ich iuch muoste mîden:
solde ich daz langer lîden,
dar umbe müeste ich doch mîn leben
alsô schiere hân gegeben.‹
dô diz wunder ergie
6815 ûf Lîmors, nû sehet hie
wâ ein garzûn entran.
der lief durch den walt dan,
dar umbe daz erz zuo der stunt
dem wênigen künege tæte kunt

94 wol.   **97** als] alles.   **99** farte lait, verte leit *Leitzmann nach Haupt.*
6803 sy des.   **5** Ia mûte mich nit ze verre.   **14** Do.   **18** er.

6820 der dâ was sô unverzaget.
ich hân iu ê von im gesaget:
er was Guivreiz genant,
der selbe der mit sîner hant
Êrecke sîne wunden sluoc.
6825 dem was der wec wol kunt genuoc,
er begunde sêre gâhen.
ouch was ez im vil nâhen:
ir zweier gewalt
enschiet niuwan der walt.
6830 er bôzete an daz bürgetor.
dâ twelte er unlange vor,
er wart vil drâte in gelân.
nû gienc er vür den künec stân
und begunde im sagen
6835 wie der grâve Oringles wære erslagen,
und daz hæte ein tôter man getân.
nû begunde sich Guivreiz verstân
ze jungest an dem mære
daz ez Êrec wære.   44ra
6840 noch enwas er niht entslâfen.
vil lûte schrê er: ›wâfen!
welh ein schade muoz ergân,
und sol den lîp verlorn hân
der beste ritter der darf leben!
6845 im enwelle got genâde geben,
wirt ez dem lantvolke kunt,
si ermürdent in zestunt.
ouwê, möhte ich im vor sîn.
daz würde mînem vriunde schîn.
6850 doch wirt ez versuochet,
ob es got geruochet.‹
nû wâfente er sich drâte
und swaz er ritter hâte.
nû wart ir wol in der zal

24 Erecken.   **25** dem *Bech*] dem garsŭn.   **29** niuwan] doch nur.
31 welt.   daruor.   **40** Noch dann was, nochdan was *Leitzmann nach Haupt.*
44 dars.   **45** welle.   **48** *Wolff*] gesein.   **49** wurde doch.   schîn *fehlt.*
51 rŭchet.   **52** Nu.

6855 drîzec ritter über al.
diu ros brâhte man in dô.
zwîvelhaft und unvrô
sô kêrte der künec balde
engegen deme walde,
6860 daz er dem ellenden man
ûz dem lande hulfe dan.
    nû gerieten si beide einen wec,
an dirre sîten Êrec
unde jenenthalp er,
6865 der eine hin, der ander her,
daz si niht mohten bewarn
si enmüesten ein ander widervarn:
alsô vuoctez diu geschiht.
nû enweste ir deweder niht
6870 umbe des andern reise:
des kam Êrec in vreise.
dô si noch wâren verre,
der ellende herre
wart vil wol gewar
6875 der gewâfenten schar,
wan der schal und der dôz
was von den schilten grôz.
er sprach ze vrouwen Ênîten:
>vrouwe, ich hœre rîten
6880 engegen uns ein michel her.
nû enwil ich âne wer
alsô zagelîchen
ûzem wege niht entwîchen.
harte ringe ist mîn kraft:
6885 doch gibe ich in ritterschaft
ze eteslîcher mâze.
nû erbeizet zuo der strâze
unz ir gesehet wiez ergê.<
ich wæne der vrouwen ê

59 gegen.   **60** ellende.   **67** müsten.   **69** weste.   **71** in grosse frayse.
78 Er.   der fraẅen.   **81** wil.   **83** aus dem.   **84** harte] vil.
87 verpeyssent.   **89/93** der fraẅen lůtzele · Ye leider geschach.

6890 lützel leider geschach,
wan si sîn unkraft gesach.
in den wec hielt er.
enmitten riten si dort her.
der mâne bôt in schœne naht
6895 der dô der wolken was endaht.
nû wart sîn der künec gewar,
wan er was der vorderst an der schar.
er sach in halten in den wec.
nû bereite sich Êrec
6900 ie mitten ze wer.
nû sî got der in ner!
waz welt ir daz der künec tuo?
wan er bereite sich ouch dar zuo,
als er tjostieren solde,
6905 ob er niht verzagen wolde,
des ich in vil sicher sage:
er enwas doch niht ein zage.
daz bescheinte er wol dâ
und ouch dicke anderswâ.
6910 diu sper begunden si neigen
und ir kraft erzeigen.
zesamene liezen si gân:
dô wart ein rîchiu tjost getân.
die vil guoten knehte,
6915 nû trâfen si vil rehte
beide nâch ir gemerke.
nû half niuwan sîn sterke
den baz geruoweten man
daz er den prîs dâ gewan
6920 und im alsô wol geschach.
Êrecken er dâ nider stach
hinderz ors an daz gras   44rb
als lanc sô der schaft was.

---

91 sach.   **92** I *vorgeschrieben, Lombarde nicht ausgeführt.*   **95** endaht
Bech 1. Aufl.] bedackht.   **98** dem.   **6902** nu was *A Haupt.*   **7** was.
9 auch daruor, ouch vor *Haupt.*   **11** vnd auch.   **17** niuwan] nur In.
18 gearbeten.   **22** hinder das Roß.

über in erbeizete er dô:
6925 des wart vrouwe Ênîte unvrô.
diz was Êrecke nie geschehen:
ez enmöhte ouch nieman gejehen,
er enwelle in liegen an,
daz in ie dehein man
6930 gestæche zuo der erde:
ouch wæres der werde
wol über worden dâ zestunt,
unde wære er gesunt.
sus was entwichen im diu kraft,
6935 daz er muoste meisterschaft
dulden von des küneges hant.
den helm er im abe bant
und wolde in vol hân erslagen.
daz enmohte diu vrouwe niht vertragen.
6940 dâ si dort stuont verborgen
in grôzen sorgen,
si entwelte deheine wîle,
si spranc ûz dem zîle
und begunde sich vellen
6945 über ir gesellen.
si sprach: ›nein, ritter guot,
gewünne dû ie ritters muot,
niht erslach mir mînen man!
und gedenke dar an:
6950 er ist wunt sêre,
dû bist sus gar âne êre,
swaz dû im nû mê getuost,
wan dû es sünde haben muost.
in hât der künec Guivreiz,
6955 ob ich sînen namen weiz,
verwundet in die sîten.‹
Guivreiz vrouwen Ênîten
bî der stimme erkande,

---

25 die fraw. **26** Ditz. Ereckh. **28** welle. **32** wol über worden
Ehrismann 386] vil wol worden. **34** im entwichen *A Haupt.* **39** mochte.
54 pat. **57** die fraẅen.

ouch half ez daz si in nande.
6960 vil gâhes stuont er hôher dan.
er sprach: ›vrouwe, saget an
wer dirre ritter sî,
unde saget mir dâ bî
wâ von ir mich erkennet:
6965 ich binz den ir dâ nennet.
ich wæne mir übele sî geschehen.
vrouwe, ir sult mir verjehen
wiez umbe iuch sî gewant:
ist dirre herre Êrec genant
6970 und ir vrouwe Ênîte?
daz ich iht ze lange bîte:
wan ich bin durch in ûz komen,
und sage iu wie ich hân vernomen
von im mir leidiu mære,
6975 daz er bekumbert wære
ûf Lîmors hie nâhen bî.
ich vürhte er iu erslagen sî,
ich enschine ie mitten ûf der vart,
als ez mir gesaget wart,
6980 ich und mîne gesellen,
daz wir im helfen wellen.
ich sûme mich in dem walde:
ich solde im komen balde:
ez ist schade, wirt er erslagen.‹
6985 nû begunde si imz aber sagen
unde wortzeichen geben:
des beleip im daz leben.
daz hüetelîn si im abe bant:
dô wart er im rehte erkant.
6990 vil gerne er in ane sach:
mit guotem willen er sprach:
›sît willekomen, herre,
und saget ob iu iht werre
oder waz wære diu geschiht.‹

60 gaher. **71** pitte. **74** mir *Wackernagel*] nŭr. **78** enschine *Bech 461*]
schine, schîne *Haupt.* **90** vil recht gerne.

6995 Êrec sprach: ›mir enwirret niht:
ich bin anders wol gesunt,
wan dâ ich von iu wart wunt.‹
des wart Guivreiz vil vrô.
sîn houbet entwâfente er dô.
7000 von vreuden dise zwêne man
liefen ein ander an   44ʳᶜ
und kusten sich mit triuwen.
Guivreiz stuont mit riuwen
umbe Êreckes ungemach,
7005 der im von sîner tjost geschach.
als er daz begunde klagen,
Êrec sprach: ›des sult ir gedagen
und ûz iuwer ahte lân.
ir enhabet an mir niht missetân.
7010 swelh man tœrlîche tuot,
wirts im gelônet, daz ist guot.
sît daz ich tumber man
ie von tumpheit muot gewan
sô grôzer unmâze
7015 daz ich vremder strâze
eine wolde walten
unde vor behalten
sô manegem guoten knehte,
dô tâtet ir mir rehte.
7020 mîn buoze wart ze kleine,
dô ich alters eine
iuwer aller êre wolde hân:
ich solde baz ze buoze stân.‹
dô man der rede gar gesweic,
7025 Guivreiz vrouwen Ênîten neic
und hiez si willekomen sîn.
des genâdete im diu künegîn.
nû si wurden wol gewar
daz im niht tœtlîches war,
7030 des wâren si gemeine vrô.

95 gewirret.   **7005** beschach.   **6** des.   **9** habt.   **10** welicher.
11 belonet.   **12** Seydt.   **16** ainig.   **25** der frawen.   **28** nû *Bech*] vnd.

uf sâzen si dô
und riten doch unverre.
Guivreiz der herre
vuorte si ûz dem wege
7035 in gemelîcher phlege
an einen wisevlecken.
durch den herren Êrecken
beliben si dâ die naht
ze ruowe nâch sîner unmaht.
7040 si wurden dâ berâten,
als si des state hâten,
mit vil guotem viure.
daz enwas in dâ bortiure:
dâ was waldes genuoc,
7045 der in niuwan an daz viur truoc.
    dô si dâ bî gesâzen
und ein teil vergâzen
kumberlîcher arbeit
und Êrec hâte geseit
7050 waz kumbers er hete erliten
sît daz er was von im geriten,
dô si beide ze einer stunt
von ein ander wurden wunt
– daz selbe hân ich niht verdaget,
7055 ich enhabe ius gesaget
sô vil als ichs weste –,
dise lieben geste
begunden si vil verre klagen
und gote grôze genâde sagen
7060 daz Êrec dannoch lebete,
wan im vil dicke swebete
sîn lîp in selher wâge,
als ûf des meres wâge
ein schefbrüchiger man
7065 ûf einem brete kæme dan
ûz an daz stat gerunnen.

43 das was in da par teure.　**45** nur.　**46 D**o.　**55** hab.　**65** kome.
66 gestat.

207

ofte hete er gewunnen
ein leben zwîvellîchez
und disem wol gelîchez:
7070 nû hete in an der genâden sant
ûz kumbers ünden gesant
got und sîn vrümekeit,
daz er nû allez sîn leit
hâte überwunden,
7075 daz er ze disen stunden
vol vrœlîchen saz.
got helfe im nû vürbaz:
im ist noch gelungen âne strît.
nû was ouch slâfennes zît.
7080 dô giengen die knehte
spehen sament rehte
welh stat in dâ töhte
dâ man in betten möhte.
als si dô giengen suochen,
7085 nû sâhen si drî buochen
enhalp bî dem viure stân,
breit unde wol getân,
gelîche lanc gewahsen,   44ᵛᵃ
mit rîchen loupvahsen,
7090 mit wol zebreiten esten.
den vil lieben gesten
betten si dar under,
under eine besunder
Êrecke und vrouwen Ênîten,
7095 die ze manegen zîten
bî ein ander niht lâgen
noch geselleschefte phlâgen
mit slâfe und mit mazze.
dem unbescheiden hazze
7100 wart ein ende gegeben
und kurn in ein bezzer leben.

76 vol *Leitzmann 231*] wol.   **81** sament *Bech 461*] sam mit.   **82** Weliche.
85 si *fehlt.*   **94** Erecken.   **97** gesellschafft *A Haupt.*   **7101** kurnen.
pessers.

208

dem wirte betten sî
under die næhsten dâ bî,
diu selbe stuont enmitten,
7105 den rittern under die dritten.
›nû sage waz wære ir bettewât?‹
entriuwen, als ez der walt hât,
schœnez loup und reinez gras,
sô ez in dem walde beste was.
7110 waz touc daz lange vrâgen,
wan daz si doch lâgen?
diu naht ein süezez ende nam.
als in dô der tac kam,
nû riten si von dan.
7115 der vil wênige man,
Guivreiz ir wirt, vuorte sî
ze bezzerm gemache dâ bî,
ûf eine sîne veste
dâ er si bewart weste
7120 ze vollem gemache.
von aller guoten sache
sô was daz selbe hûs vol,
rehte als ich iu sagen sol.
ez stuont enmitten in einem sê:
7125 der gap im genuoc und dannoch mê
der aller besten vische
die ie ze küneges tische
dehein man gebrâhte,
swelher hande man gedâhte.
7130 dar zuo was dâ daz beste jaget
dâ von uns ie wart gesaget.
ez hete der künec umbe den sê
wol zwô mîle oder mê
des waldes in gevangen
7135 und mit mûre umbegangen:
dar in gienc dehein tor mê
niuwan ûz gegen dem sê.

5 die] den.   **9** pestes.   **12 D**ie.   **32** hete *fehlt*.   **35** vmb/begangen.
37 niuwan] wann nu.

mit mûre was der selbe kreiz,
als ich iu ze sagen weiz,
7140 gelîche endriu gescheiden.
daz ein teil von den beiden
hâte rôtwildes genuoc:
swarzwilt daz ander teil truoc.
in dem dritten teile dâ bî,
7145 vrâget ir waz dar inne sî?
dâ wâren inne besunder
niuwan kleiniu kunder,
vühse hasen und diu gelîche.
ez was eht vil volleclîche
7150 erziuget dirre wiltban
und alsô daz dehein man
der doch gerne wolde jagen
nimmer dörfte geklagen
daz er niht wildes vunde.
7155 ouch hete der wirt der hunde
die des mannes willen tâten
diz jagehûs wol berâten.
swenne er dar ûz sach maneges site
daz er rande dâ mite,
7160 swâ er bî den zinnen saz,
sô ensâhenz jene niht vil baz
die dâ mite randen.
wer solde im aber daz enblanden
swenne er möhte mit den vrouwen
7165 abe dem hûse schouwen   44vb
loufen die hunde?
wan ze swelher stunde
daz rôtwilt ersprenget wart,
sô was sîn jungeste vart
7170 ie ze wazzer in den sê,

40 endriu] andre.   **41** ein] dritte.   **45** darŭmbe.   **46** inne] vmbe.
47 nŭr.   **48** dem gleich.   **49** eht] nŭr.   **50** *Haupt und Wackernagel*] Er
zuget dise wilthan.   **54** nicht Wildes, wildes niht *Leitzmann.*   **55** *Bech
462*] die hunde.   **57** dises Iåger hauß.   wol *Bech 462*] was.   **58** *Benecke*]
Vnd wenn er daraŭs nach maniges sitte.   **61** sahen es.   **68** *Lachmann*]
entsprenget.

210

und enwart ouch nimmer mê
erloufen niender anderswâ
wan under dem hûse dâ.
und swes muot begunde gern
7175 jagen swîn oder bern,
der vant ze dem genieze
vil starke breite spieze,
und wolde er den hasen jagen,
als ir ê hôrtet sagen,
7180 der mohte vinden
den wunsch von hasenwinden.
nû jage selbe swaz dû wilt.
hie sint hunde unde wilt
und swaz ze jagenne ist nütze,
7185 netze und guot geschütze,
und swes vürbaz gert dîn muot.
hie was diu kurzwîle guot.
     Penefrec was diz hûs genant.
dâ man dehein gebresten vant
7190 unde volleclîchen rât,
vische unde wiltbrât,
beide semeln unde wîn.
swaz dâ mêre solde sîn,
vil lützel des dâ gebrast.
7195 dar umbe hete den werden gast
der wirt ze ruowe dar brâht,
wan im was des wol gedâht
daz er dâ mit sînem wîbe
wider kæme ze lîbe.
7200 ouch was dâ guot geræte
von rîcher bettewæte.
sîner vrümekeit ze lône
sô wart er dâ vil schône
gewirdet und gehalten:
7205 vil schône wart gewalten
sîn und der künegîn.

71 ward.   79 hôrent.   86 was fûrbas begert.   88 Enefrich, *vgl. 7232;*
nach Chr. 5185 Penevric.   89 kain.   96 ze] in.

211

wer solde nû sîn arzât sîn,
der heilte sîne wunden?
dar zuo hete er dâ vunden
7210 vrouwen vil rîche,
edele, wætlîche,
des küneges swester zwô.
die wâren doch des vil vrô
und in ir herzen gemeit
7215 daz er in alsô gereit
daz er ir dienest muoste nemen.
der arzte mohte in wol gezemen.
si heilten sîne wunden,
wan siz wol kunden.
7220 ouch phlac sîn diu guote
mit vil getriuwer huote,
vrouwe Ênîte.
dâ von wart sîn sîte
schône unde vol heil.
7225 si heten des phlasters ein teil
dâ von ich ê gesaget hân,
daz dâ Feimurgân
hâte gemachet mit ir hant.
des hâte in ze gebe gesant
7230 vrouwe Ginovêr ein teil.
daz was ouch dises mannes heil.
    ûf dem hûs ze Penefrec
dâ entwelte der künec Êrec,
unz er vol geheilet was
7235 und sîner wunden genas,
rehte vierzehen naht.
als im dô sînes lîbes maht
volleclîche wider wart,
dô hügete er wider ûf die vart.
7240 swie guot gemach dâ wære,

7207 solt nŭr, sol nû *Leitzmann nach Wackernagel.*   **8** hailte, heile *Leitz-*
mann nach Wackernagel.   **16** mŭesse.   **17** Artzt.   **22** die fraw.   **24** vol
Leitzmann 231] wol.   **27** Famurgan.   **29** gibe.   **30** die fraw Ginofere.
32 Auf. Zepenefrich.   **33/34** kŭnig · Ereck hintz Er.   **34** vol *Leitzmann*
231] wol.   **39** hügete] hueb.

im was dâ vil swære.
der tugenthafte man
zewâre er gedâhte von dan
wol alsô balde
7245 als er in einem walde
wære âne obedach,
eine âne allen gemach,
dâ den unvalschen degen
beide wint unde regen
7250 harte sêre muote.
daz kam von dem muote
daz im dehein werltsache
was vor dem gemache
dâ er ritterschaft vant
7255 und dâ er mit sîner hant
die sêre muoste urborn.
diz leben hâte er erkorn.
im was dâ mite lîhte baz:
ez was sîn slâf und sîn maz.
7260 die vierzehen naht, daz ist wâr,
dûhten in als manec jâr.
er enwolde dâ niht tweln mê
und wære geriten, möhte er, ê.
ouwê vrouwen Ênîten!
7265 waz solde doch si nû rîten,
diu schœne guote wol geborn?
wan si hâte ir pherit verlorn,
als ir ê wol hôrtet sagen,
dô der grâve Oringles wart erslagen
7270 ûf Lîmors und dô von dan
Êrec mit ir sô kûme entran.
daz siz nû verlorn hât,
des solde doch werden rât.
si wirt es wol ergetzet,
7275 wan man irz ersetzet,

44ᵛᶜ

45 als ob Er.   **47** ainig.   **50** harte] vil.   **51** gemüete.   **53** von.
56 erborn.   **58** *Bech*] mit nichte.   **61** dauchte In also.   **62** doch da.
entweln.   **64** der frawen.   **65** solt, sol *Leitzmann nach Haupt.*   **71** küene.

213

daz si diz nimmer darf geklagen,
mit einem, als ich iu wil sagen,
daz doch nie dehein man
dehein schœnerz gewan
7280 noch solde beschouwen.
diz gâben ir die vrouwen,
des küneges swester zwô,
unde wâren des vil vrô
daz siz geruochte von in nemen.
7285 ouch mohte sis vil wol gezemen.
    vrâget iemen mære
ob ez schœner wære
dan daz si unz her geriten hât?
ir ahte vil ungelîche stât.
7290 alsô was ez gezieret:
rehte geparrieret,
schilthalben garwe
mit volblanker varwe,
daz niht wîzers mohte sîn,
7295 und alsô schœne daz der schîn
den ougen widerglaste.
ez enmohte niemen vaste
deheine wîle ane gesehen:
des hôrte ich im den meister jehen.
7300 nû hete diu ander sîte
dirre ze widerstrîte
gekêret allen ir vlîz.
alzan genzlîchen wîz
sô disiu schilthalben was
7305 von der ich iu nû dâ las,
alse swarz was disiu hie
dâ diu wîze abe gie.
ez was eht swarz unde wîz.
dirre mislîche vlîz
7310 was schône underscheiden:

79 kain. **88** wann daz. **90** ez *fehlt.* **91** gepallieret. **92** Schilthalb.
93 wol blancher. **97** möchte. **98** kain. **7301** dirre] die Eere.
2 gekêret] sicher. **3** alzan *Leitzmann 214f.*] an. **4** schilthalb. **8** eht
Bech] doch. **9** dirre *Lachmann*] die erde.

zwischen den varwen beiden
was ein strich über geleit
wol eins halben vingers breit.
der strich grüene was
7315 unde lieht sam ein gras.
an dem mûle er ane vie,
als ein penselstrich er gie
zwischen den ôren dane,
vil ebene über die mane,
7320 engegen den goffen über den grât,
unz dâ daz pherit ende hât,
zwischen den brüsten nider alsam,
als ez doch wol gezam.
diz wâren seltsæniu dinc.
7325 umbe ietweder ouge gienc ein rinc
der selben varwe, daz ist wâr.
weich und reit was im daz hâr,
nâch dem teile gevangen
dâ ez hin was gehangen,   45ra
7330 ze rehte dic und niht tief:
niht vol ez an diu knie swief.
der zoph was vür daz houbet lanc,
halp swarz, halp blanc,
als in diu grüene varwe schiet.
7335 der zagel alsam geriet.
sît ich nû gesaget hân
wie daz pherit wære getân,
wiez anders wære gestalt
daz sol iu werden gezalt.
7340 ez was erwünschet alsô:
weder ze nider noch ze hô,
weder ze kurz noch ze lanc,
weder ze grôz noch ze kranc.
sîn dürre houbet ez truoc
7345 nâch sînem rehte hôch genuoc,
mit ragenden ôren niht lanc,

15 lieht *Bech*] nicht.   **24 D**itz.   **27** weich] weiß.   **30** dicke.   **33** blanc]
lang.

daz eine swarz, daz ander blanc:
daz swarze ein wîzer rinc bevie,
ein swarzer umbe daz wîze gie:
7350 sîn kel dic und ûf gezogen,
ze rehter mâze gebogen,
kleine dâ si anz houbet gie:
geschaffen dort unde hie
daz es iuch wol möhte lüsten:
7355 starc und wît zen brüsten:
mit dürrem gebeine,
ze grôz noch ze kleine:
diu wâren vlach unde sleht,
als einem tiere ûfreht.
7360 ez hâte, sît ichz loben muoz,
kurzen vizzel, hôhen vuoz:
die wâren ouch ze rehte gar,
alle swarz gelîche var.
und wischetez nimmer kneht,
7365 sô wærez doch schœne und sleht.
alsô was sîn geschaft
daz von sîner meisterschaft
ein werltwîser man
der aller dinge ahte kan
7370 niht bezzers betrahte,
ob er in sîner ahte
aht ganzer jâre sæze
unde niht vergæze
wan daz erpruofte sîn muot
7375 ein pherit schœne und volle guot:
alsô was ez gestalt.
und ob er danne den gewalt
von dem wunsche hæte,
daz ez belibe stæte
7380 swes er dar zuo gedæhte,
und swenne erz vollebræhte,

50 dicke. **52** da er an das. **55** zu den. **61** fissel vnd. vizzel *Okken 102 Scholz*] vezzel *die übr.* **62** gar *fehlt.* **64** knechte. **65** schlechte. **66** Also. **67** das doch von von seiner schafft. **72** aht *Lachmann*] *fehlt.* **74** er brüeffte seinen. **79** *Zwischen 7381 und 7382.*

daz erz vür sich stalte
und er von sînem gewalte
dar abe næme
7385 swaz dar an im missezæme,
alsô was ez vollekomen
daz er dar abe niht hete genomen
alse grôz als umbe ein hâr.
giht ieman: ›er enhât niht wâr‹,
7390 dem bescheide ich die rede baz,
daz er rehte erkenne daz
diu rede wese ungelogen.
ez enwas dâ heime niht erzogen.
ich sage iu wie ez dar was komen.
7395 ez hete der wirt selbe genomen
einem wilden getwerge
vor einem holen berge,
dô er nâch sîner gewonheit
ze walde nâch âventiure reit.
7400 ez hâte ez vil vaste
gebunden ze einem aste:
dô was ez gegangen dan.
alsô vant ez dirre man:
abe dem aste er ez nam.
7405 als daz getwerc wider kam
und ez daz pherit niene vant
an dem boume darz ez bant,
grôz was sîn ungemach.
und als ez daz pherit ersach
7410 in vremder gewalt,   45rb
dô wart vil manecvalt
sîn schrîen und sîn weinen,
und begunde wol bescheinen
des pherdes güete:
7415 mit grôzem ungemüete
wan ez vil starke.

87 gewunnen.   89 giht *Leitzmann 221*] spricht.   hat.   92 wesen.
93 was.   haymend.   94 ICH.   95 gewŭnnen.   7400 ez vil] vil.
2 gangen daruon.   7 darz ez] da ers.   9 pherit *fehlt.*   13 *Gierach
263, 543*] erschainen.

217

driu tûsent marke
bôt ez im von golde
daz er imz lâzen solde.
7420 nû versprach er swaz ez im bôt.
sîner habe was im unnôt:
alsô vuorte erz von dan.
nû huop der wênige man
von jâmer alsô grôzen schal
7425 daz im der berc engegen hal.
    daz satellîn daz dar ûf lac,
swer daz mit golde widerwac,
nâch sînem rehte erz niht galt.
dâ von wirt iu niht mê gezalt,
7430 daz ich die rede iht lenge,
wan ez was doch ze enge
einem gewahsen man.
und als erz ûz dem walde dan
ze Penefrec brâhte,
7435 er gapz den ers gedâhte,
sînen swesteren zwein:
dar an ez vil wol schein
daz er si liep hâte,
wan ez truoc sanfte und drâte
7440 unde sage iu rehte wie.
swennez den vuoz zer erde lie,
sô trat ez alsô lîse
daz niemen wære sô wîse
der ze deheiner stunde
7445 den trit gehœren kunde.
swer dar ûfe gesaz,
zewâre sage ich iu daz,
daz er dar ûfe lebete
rehte sam er swebete.
7450 wan daz ez niht rehte kæme
und ein teil missezæme
von einem pherde alsô vil

19 solde *Bech*] wolte.   **20** ez] er.   **26 D**as.   daz] so.   **30** iht *fehlt.*
34 Penefrich.   **35** gabe es dem.   **41** zu der.   **50** kam.   **51** missezam.

ze sprechen, des ichz lâzen wil,
sô möhte ich wunder von im sagen:
7455 sus wil ich lobes mê gedagen.
wan sagen swaz si wellen,
si mugen vil gezellen
unde sprechen ir muot,
ez enkam doch pherit nie sô guot
7460 in deheines mannes gewalt:
waz sol iu mê dâ von gezalt?
als uns der meister seite,
ein vrouwen gereite
wart ûf daz pherit geleit,
7465 dâ meisterlîcher arbeit
vil werkes ane lac.
ez hete geworht vil manegen tac
der wercwîseste man
der satelwerkes ie began,
7470 ein meister, hiez Umbrîz,
der doch allen sînen vlîz
dar leite vür wâr
wol vierdehalbez jâr,
unz er in vollebrâhte
7475 dar nâch als er gedâhte.
daz ich iu rehte seite
von diseme gereite,
wie daz erziuget wære,
daz würde ze swære
7480 einem alsô tumben knehte:
und ob ichz aber rehte
iu nû gesagen kunde,
sô wærez mit einem munde
iu ze sagenne al ze lanc.
7485 ouch tuot daz mînem sinne kranc,
daz ich den satel nie gesach:

53 des] dauon.   **57** zelen.   **59** kom.   **61** wann.   werden getzalt.
62 Als.   **68** der Zwerg wiste man; *vgl. Tandareis, ed. Khull, V. 447: den
Sattel von Flordibels Pferd* worhte ein listigez twerc.   **70** Vmbris; *fehlt bei
Chr., vgl. Chr. 5349 und Varianten.*   **73** Vierdhalb.   **81** abe.   **85** ze
krangk.

wan als mir dâ von bejach
von dem ich die rede hân,
sô wil ich iuch wizzen lân
7490 ein teil wie er geprüevet was,
als ich an sînem buoche las,
sô ich kurzlîchest kan.
    ›nû swîc, lieber Hartman:
ob ich ez errâte?‹
7495 ich tuon: nû sprechet drâte.
    ›ich muoz gedenken ê dar nâch.‹   45rc
nû vil drâte: mir ist gâch.
    ›dunke ich dich danne ein wîser man?‹
jâ ir. durch got, nû saget an.
7500 ›ich wil dir diz mære sagen.‹
daz ander lâze ich iuch verdagen.
    ›er was guot hagenbüechîn.‹
jâ. wâ von möhte er mêre sîn?
    ›mit liehtem golde übertragen.‹
7505 wer mohte iuz doch rehte sagen?
    ›vil starke gebunden.‹
ir habet ez rehte ervunden.
    ›dar ûf ein scharlachen.‹
des mac ich wol gelachen.
7510 ›sehet daz ichz rehte errâten kan.‹
jâ, ir sît ein weterwîser man.
    ›dû redest sam ez sî dîn spot.‹
wê, nein ez, durch got.
    ›jâ stât dir spotlîch der munt.‹
7515 ich lache gerne ze aller stunt.
    ›sô hân ichz doch errâten?‹
jâ, dâ si dâ trâten.
    ›ich hân lîhte etewaz verdaget?‹
jâ enwizzet ir hiute waz ir saget.
7520 ›hân ich danne niht wâr?‹
niht als grôz als umbe ein hâr.
    ›hân ich danne gar gelogen?‹   K 1r
niht, iuch hât sus betrogen

89 wil ich iuch *fehlt.*   **93** Hartman.   **7500** dir *Wolff*] *fehlt.*   diz] die.
10 so recht.   **19** wisset.   **23** ist *K.*

iuwer kintlîcher wân.
7525 ir sult michz iu sagen lân.
    sehet wie grôz ein grûz sî:
sô vil was dâ niht holzes bî.
er was von helfenbeine
und von edelem gesteine
7530 und von dem besten golde
daz ie werden solde
geliutert in dem viure:
valsch was im tiure.
von disen mâterjen drin
7535 sô hâte des meisters sin
geprüevet diz gereite
mit grôzer wîsheite.
er gap dem helfenbeine
und dâ bî dem gesteine
7540 sîn gevellige stat,
als in diu gevuoge bat.
er muosete dar under
den goltlîm besunder,
der muoste daz werc zesamene haben.
7545 an disem gereite was ergraben
daz lange liet von Troiâ.
ze aller vorderst stuont dâ
wie des wart begunnen
daz si was gewunnen
7550 unz daz si wart zestœret:
dâ mite was dâ gehœret.
    dâ engegen ergraben was
wie der herre Ênêas,

24 Wer kindtlichen *A*, Iwer (*verbessert aus* swer) kintliche *K*.   **25** mich
iv *K*.   **26** Secht *A*, Sehet *K*.   **27** nind⁵ *K*.   **30** vñ *K*, auch *A*, und ouch
Leitzmann.   **34** drin *K*, dreyen *A*.   **35** sin *K*, seyn *A*.   **37** uon *K*.
40 Sine *K*.   **42** můsset *A*, můste *K*.   **43** den goltlim besund⁵ *K*, denn got in
besonnder *A*, danne golt besunder *Leitzmann nach Haupt*.   **44** der můste
das *AK*, daz muostez *Leitzmann nach Haupt*. haben] dragen *K*.   **45** dem *K*.
46 troya *AK; vgl. Chr. 5339*.   **47** Zaller *K*. vordrist *A*, uorders *K*.
48 das *A*.   **49** wart *K*.   **52** Da *A*. Dan gegene ime *K*.   **53** Eneas *AK; vgl.
Chr. 5339*.

der vil listige man,
7555 über sê vuor von dan,
und wie er ze Kartâgô kam,
und wie in in ir genâde nam
diu rîche vrouwe Dîdô,
unde wie er si dô
7560 vil ungeselleclîchen liez
und enleiste ir niht des er gehiez:
sus wart diu vrouwe betrogen.
an dem hindern satelbogen
sô was innerhalp ergraben
7565 ir vil starkez missehaben
und wie si im boten sande,
swie lützel si ins bewande.
bescheidenlîchen stuont hie
waz er dinges begie
7570 daz sagebære wesen mac
von der zît unz an den tac
daz er Laurente betwanc.
daz wære ze sagenne ze lanc
wie er si in sînen gewalt gewan.
7575 innerhalp stuont dar an
wie er vrouwen Lavîniam
ze êlîchem wîbe nam,
und wie er dâ ze lande was
gewaltic herre Ênêas
7580 âne alle missewende
unz an sînes lîbes ende.

56 kartago *AK; vgl. Chr. 5340.* **57** wie in nur *A,* wie in ir *K.* **58** Dido
AK; vgl. Chr. 5341. **59** vñ er si dar nach do *K.* **60** engesliche *K.*
61 laiste *A.* enleiste niht daz *K.* **64** ynnerhalb *AK,* einhalp *Leitzmann
nach Haupt.* **67** ims *A, fehlt K.* bewande *AK,* erwande *Leitzmann nach
Haupt.* **68** Bescheidenlichen *K,* beschaidenlich *A.* **69** was *AK,* swaz
Leitzmann nach Haupt. **70** sageware *A.* **72** laŭtende *A,* laurente *K; vgl.
Chr. 5345.* **73** sagen *A.* al [c]elanc *K.* **74** in seiner gewalt *A,* in sine
hant *K.* **75** ynnerhalb *AK,* jenhalp *Leitzmann nach Haupt; vgl. Okken 103f.*
76 vrouwen *Leitzmann 203]* die frawen *AK.* Laŭman *A,* Lañam *K; vgl. Chr.
5891.* **78** wie Er da *A,* wie er *K,* wie dâ *Leitzmann nach Haupt.*
79 gewaltiger *A.*

dâ mite der satel was bedaht,
daz was ein phelle wol geslaht,
sô er beste wesen solde
7585 von sîden und von golde.
der phelle was ze rehte tief:
vil nâch er zuo der erde swief.
dâ stuonden an besunder
aller werlde wunder
7590 und swaz der himel besliuzet.
ob iuch es niht verdriuzet,
sô wil ich iu ir ein teil sagen
und doch michels mê verdagen.
diu vier elementâ
7595 stuonden schînlîchen dâ
in ir sundervarwe,
und in iegelîchem garwe
swaz dem undertænic ist:
diz meisterte ouch starker list.
7600 diu erde von den vieren
stuont mit ir tieren,
swaz eht der dehein man
in sînem muote erkennen kan
an walde oder an gevilde,
7605 zam oder wilde:
dâ stuonden tier in iegelîcher schaft,
geworht von selher meisterschaft
sam si wolden sprechen
und bildes reht brechen.

82 Damit *A*, **D**a mit *K*.   **83** pfellel *K*.   wol *K Haupt*, vil *A*.   **85** odˢ *K*.
86 pfellel *K*.   was *fehlt K*.   **87** v̂f die *K*.   **89** aller welt wunder *A*, elliv div
werlt wundˢ *K*.   **90** besleûst *A*, besluzet *K*.   **91** ivch des *K*.   verdreûst *A*,
bedruzet *K*.   **92** ir iv *K*.   **93** doch *fehlt K*.   **95** die stunden *K*. schinlichen
K Haupt, scheinperlichñ *A*, schînbære *Leitzmann*.   **98** was *AK*.   **99** daz *K*.
ouch *Haupt*] euch *A*, ein uil *K*.   **7601** Iren *A*, den *K*.   **2** Swaz eht *K*, was
doch der *A*, swaz der *Leitzmann nach Haupt*.   **3** erdenchen *K*.   **4** *Haupt*]
Walde oder geuilde *A*, In walde odˢ in ge uilde *K*.   **6** da stunden tier in
islicher schaft *K*, da stůnd die menschlich schafft *A Haupt*, dâ stuont diu
menschlîch geschaft *Leitzmann*.   **8** si wolden *K*, es wolte *A Haupt Leitz-
mann*.

dâ bî daz mer swebete:
dar inne sam er lebete
der visch, bî dem besunder
elliu merwunder
und swaz dâ bûwet des meres grunt.
7615 wer tæte mir der namen kunt?
welt ir si gerne erkennen   K 1ᵛ
und kunnen genennen,
dar zuo suochet iu einen man
der si iu wol genennen kan:
7620 vindet ir des danne niht,
daz ouch vil lîhte geschiht,
sô volget mînem râte
und machet iuch ûf drâte,
vart selbe zuo dem mer:
7625 dâ vindet ir inne des ein her.
gât an daz stat stân
unde bitet si gân
ûz zuo iu an den sant:
dâ werdent si iu erkant.
7630 hilfet danne daz niht,
daz aber lîhte geschiht,
sô suochet selbe den grunt:
dâ werdent si iu danne kunt
mit grôzem schaden, mit lützelm vrumen.
7635 nû râte ich mînen vriunden sumen
daz si die niugerne lân
und hie heime bestân.
swes ein man wol allen tac

---

10 Dabey *A*, **D**a bi *K*. mere *K*.   **11** da inne *K Haupt*, darynn recht *A*. er *K*
Bech, es *A*.   **12** bey dem besonder *A*, sam er bi den besunder *K*, bî den
besunder *Haupt*.   **13** allez daz *K*.   **14** dâ *fehlt K*.   **15** wer *K*, der *A Haupt
Leitzmann*.   **16** welt ir *K*, Wolt *A*, ich wolde *Leitzmann nach Haupt*.
17 künden genennen *A*, kunde gewinnen *K*.   **18** iu *fehlt K*.   **19** si ivch *K*,
euch sy *A Haupt Leitzmann*.   **20** des *A*, sin *K*.   **26** daz *Bech*] den *AK*.
27 sie her vz gan *K*.   **28** ûz *fehlt K*. zu Euch *AW*.   **29** werden *A*.
30 herre helfe daz danne niht *K*.   **33** da *A*, So *K*. werden *A*. danne *fehlt K*.
34 grozzem schaden *K Haupt*, grossen schanden *A*.   **35** sumen *A*, ob si dar ko-
men *K*.   **37** vñ alle *K*. haymen *A*.   **38** allen *AK*, al den *Leitzmann nach Haupt*.

sô rehte lîhte engelten mac
7640 und nimmer niht geniezen,
des lât iuch, vriunt, erdriezen.
   dâ stuont ouch daz dritte bî.
   vrâget ir waz daz sî?
   der luft in sîner ahte.
7645 die vogele maneger slahte
swebeten dar inne,
geweben mit selhem sinne,
rehte sam si lebeten
und ûf ze himele strebeten.
7650 daz viur mit sînen trachen
und mit andern sachen
die des viures müezen leben,
die sach man ouch dar inne sweben.
diu ende ein lîste bevie
7655 diu nider zuo der erde gie:
diu was einer hende breit,
mit edelem gesteine beleit.
daz lachen was doch rîch genuoc
daz Jûpiter ze decke truoc
7660 und diu gotinne Jûnô,
dô si in ir rîche hô
im brûtstuole sâzen:
daz möhte sich gemâzen
disem sateltuoche alsô vil,
7665 daz ich iu sagen wil,   45ᵛᵇ
sam der mâne der sunnen.
ir sult mir des wol gunnen
daz ich iu sage die wârheit.
beide guot und gemeit

40 nymmermer nicht *A*, niht *K*, nimmer mêr *Leitzmann.*   **41** iuch u̇drie-
zen *K*.   **42** Da *AK*.   dabi *K*.   **49** zehimele strebeten *K*, zu den lüfften
schwebeten *A*, zen lüften strebeten *Leitzmann nach Haupt.*   **54** umbe uie *K*.
55 nyder *A*, niht *K*.   engie *K*.   **57** steine *K*.   **58** doch *fehlt K*.   genuch *K*.
59 Jupiter *AK; fehlt bei Chr.*   Ze decke trüg *A*, so dicke druch *K*.   **60** Juno
AK; fehlt bei Chr.   **62** In brutelstule *K*.   **63** mohte sich *K Haupt*, mochte
sy *A*.   **64** disem sateltuoche *Leitzmann nach Lachmann und Nellmann 244
Scholz*] disem Satel taug *A*, dæm satel riche *K Cormeau/Gärtner.*   **65** Ewch
A, rehte *K*.   **68** iu *fehlt K*.

7670   wâren die stegereife,
       breite goltreife,
       gebildet nâch zwein trachen.
       si kunde wol gemachen
       des goltsmides hant
7675   der sich es ze vlîze underwant.
       die zagele si ze munde bugen,
       ir vedern stuonden sam si vlugen,
       ir ougen wâren steine,
       vier jâchande kleine.
7680   ezn was dirre deweder
       stîcleder noch darmgürtel leder.
       ir müestet daz werc wol besehen
       ê ir westet wes ir soldet jehen,
       ob ez von golde wære durchslagen
7685   oder mit sîden übertragen.
       daz ez borten solden sîn,
       daz enwürde iu an den bilden schîn
       oder irn begriffet ez mit der hant,
       ez wære iu immer unerkant.
7690   die rinken wâren silberîn.
       war umbe? daz man ir wîzen schîn
       vor dem golde sæhe,
       veste unde spæhe.
       vil guot was daz panel,
7695   niht eines kalbes vel,
       der ich doch manegez hân gesehen:
       dâne kunde eht niemen an erspehen

70 die *fehlt K.*   **71** Beide *K.*   **73** kunden *A.*   **74** Des gůten *K.*   **80–82** Es was diser dewedere · drangůrtl noch stich ledere · Ir müestend das werch wol besehen *A*, **E**zn was dirre darmgurtel leder · Irn mustent daz werch ietweder · besundˢ durch sehen *K*, wes was dirre deweder, / darmgürtel und stîcleder? / ir müestetz werc wol besehen *Leitzmann nach Lachmann; vgl. Flore und Blanscheflur, ed. Sommer, V. 2857–59.*   **83** Ee Ir westend *A*, Irn wistet niht *K.*   **85** war vberdragen *K*, vnndertragen *A Haupt Leitzmann.* **87** das wurde *A*, desen wurd *K.*   **88** oder *fehlt K.*   Irn begrifente(z) *K*, Ir begreiffet es *A.*   **91** warumb *A*, war vmbe *mit Fragezeichen K Haupt*, dar umbe *Leitzmann nach Paul 196.*   man ir *K*, man *A Haupt Leitzmann.* **92** *Haupt*] von *AK.*   **94** vil *AK*, harte *Leitzmann.*   **97** dane konde eht *K*, da kunde *A*, dâ enkunde *Leitzmann.*   er spehen *K Haupt*, ersehen *A.*

leders eines nagels breit:
ez was guot und gemeit,
7700 als ez dem satele gezam
und im wol ze mâze kam,
gevüllet prîslîchen wol,
linde sam ein boumwol,
daz ez daz pherit niht zebrach.
7705 swaz man sîn vor dem satel sach, *Ende* K 1ᵛ
daz was gesteppet dicke.
ze guotem aneblicke
was dar an entworfen sus
wie Tispê und Pîramus,
7710 betwungen von der minne,
behert rehter sinne,
ein riuwic ende nâmen
dô si zem brunnen kâmen.
daz die vasen solden sîn,
7715 daz was ein netze guldîn,
gebriten von goltdræten
vesten unde stæten,
über die goffen zebreit.
dar umbe wâren geleit
7720 edel steine genuoge,
ze iegelîcher vuoge,
dâ sich die maschen strihten,
kriuzewîs sich schihten.
an iegelîches knophes stat
7725 was ein rubîn ûf gesat
in safervarwe kasten.
die steine dar ûz glasten
einer hande garwe,
vol liehter varwe.

---

98 leders *AK*, leder *Leitzmann nach Haupt.*   fingers *K.*   **7701** cemazen *K.*
4 es *A*, er *K.*   niene brach *K.*   **5** uor dē satel sach *K Haupt*, von dem satl
prach *A.*   **9** Tispe vnd Piramŭs; *fehlt bei Chr.*   **12** rubig.   **13** zu dem.
20 gestaine genŭg.   **21** ze *Bech*] *fehlt.*   yetzlicher.   **22** masse strichen.
23 kreideweis/schichtñ.   **24** knophe.   **26** *Bech* 463 *Scholz (z. St.)*] saur-
varbe, lâsûrvarwe *die übr.*   **27** sternne.

227

guot und gevüege
7730 was daz vürbüege,
starc unde vil gemeit,
ein borte zweier vinger breit,
nâch dem zoume vollekomen
7735 dar an daz pherit was genomen.
ez wâren verworht dar inne
mit schœnem sinne
die einlif edelen steine:
der zwelfte der was eine
7740 vor in den zoum geleit
in ein schîben, diu was breit,
diu nider vür den zoph gie
und vor dem houbete hie.
der liehte carbunculus,
7745 dâ behielt er sîn ambet sus,
wan im daz lieht ist geslaht,
ob im ie ze vinsterre naht
ze rîtenne geschæhe,
daz man dâ von gesæhe.
7750 die einlif wâren hie in geleit,
an daz vürbüege zebreit,
zwischen den gehangen
guote goltklangen:
die hôrte man verre klingen.
7755 von sus getânen dingen
was der satel vollebrâht
und baz dan ichs hân gedâht.
zewâre ouch bedunket mich
reht unde billich
7760 daz er mit vollem mære
harte schœner wære
dan dehein ander gereite,
wan er mit wârheite
dem schœnisten wîbe wart gegeben

45ᵛᶜ

30 Gût. **35** dar *Bech*] der. daz] dem. **38** aindlif. **40** dem. **46** gezalt. **47** ie ze] ze/(Z)e; *zweites* ze *von Leitzmann 187 als* Ie *gelesen.* **48** geschach. **50** in *fehlt.* **58** zwar, deiswâr *Leitzmann 217.* **61** harte] vil.

7765 diu in den jâren mohte leben,
der edeln vrouwen Ênîten.
nû ist zît daz si rîten,
wan in sint diu ros komen.
hânt si danne urloup genomen
7770 von dem ingesinde?
jâ, von kinde ze kinde
und von des küneges swestern.
man ensolde nie willen vestern
vor noch sît beschouwen
7775 an deheinen andern vrouwen
ze aller slahte guote.
zuht was in ir huote.
die vrouwen hânt ez alsô brâht
daz ir von rehte wirt gedâht
7780 in der vorderisten zal
swâ guoter wîbe wirdet wal.
swâ mite ein wîp gedienen sol
daz si gote und der werlde wol
von schulden muoz gevallen,
7785 des phlâgen si âne gallen,
mîn vrouwe Filledâmûr
und ir swester Genteflûr.
nû riten si von dan,
Ênîte und dise zwêne man,
7790 der wirt selbe und Êrec.
daz pherit truoc dô den wec
sô sanfte vrouwen Ênîten
daz ze deheinen zîten
eins hâres sanfter niht enlebet
7795 der ûf dem ebenwâge swebet,
sô er den wint ze wunsche hât
und im sîn schef âne angest gât.
si gedâhten rîten dâ zehant
ze Britanje in daz lant
7800 zem künege Artûse.

73 solte.   **86** filadamur; *fehlt bei Chr.*   **87** Guentaflur; *fehlt bei Chr.*
93 daz iener zu.   **95** eben wage.   **7800** Zu dem.

üf welhem sînem hûse
si in benamen vunden,
daz enwesten si zuo den stunden.
   der künec Guivreiz dô sprach
7805   dô in ze rîtenne geschach:
›wir vinden in ze Karidôl
oder benamen ze Tintajôl.‹
sus riten si nâch wâne,
und doch der gewisheit âne,
7810   unz hin umbe mitten tac.
nû truoc si der huofslac
üf einer schœnen heide
an eine wegescheide:
welh wec ze Britanje in daz lant
7815   gienge, daz was in unerkant.
die rehten strâze si vermiten:
die baz gebûwen si riten.
und dô si nâch der wîle
geriten wol vünf mîle,
7820   ein burc si sâhen vor in stân,
michel unde wol getân.
und als si Guivreiz ersach,
daz wart im vil ungemach
und begunde in vaste beswæren
7825   daz si dar komen wæren.
›nû sage, von wiu?‹ daz weiz ich wol
und sagez sô ichz sagen sol.
des enist noch niht zît.
wie gebitelôs ir sît!
7830   wer solde sîn mære vür sagen?
ich enwil iuch niht verdagen
wie diu burc geschaffen wære: 46ra
daz vernemet an dem mære.
   vil guot was daz burcstal:
7835   als uns der âventiure zal

4 Der.   **5** im.   **6** karidol; *vgl. Chr. 5282.*   **7** Zentadrol; *vgl. Chr. 6518 und Varianten.*   **14** welcher weg, welh *Leitzmann*, weder *Haupt.*   **15** daz] der.   **18** dô] die.   **23** wird.   **26** warumb.   **27** sage so.   **28** ist.   **29** *Leitzmann 215*] pittlos.   **31** wil.

230

urkünde dâ von gît,
sô was ez zwelf huoben wît.
ez was ein sineweller stein
dâ niender bühel ane schein,
7840 ebene sam er wære gedrân,
und ouch rehte getân
nâch des wunsches werde,
ûf von der erde
entwahsen wol den mangen.
7845 den berc hete in gevangen
ein burcmûre hôch und dic.
ein ritterlîcher aneblic
zierte daz hûs innen.
ez rageten vür die zinnen
7850 türne von quâdern grôz,
der vuoge niht zesamene slôz
dehein sandic phlaster:
si wâren gebunden vaster,
mit îsen und mit blîe,
7855 ie drîe unde drîe
nâhen zesamene gesat.
dâ enzwischen was diu stat
gezimbers niht lære.
dâ sâzen die burgære
7860 nâch grôzer ir werdekeit.
alsô was daz hûs zebreit
mit den türnen. nâch ir zal
sô was ir drîzec über al.
sus was daz hûs gevieret:
7865 die türne gezieret
obene mit goldes knophen rôt,
der iegelîcher verre bôt
in daz lant sînen glast.
daz bewîste den gast
7870 dem dar ze varne geschach,
daz er den schîn verre sach

37 hübe. 47 Ritterlich. 50 quader. 52 kain. 66 goltsknophen,
goltknophen *Haupt.* 67 yetzlicher.

und er des hûses ûf der vart
des tages niht verirret wart.
ein wazzer drunder hin vlôz,
7875 des val gap michelen dôz,
wan ez durch ein gevelle lief.
daz selbe tal was alsô tief,
swer ûf die zinnen sitzen gie
und er ze tal diu ougen lie,
7880 den dûhte daz gevelle
sam er sæhe in die helle:
der swindel in ze tal zôch,
sô daz er wider in vlôch.
an der anderen sîten
7885 dâ man zuo mohte rîten,
dâ stuont ein stat vil rîche,
bezimbert rîchlîche,
diu einhalp an daz wazzer gie.
anderhalp daz undervie
7890 ein boumgarte schœne und wît,
daz weder vor noch sît
dehein schœner wart gesehen:
des hôrte ich im den meister jehen.
    als Êrec daz hûs ersach,
7895 ze sînem gesellen er sprach,
ob er die burc erkande,
und bat in daz er si nande.
sus antwurte im der herre:
›ich erkenne si: wir sîn verre
7900 geriten von unser strâze.
daz ez got verwâze!
iedoch sô manege zîte
sô ich disen wec rîte,
sô ist mir bœslîch geschehen:
7905 ich hân mich übele übersehen,
gezeiget zuo der winstern hant.‹

76 ein gevelle *Benecke und Wackernagel*] vngeuelle.   **84 A**n.   **87** vil
reichliche.   **94 A**ls.   **99** erkante.   **7905** *Lachmann*] mir v̆bl vmbgesehen.
6 *Wackernagel Leitzmann 232f.*] vinstern want.

232

er sprach: ›Britanje daz lant
des endes verre hin lît.
kêre wir wider enzît:
7910 ich bringe iuch wider ûf den wec.‹
dô sprach der künec Êrec:
›wie zæme uns daz, vil edel man,
daz wir sus riten dan?
sît wir sô nâhen komen sîn,
7915 sô volget durch den willen mîn,
daz ich die burc müeze sehen.   46ʳᵇ
daz sol benamen geschehen.
diz hûs ist sô wünneclich
und alsô schœne daz ich
7920 ûzen dar an kiuse wol,
ist ez etewes innen vol
daz man sol gerne schouwen,
ez enist niht âne vrouwen.
ich wil daz hûs erkunnen:
7925 des sult ir mir wol gunnen.‹
        ›mirst leit daz ich ius gunnen sol.
wê dan sô irz bevindet wol!‹
›waz meinet ir, künec Guivreiz?‹
›ich enmeine niht wan daz ich weiz.‹
7930 ›durch got, nû saget waz?‹
›nû kêret wider. daz kumt uns baz.‹
›mich wundert waz ir meinet.‹
›ez wirt iu wol bescheinet,
und welt ir niht erwinden.‹
7935 ›ich muoz ez benamen ervinden.
ez enist niht wirsers dan der tôt.‹
›sô kumt ir lîhte in die nôt
die iuwer vriunt niht mugen verklagen.‹
›muget ir mirz durch got nû sagen?
7940 mich wundert waz ez müge sîn.‹
›dâ erwindet durch die liebe mîn.

9 keern. bey zeit.   **21** ettwas.   **22** *Bech*] gern sol.   **23** ist.   **26** Mir ist.
27 wê *Lachmann*] wie.   **28** waz] Wañ.   **29** maine.   **33** *Gierach 263, 543*]
erschainet.   **36** ist.   **38** iuwer] Ir.   **39** mirz] mir auch.   **40** ez] es nu.
41 eruindet.

ich dienez immer als ich sol.‹
›daz enzæme mir niht wol:
wan sô möhtet ir haben wân
7945 daz ich durch vorhte hæte lân
dise selben reise.
ouch enist dehein vreise
ir enmöhtet si mich wizzen lân:
und wære si danne sô getân
7950 dar umbe ich solde erwinden,
daz lieze ich an mir vinden.‹
›her künec‹, sprach Guivreiz,
›ich sagez rehte als ichz weiz:
diu vreise ist niht ze ringe,
7955 und ûf daz gedinge
als iuwer munt gesprochen hât,
daz ir dise reise lât,
sô wil ich iuchz wizzen lân.
diz hûs heizet Brandigân,
7960 und ist vil manec ritter guot
durch sînen genendigen muot
ûf âventiure her komen,
die alle dar an hânt genomen
schaden zuo den schanden,
7965 die besten von allen landen.
des ist nû gewesen lanc
daz ir deheinem nie gelanc,
wan allen gelîche,
sô daz sî klegelîche
7970 alle hie sint erslagen.
waz mac ich iu mêre sagen?
wan ich wil unde muoz
mich bieten an iuwern vuoz,
daz ir erwindet durch mînen rât.
7975 ein âventiure hie stât
ze selhem gewinne

43 zǎme.   **45** vorchten.   **46** *Wesle*] dieselben.   **47** ist es.   **48** Ir
mǒchtends mich.   **50** sol.   **52** her] der.   **53** sag recht.   **59** Brandigan;
vgl. Chr. 5389.   **61** gnedigen.   **62** her] er.   **66** des] das.   **68** Wann
doch.   **74** mînen rât] nyemat.   **76** solichem angstlichen gewinne.

daz ich in mînem sinne
des vil grôze angest hân,
ez müeze iu alsam ergân
7980 als ez allen den ergie
die noch her kâmen ie.‹
    Êrec sus antwürten begann:
›sô wære ich ein verzaget man
und hete des missewende,
7985 ich enweste der rede ein ende,
solde ich sus erwinden.
muget ir mich lân bevinden,
waz ist ez oder wie hât ez namen?
ich müeste mich wol immer schamen,
7990 solde ich vürhten ichn weiz waz.
nû war umbe tuot ir daz
daz ir sô lange mich verdaget
daz ir mirs niht ein ende saget?
wan swaz doch mir dâ von geschiht,   46^{rc}
7995 benamen ich erwinde niht
unz ich die rede niht baz weiz.‹
    dô sprach der künec Guivreiz:
›nû wil ich iuch wizzen lân
wie diu âventiure ist getân,
8000 und rehte wiez dar umbe stât,
sît irs niht wellet haben rât.
sist Joie de la curt genant.‹
daz selbe wort ist unerkant
uns tiutschen liuten:
8005 durch daz wil ichz diuten:
des hoves vreude sprichet daz.
ouch sagete er im vürbaz.
er sprach: ›muget ir warten?
seht ir den boumgarten
8010 der under dem hûse lît?
dâ hât sich nû vil manege zît

---

79 müß.   **88** wie *Wackernagel*] *fehlt.*   **90** Ich wayß nit was.   **92** daz] so.
93 mir.   ein *Bech*] *fehlt.*   **97** Do.   **8001** wellen.   **2** Ioied Illecurt; *nach*
Chr. 5465 La joie de la cort.   **4** uns tiutschen *Lachmann*] vnteŭtschen,
under tiutschen *Leitzmann nach Bech.*   **5** *Leitzmann 208*] bedeŭten.

ein ritter gehalten inne.
si stât ze selhem gewinne
als ich iu rehte wil sagen.
8015 swer si hie sol bejagen,
daz hât er im ze rehte
daz er si an im ervehte.
der wirt ist sîn œheim.
als noch ie an im schein,
8020 sô enlebet sîn gelîche
niender in dem rîche
von sterke und ouch von manheit.
swaz im noch ritter widerreit,
die si wolden bejagen,
8025 die hât er alle erslagen:
im enmohte niht wider sîn.
noch erwindet durch die liebe mîn.‹
dô sprancte der künec Êrec
vil sêre lachende ûf den wec.
8030 er sprach: ›edel ritter, nû wol dan!
und ist ez niuwan ein man
an dem si ze gewinne stât,
des möhte werden guot rât.
wâ mite machet irz sô grôz?
8035 weder ist er berc oder berges genôz,
daz man in alsô vürhten sol?
ich wânde daz hûs wære vol
gewürmes und wilder tiere
diu uns alsô schiere
8040 âne wer den lîp næmen,
sô wir dar kæmen.
noch hân ich ze lebenne wân.
er enwirt doch des niht erlân,
ob es got geruochet,
8045 ez enwerde an im versuochet.
sleht er mich, sô bin ich tôt:
daz ist der werlde ein ringiu nôt.‹

19 ie *fehlt.* **20** lebet. **23** der Ritter noch. **24** si] sich. **26** mocht.
28 Do. **30** Edler. **31** nu ist es nur. **35** berc] ein perg. **42** zu dem
leben. **43** wirt. **45** werde.

Guivreiz der künec guot
erkande in wol alsô gemuot
8050 daz er benamen vollerite
und daz durch niemen mite.
dâ von geschach im ungemach,
do er daz hûs von êrste ane sach.
ezn half dehein widerstrîten,
8055 er enwolde vollerîten.
nû huoben si sich ûf den wec.
und als der künec Êrec
mit sînem schœnen wîbe,
ze vreise sînem lîbe,
8060 nû reit gegen Brandigân,
die stat die er drunder sach stân,
dâ was inne vreuden vil,
tanz und aller slahte spil
daz jungen liuten wol gezam.
8065 und als er zuo geriten kam
und si die schœnen Ênîten
dâ vür sâhen rîten
und nâch ir die zwêne man,
nû sâhen si die vrouwen an
8070 und begunde menneclîch des jehen
daz er unz dar nie gesehen
deheine vrouwen hæte
von lîbe und ouch von wæte,
von pherde und von gereite,   46va
8075 sô schœne und sô gemeite.
sâ zuo den stunden
si alle begunden,
wîp und man beide,
von nâhe gândem leide
8080 ir vreuden entwîchen
und vil jæmerlîchen
klagen daz wünneclîche wîp,
und daz verliesen sînen lîp

48 Gifurais.   **54** es.   **55** wolte.   **60** nû] vnd.   **63** tantzen.   **67** daruor.
70 des mǻniclich *A Haupt.*   **74** vnd auch von.   **76** sâ] so.

237

solde ein alsô vrumer man,
8085 wan dâ zwîvelten si niht an.
    si sprâchen: ›herre, rîcher got,
war umbe geschuof dîn gebot
einen sô vollekomen man?
dâ wære vol dîn genâde an
8090 daz dû in hætest bewart
vor dirre leidigen vart,
daz er iht wære komen,
wan hie wirt im der lîp benomen.
ouwê dû vil armez wîp!
8095 wie dû queltest dînen lîp,
ob dû möhtest wizzen wol
waz dir hie geschehen sol!
wie dîniu liehtiu ougen
mit trüebe suln verlougen
8100 daz si sô spillîchen stânt
unde kumbers niht enhânt,
unde dîn vil rôter munt,
der die liute hie zestunt
dir engegen lachen tuot!
8105 und wie dû dînen gelphen muot
mit leide verkiusest,
sô dû dînen man verliusest!‹
si klageten eht alle.
diz geschach niht mit schalle:
8110 ez wart mit murmel getân,
daz er sichs iht solde entstân.
    der rede tâten si genuoc.
manec wîp sich zen brüsten sluoc,
die andern sêre weinten.
8115 waz si dâ mite meinten,
daz weste der tugentrîche
und entete dem niht gelîche
als er dar umbe iht weste.

---

86 Sy.   **92** *Bech*] nicht.   **93** ward.   **95** kotest.   **99** sol.   **8101** nicht
erkant.   **4** dir] die.   **11** iht *Bech*] nicht.   bestan.   **12** D er.   **13** zu den.
17 thet.

238

Êrec der muotveste
8120 bedâhte sich vrœlîch und wol,
alsam der unverzagete sol
den man niht lîhte entsprechen mac.
deheines swachen gelouben er phlac.
er enwolde der wîbe liezen
8125 engelten noch geniezen.
swaz im getroumen mahte,
dar ûf hete er dehein ahte.
ern was dehein wetersorgære:
er sach im als mære
8130 des morgens über den wec varn
die iuweln sam den mûsarn:
ouch hiez er selten machen
dehein viur ûz der spachen,
daz man im dar an sæhe.
8135 er enphlac deheiner spæhe:
ez was umbe in sô gewant,
im was der tisch in der hant
als mære enge sô wît,
und swaz ungelouben gît
8140 dâ enkêrte er sich niht an.
er was ein alsô vester man,
swie in daz volc untrôste,
daz in daz niht belôste
sîner manlîchen stætekeit
8145 gegen einem hâre breit,
und emphienc ez allez vür spot.
er gedâhte: ›die wîle und mich got
wil in sîner huote hân,
sô enmac mir niht missegân:
8150 und wil er mirs niht bîten,
sô mac ich ze disen zîten
alsô mære sterben,
sô der lîp doch muoz verderben.‹

21 alsdann.   **23** kaines.   **24** wolt.   **28** er was kain.   **31** die ôwullen sam
die.   **34** *Bech*] In.   **35** phlag.   **38** enge *Lachmann*] entgegñ.   **40** kerte.
42 volc *Lachmann*] floch.   **45** eines hares.   **46** es als fûr ein spot.
49 mag.

er was eht herzen sorgen vrî.

8155 nû reit er zuo und gruozte sî
mit lachendem munde. 46vb
nû huop er dâ ze stunde
ein vil vrœlîchez liet.
nû murmelte aber diu diet:
8160 ›nû schînet du enwizzest niht wol
waz dir hie geschehen sol.
nû enist doch leider dar niht lanc
daz dîn vrœlîchez sanc
ein vil riuwic ende gît:
8165 daz geschiht ê morgen ze dirre zît.
möhtestû wizzen und dîn wîp
daz dû dînen gelphen lîp
solt als unlange hân,
sô liezestû dîn singen stân.‹
8170 alsô reit von in dan
der vil unverzagete man
ûf daz hûs ze Brandigân.
dâ wart im sîn reht getân,
sô daz man in vil schône emphie.
8175 der wirt engegen im gie
verre vür daz bürgetor:
dâ salûierte er in vor,
mit im die burgære.
liep unde swære
8180 was er im ze gaste.
er vorhte eht des vil vaste,
im würde der lîp dâ benomen:
anders was er im willekomen.
daz tete der herre wol schîn
8185 den zwein und der künegîn,
wan man ir ze rehte phlac.
dannoch was ez hôher tac.
als dise werden geste
gesâzen ûf der veste,

54 Er. **56** lachemden. **59** murmelten. **60** wissest. **62** ist. **63** *Bech Leitzmann 212*] gesang. **75** gegen. **88** Als.

8190 nû kurzte in die stunde
der wirt sô er beste kunde
und sîne burgære
mit sô manegem mære
daz si niht mohte betrâgen.
8195 bî einer wîle begunde er vrâgen
ob si zen vrouwen wolden gân.
diu vrâge was in liep getân.
alsô vuorte er si dan,
die vrouwen und die zwêne man,
8200 ûf eine stiege,
der meister enliege,
in ein sô schœne palas,
dô diu gotinne Pallas
rîchsete hie en erde,
8205 des genuocte si ze ir werde
ob si wære berâten
mit selher kemenâten.
    ez was vil wol gezieret,
sinewel, niht gevieret,
8210 guot unde reine,
von edelem steine,
der ie mê von marmel kam,
als ez ir ougen wol gezam
und als ez der wunsch gebôt,
8215 gel grüene brûn rôt
swarz wîz weitîn,
dirre mislîche schîn
sô geebent und sô geliutert was
daz er glaste sam ein glas
8220 geworht mit schœnen witzen.
hie sâhen si inne sitzen
den wunsch von den wîben.
wer möhte iu die geschrîben
und geloben ze rehte gar?

96 zu den. wolte. **8203** Pallas; *fehlt bei Chr.* **4** *Leitzmann 224*]
reichsende. **8** Es. **11** steine *Pfeiffer 227*] Marmelstaine. **12** mê *fehlt.*
der schîn der ie von *Lachmann Haupt mit anderer Interpunktion.* **17** dise
misslich schein. **21** si *fehlt.* **23** beschreiben. **24** geloben] gelauben die.

8225 man enmohte sô wünneclîcher schar
nie gelîches iht beschouwen.
ez wâren ahzec vrouwen,
alle gelîche gekleit.
si hâten an sich geleit
8230 eine wât rîche,
und doch unvrœlîche,
nâch vil kostlîchem site.
hie erzeigeten si vil lîhte mite
daz in daz herze wære
8235 in etelîcher swære,
wan man si ouch selten lachen sach.
ez wâren ir röcke und ir dach
von swarzem samîte.
dehein ermel noch ir sîte
8240 was in niht gebrîset:
als ichs bin bewîset,
sô was in zuo den zîten leit
hôchvart unde stolzheit.
ir houbet wâren gebunden   46ᵛᶜ
8245 sô si beste kunden,
mit wimpeln, die wâren wîz.
dâ enschein ane dehein ander vlîz
wan sleht und unwæhe,
âne goldes spæhe.
8250   dô die geste in giengen,
dise vrouwen si emphiengen
baz dan si wâren gemuot,
als dicke der bescheiden tuot
der sînes leides nieman
8255 engaltet swâ erz bewarn kan.
der wirt zuo in sitzen gie:
dô sâzen die geste hie,
Êrec mit vrouwen Ênîten
und Guivreiz dâ besîten.

---

25 mŏchte.   wunnekliche.   **32** vil nach.   **33** sy sich.   **36** sahe.
42 zîten *fehlt.*   **45** sô *Pfeiffer 227]* nicht so.   **47** *Bech]* erschain.   **50 D**a.
59 bey siten.

242

8260 diu ougen liez er über gân.
nû dûhte in einiu wol getân,
diu ander schœner dâ bî:
diu dritte swachete aber sî:
vor ir was diu vierde
8265 in lîbes gezierde:
der vünften er des prîses jach,
unz er die sehsten ersach:
diu sibende erlaschte dise gar,
unz er der ahten tete war:
8270 diu niunde in dûhte gekrœnet,
diu zehende baz geschœnet
mit dem gotes vlîze:
der selben ze itewîze
sô was diu einlifte getân,
8275 hæte si diu zwelfte lân:
diu drîzehende wære vollekomen,
hete irz diu vierzehende niht benomen:
diu vünfzehende was ein wunschkint:
doch was ir aller schœne ein wint
8280 wider die sehzehenden vrouwen:
noch mohte er gerner schouwen
die sibenzehenden diu dâ saz:
doch geviel im diu ahzehende baz
dan diser vrouwen dehein,
8285 unz im diu niunzehende erschein:
dô muoste im wol gevallen
diu zweinzegest vor in allen.
wer möhte si gar geschrîben?
diu swachest under den wîben
8290 diu zierte wol ein rîche
mit ir wætlîche.

als er der wünneclîchen schar
rehte getete war,
nû gedâhte er in sînem muote:

---

63 *Leitzmann 209*] verschwachet.   **64** ir] In.   **65** in lîbes] enliebes.
70 *Bech*] daucht In.   **73** zeitweyse.   **74** aindliffte.   **82** Sibenzehende.
84 diser *Leitzmann 174*] dise.   **85** schain.   **88** beschreiben.   **92** Als.

8295 ›rîcher got der guote,
hier an ist mir erkant
daz dû von schulden bist genant
der vil wunderlîche got,
daz dîn gewalt und dîn gebot
8300 an ein alsô enge stat
sô manec wîp hât gesat
dâ mite vil manec wît lant,
als dir selbem ist erkant,
vil schône gezieret wære:
8305 daz lâstû vreuden lære.‹
ze dem gedanke er stille dagete.
der wirt ie mitten sagete
den vrouwen niuwiu mære
war umbe der gast wære
8310 mit sînem wîbe dar komen.
als diz die vrouwen heten vernomen,
hie mite wâren si zehant
ir herzeleides gemant
des in allen was geschehen.
8315 daz man si ê hete gesehen
wünneclîche vreudenvar,
des verlougenten si gar.
daz bluot ir hiufeln entweich:
dô wurden nase und wengel bleich.
8320 daz machete in der ougen regen.
    nû enweste Êrec der degen
wiez hier umbe was gewant,
unz imz Guivreiz tete erkant.   47ra
er sprach: ›muget ir schouwen
8325 wie dise edeln vrouwen
mit jâmer quellent den lîp?
si wâren der ritter wîp
die dâ hie sint erslagen.
wan kunde doch ich iu gesagen,

8301 schon hat.   **6** gedaget.   **11** haben.   **13** ermant.   **15** ê *fehlt.*
18 hufelinen.   **19** wǎnglin.   **21** wiste.   **23** im.   **26** cholent.   **29** wan
Lachmann] nu.   iu] ew nie, iu mê *Lachmann.*

244

8330 daz ir dise reise hætet lân?
alsô muoz hie bestân
diu schœne vrouwe Ênîte,
missegât iu an dem strîte.‹
nû bewegete der vrouwen smerze
8335 Êrecke sô gar sîn herze,
sît in der lîp was gestalt
sô gar in vreuden gewalt,
daz ir jugent und ir leben
sô gar den sorgen was ergeben,
8340 wan in durch ir triuwe
der jâmer was als niuwe
als dô si sîn begunden.
ie under stunden
sâhen si den ellenden man
8345 mit jâmervarwen ougen an
und klageten sînen genæmen lîp
und erbarmte in daz sîn wîp
solde bî in dâ bestân,
wan des wâren si gewis âne wân.
8350 sus gedâhte der ellende:
›got sî der daz wende
daz ich sô iht gevar
daz ich dise vreudenlôse schar
iht mêre mit mînem wîbe
8355 sô daz ich iht belîbe.‹
hie heten die geste beide
vil swære ougenweide,
wan in tete der vrouwen swære wê.
nû ist zît daz man gê.
8360 der wirt vuorte si ezzen.
nû enwart dâ niht vergezzen
si enheten alles des die kraft
daz man dâ heizet wirtschaft.
nû hânt si vol gezzen
8365 und sint dar nâch gesezzen

35 Ereck. **46** klagenten. **50** Sust. **58** im. **61** ward. **62** hetten. die
fehlt. **64** wol.

und redeten aller hande.
der künec von dem lande
vrâgte si ob iht mære
ûf ir wege wære.
8370 dô sageten im die geste
swaz ietweder weste
daz doch sagebære geschach.
Êrec ouch zem wirte sprach:
›wirt und lieber herre,
8375 nâhen unde verre
hânt mir die liute vor gezalt
wunder vil manecvalt
von dises hûses êre.
desn vrâge ich nû niht mêre,
8380 wan ichz selbe hân ersehen
und muoz von schulden mite jehen:
si hânt benamen die wârheit.
ouch ist mir mære geseit
daz hie ein âventiure bî
8385 mit starkem gewinne sî
von einem guoten knehte.
nû weste ich gerne rehte
wiez hier umbe wære gewant:
daz tuot mir, herre wirt, erkant.‹
8390 der künec ein wîle des gesweic:
daz houbet im ze tal seic,
und saz ein teil in riuwen.
daz kam von sînen triuwen,
und benamen bî sîner vrümekeit
8395 was im des gastes vrâge leit,
wan er hete ouch ê vernomen
daz er dar wære komen
ûf der âventiure gewin.
daz beswârte sînen sin,
8400 und gedâhte manegen enden
wie er daz möhte erwenden

73 zu dem.   **77** Wunne.   **79** des.   **89** *Lachmann*] das herre wirdt erkannt.
90 Der.   **8400** *Müller 137*] gedachte an.

und wie er im den rât erkür
daz er den lîp iht verlür
und im den muot benæme,
8405 als in beiden zæme.
ze jungest er in ane sach,
belangen er zuo ime sprach:
›herre, ich wil iu râten wol,
als ich mînem gaste sol,
8410 dem liebisten den ich ie gewan,
dar nâch und ich iu guotes gan,
daz ir der vrâge habet rât
und si gar ûz der ahte lât
umb dise âventiure.
8415 ez ist vert und hiure
unde nû wol zwelf jâr,
als ich iu sage vür wâr,
michel schade dâ von geschehen:
ouch habe wir beide gesehen
8420 sô vil ander dinge
diu uns sus genuoc ringe
die zît mugen gemachen:
nû reden von andern sachen.‹
Êrec im antwürten began
8425 als ein unverzageter man,
des herze doch vil stæte was
und vester dan der adamas,
von dem man selhe kraft seit:
unde würde der geleit
8430 zwischen zwein bergen stehelîn
– wie möhte daz wunder græzer sîn –,
die zemüele er kleine
ê man ez dem steine
iender möhte erkiesen an.
8435 dannoch hâte dirre man
ze knehtheit stæteren muot

K 2^r

---

3 *Bech*] nicht.   **18** dâ *Bech*] *fehlt.*   **19** haben.   ze sehen.   **20** anndre.
23 nû] vnd.   **24** Ereck.   **29** der *Bech*] der Adamas.   **32** die perge
zemůlen klaine.   **36** ceknehtheit *K,* zu keckhait *A Haupt Leitzmann.*
stæt^sen *K Haupt,* stâten *A.*

dâ von daz einer slahte bluot
disen stein geweichen mac:
sône kunde âne des tôdes slac
8440 niht sînen muot betwingen
noch ûf zageheit bringen.
der rede begunde er lachen.
er sprach: ›von welhen sachen
ich niht vrâgen getar,
8445 die sint ouch ze griulîch gar.
daz ich dar nâch gevrâget hân,
dazn hân ich niht dar ûf getân
daz ich des iht gesinne
daz ich dar an gewinne
8450 sunderen prîs vür alle die
die noch her kâmen ie,
wan daz mich des betrâget,
swenne man mich dâ von vrâget,
beide wîp unde man,
8455 daz ich ins niht gesagen kan,
und ich doch hie gewesen bin:
dar an velschent si mînen sin.‹
      nû wânde der wirt er meintez sô.
      dâ von begunde er in dô
8460 dise rede wizzen lân,
als ich iu ê gesaget hân,
rehte zuo der mâze
als im ûf der strâze
sîn geselle sagete,
8465 und ob ern iht verdagete,
ze vollen sagete er im daz
und beschiet in des baz.

---

39 Sone kunde *K*, so kunde doch *A*.   **41** uffe *K*.   **43** welhen *AK*, swelhen
Leitzmann nach Haupt.   **44** fragen *K*, gefragen *A Haupt Leitzmann.*
45 div *K*.   **47** dazn han *K*, das hab *A*.   **48** niht *K*.   **50** sundrñ preis *AK*,
sunderprîs *Leitzmann nach Müller 137.*   **51** die komen noch heer ye *A*.
52 wæn *K*.   **53** man *fehlt K.* dauon *A*, der uon *K*.   **54** Eintwed^s wip od^s
man *K*.   **55** daz ichz in gesagen niene kan *K*.   **58** mainet es *A*, meinde *K*.
65 er in iht *K*, er nicht *A*, der iht *Leitzmann nach Haupt.*   **66** Ze vollem *A*.
67 In des bas *A*, ime daz · *K*.

248

er sagete, der boumgarte
der wære gevestent harte,
8470 und wie er wære umbegeben.
dar in dorfte niemen streben
dem ze ihte mære
lîp und êre wære.
er sprach: ›dâ wonet inne
8475 mit sîner vriundinne
ein ritter sô manhaft
daz eht er mit sîner kraft
alle die erslagen hât
die des niht wolden haben rât
8480 von tumbes herzen stiure,
sine suochten âventiure.
ich sage iu, swelh ritter guot
her kumt ûf den selben muot,
der suoche wan die porte:
8485 bî dem êrsten worte
sô vindet er si offen stân.
er mac drin rîten oder gân: 47ʳᶜ
die andern belîbent hie vor.
sô besliuzet sich daz tor:
8490 diu rede muoz sich scheiden
danne under in beiden,
wan swaz ir dewederm geschiht,
sine hânt eht scheidæres niht.
ichn weiz wie ez nû ergê:
8495 wol ein halp jâr oder mê
ist des daz im niemen kam,
sît daz er den lîp benam

70 vnd wie *AK*, und swie *Leitzmann*, swie *Haupt*.   vmb=/begeben *A*, vmbe
geben *K*, unumbegeben *Leitzmann nach Benecke*.   **71** dorffte doch *A*,
getorste *K*.   **72** zicht *A*, cihte *K*.   wære *K*.   **73** mære *K*.   **76** also *K*.
77 eht *K*, doch *A Leitzmann*.   **81** Siene suhten auentvre *K*, sy sůchten die
abenteůre *A*.   **82** ich sage iu *fehlt K*.   Swelich rite gut *K*.   **84** nůr die
porten *A*, eht die porten *K*.   **85** bi den ersten worten *K*.   **86/87** st[an er
mac dri]n *Loch im Pergament K*.   **92** wande *K*.   Ir dewederm *A*, iewe-
derme *K*.   **93** Sine habent *K*, Sy haben *A*.   scheidens *K*.   **94** Ich wais *A*.
gee *A*.   **96** des *A*, ez *K*.

rittern die ich genennen kan.
er sluoc benamen hie drî man
8500 sô man si beste erkande
in deheinem lande.
der eine Venegus hiez,
der eht niht des enliez
daz ze manheit gezôch,
8505 Opinâus der nie gevlôch,
Tibaut der dritte man,
der vordes manegen prîs gewan:
der was von Winden geborn.
sît die den lîp hânt verlorn,
8510 sône durfet irz niht versuochen.
und welt irs geruochen,
sô gibe ich iu den besten rât,
daz ir des vehtens abe stât.
sô gemuot ist der starke man,
8515 swem er noch gesigete an,
dem sluoc er abe daz houbet.
ob ir des niht geloubet,
und welt irz danne selbe ersehen,
sô muoz iu alsam geschehen.‹
8520   dô sprach der künec Êrec:
›ich weste wol, der selbe wec   K 2ᵛ
gienge in der werlde eteswâ,
rehte enweste ich aber wâ,
wan daz ich in suochende reit
8525 in grôzer ungewisheit,
unz daz ich in nû vunden hân.
got hât wol ze mir getân

8500 si *fehlt K.*   **2** Venegus *A,* vernuz *K; vgl. Chr. 5779.*   **3** des niht *K.*
5 Opinaus *AK; vgl. Chr. 5779.*   nie *K,* aine *A.*   **6** Libaŭt *A Leitzmann nach*
Haupt, Tiberaht *K; nach Chr. 5778* Tiebauz.   **7** uorders *K.*   **8** de *K.*
9 Sit die da den lip hant v̊lorn *K,* vnd die den leib haben verlorñ *A,* und hânt
die den lîp verlorn *Leitzmann nach Bech 465.*   **10** so durffent *A.*   irz *K,* Irs
A Haupt Leitzmann.   **11** woltet *K.*   **13** daz ir des *K,* des daz Ir *A,* deist daz
ir *Leitzmann nach Bech.*   **18** sehen *K.*   **20** Da *A,* Do *K.*   **21–41** *in K 2ᵛ*
wegen eines Wasserflecks teilweise kaum noch lesbar.   **21** wiste *K.*   selbe
K Haupt 1.Ausg. Scholz (z. St.)] selbig *A,* Saelden *Bech 465f. Leitzmann 225.*
23 Ichn weste aber rehte wa *K.*   weste *A.*   **24** ich *fehlt A.*   **26** in *fehlt A.*

daz er mich hât gewîset her
dâ ich nâch mînes herzen ger
8530   vinde gar ein wunschspil
dâ ich lützel wider vil
mit einem wurfe wâgen mac.
ich suochtez unz an disen tac:
gote lop, nû hân ichz vunden
8535   dâ ich wider tûsent phunden
wâge einen phenninc.
diz sint genædeclîchiu dinc,
daz ich hie vinde ein sælic spil.
die rede ich iu baz bescheiden wil.
8540   ich hân von iu ê vernomen
daz dirre herre ist vollekomen
an degenlîcher manheit.
des ist sîn êre vil breit
und ze ganzem lobe erkant
8545   über elliu disiu lant,
wan er hât wunder getân.
dâ wider ich leider niene hân
begangen selher dinge,
mîn êre enwege ringe.
8550   dâ von ein ritter wirt erkant,
des hât mir noch mîn hant
vil lützel erworben:
an lobe ich bin verdorben
unz an disen tac.
8555   dâ von ich gerne wâgen mac
mîne kranken êre,
daz sich diu hie mêre
daz ich gar ze lobe stê

31 wider *K Haupt*, oder *A*.   33 such es *A*.   34 got sey lob *A*.   nu *A*, nie *K*.
ich es *A*.   35 dâ ich *fehlt K*.   36 wage ich *K*.   38 hie *fehlt K*. ein sælic
K, sölich *A*, selh *Leitzmann nach Haupt*.   39 iu *fehlt K*.   40 (I)CH hab *A*, I
vorgeschrieben, Lombarde nicht ausgeführt. e vñ e *K*.   41 wolkomen *A*.
42 degellicher *K*.   43 uil breit *K*, vol berait *A*.   43a von so grozer manhait
K mit Dreireim, fehlt A.   46 wand *K*.   47 niene han *K*, nicht enhan *A*.
48 solicher *K*.   49 des ist min ere ringe *K*. wege *A*.   51 mir *fehlt K*.
53 bin ich *K*.   56 mein krancke *A*, Mine kranc *K*.   57 so hie gemere *K*.
58 gar *AK*, vol *Leitzmann nach Bech 464*.

oder daz si vollen zegê.
8560 ob mir got der êren gan
daz ich gesige an disem man,
sô wirde ich êren rîche.
und merket wie ungelîche
uns giltet daz selbe spil.
8565 ez giltet im unnâch sô vil
ze der zwelften mâze als ez mir tuot.
er setzet wider valsche guot,
sîn golt wider êre.
ez enprîset in borsêre,
8570 wirt im des siges an mir verjehen,
wan sô ist im dicke baz geschehen.
ouch bin ich schiere verklaget.
vür wâr sî iu daz gesaget,
ern wirt des niht erlân,
8575 ichn welle in bestân.‹
        der wirt sprach: ›saget, herre mîn,   47ᵛᵃ
wes soldet ir mir nû lieber sîn
danne ir iu selben sît?
nû gân wir slâfen, des ist zît.
8580 gelebe wir morgen den tac,
ich bringe iuch an in, ob ich mac.
doch râte ich iu mit triuwen daz
daz ir iuch noch bedenket baz:
daz selbe dunket mich ein sin,
8585 wan unde komet ir dar in,
sô riuwet ir mich sêre,
wan sô gesehet ir uns nimmer mêre.

59 uollen *K*, vol *A*, gar *Leitzmann nach Bech 464.*   **63** vnd *A*, Nu *K*.
66 zv dˢ zwelften maze *K*, Zu dem Zwelfftem male *A*, zem zwelften teile
Leitzmann nach Bech.   **67** valsche *Bech*] valsche(s) *A korrigiert aus* val-
schev *mit versehentlich gesetztem Reimpunkt*, (ualsch) *K nur Oberlängen
wegen Loch im Pergament.*   **68** (gult) *oder* (gut) *K.*   êre *zu* êr *stn.* ›Eisen‹.
69 es preyset *A*, Ez priset *K*.   **70** wi[rt im des siges] ane mir *K*.
71 wande *K*.   ofte *K*.   **72** fil schiere *K*.   **74** Ern *K*, er *A*.   v̌lan *K*.
75 Ichn *K*, Ich *A*.   **76** Der Wirt *A*, Er *K*.   **77** solt *A*, soltent *K*.   nû *fehlt K*.
78 ew selber *A*, ivch selbeme *K*.   **79** Nu geen *A*, wirt nu ge *K*.   **80** Gelebe
K, geleben *A*.   **81** Ich bringen an ivch *K*.   **83** daz *fehlt K*.   **85** wand⁽ᵉ⁾
kumet *K*.   **87** nymmermere *AK*, nie *Leitzmann nach Bech.*

des selben nemet iu ein zil.‹

‹herre, alsô got wil›

8590 sprach der ritter Êrec.

dâ mite giengen si enwec

slâfen ze kemenâten.

diu was wol berâten

mit rîcher bettewæte

8595 und mit anderem geræte.

si was wol bevangen

mit guoten umbehangen:

der gemæle was von golde rîch.

dar zuo was der esterîch

8600 mit guoten teppechen gespreit,

als ez des wirtes rîcheit

wol vür bringen mohte

und als sînen êren tohte,

wan er was herre über daz lant,   *Ende* K 2ᵛ

8605 der künec Îvreins genant.

er gebôt den kameræren

daz si ir vlîzic wæren,

als man rîcher künege sol.

des wurden schône unde wol

8610 gêret dise geste drî.

Guivreiz der künec dâ bî

in einer kemenâten lac

dâ man sîn wol ze rehte phlac.

Êrec und vrouwe Ênîte

8615 hâten guote zîte

dâ si ensamet lâgen

und guoter minne phlâgen

unz in erschein der morgen.

manlîcher sorgen

8620 was sîn herze niht gar vrî,

89 Herre *A.*   **91** (da) mitten gant *K.*   enwech *K*, den weg *A.*   **93** div *K*, das *A.*   **96** Sv *K.*   wol umbevangen *K*, wol behanngen *A*, vol behangen *Leitzmann.*   **98** die gemalt waren *K.*   **8600** teppeten *K.*   gespreit *Haupt*] gepreit *A*, be spreit *K.*   **1** reichet *A.*   **2** vür bringen *Müller 138*] verbringen *A*, bringen *K.*   **3** vnd als *A*, Alsez *K*, und *Leitzmann.*   erer *A.*   **4** wand *K.*   **5** Iuranis; *nach Chr. 5827* Evrains.   **8** reichen kunigen.

wan man wil daz er niht sî
gar ein vollekomen man
der im niht vürhten kan,
und ist zen tôren gezalt.
8625 ez enwart nie herze alsô balt,
im enzæme rehtiu vorhte wol.
swie gerne ein man daz vürhten sol
dâ von sîn lîp en wâge stât,
habe doch selher vorhte rât
8630 diu zagelîch sî.
der vorhte was sîn herze vrî.
  sît im der tac ze kamphe stuont,
er tete als die wîsen tuont,
wan hie hôrte vorhte zuo.
8635 ûf stuont er vil vruo.
mit vrouwen Ênîten er kam
dâ er messe vernam
in des heiligen geistes êre,
und vlêhete got vil sêre
8640 daz er im behielte den lîp.
des selben bat ouch sîn wîp.
ze vlîze begunde er sich bewarn,
alsam ein ritter der sol varn
kemphen einen vrumen man.
8645 nâch der messe schiet er dan.
dô was der imbîz bereit,
grôz wirtschaft die er alle meit.
deheines vrâzes er sich vleiz:
abe einem huone er gebeiz
8650 drîstunt, des dûhte in genuoc.
ein trunc man im dar truoc
und tranc sant Jôhannes segen.
zehant wâfente sich der degen
und bereite sich als er solde,   47ᵛᵇ
8655 sam er enmitten wolde

21 nicht gar sey.   24 zen *Lachmann*] ze.   25 ward.   26 *Bech*] getzåme.
28 wauon.   en] in.   29 vorchten.   31 vorchten.   32 Seyt.   34 *Wolff*]
gehorte.   39 vleget.   42 warnnen.   47 grosse.   52 Johanns; *fehlt bei*
Chr.

254

in den boumgarten rîten.
nû enwart vrouwen Ênîten
sorge nie mê sô grôz:
der regen ir von den ougen vlôz.
8660 nû was diu stat des mæres vol:
die liute westen alle wol,
als ir ê habet vernomen,
daz ein ritter dar was komen
der sich des ûz hete getân
8665 daz er wolde bestân
den in dem boumgarten.
des muoste gewarten
der künec Îvreins von Brandigân.
ouch enwolden hinder im niht bestân
8670 sîne burgære:
diu burc beleip liute lære
âne die trûrigen schar,
diu beleip dar ûfe gar,
wan den was sô leide geschehen
8675 daz si des niht wolden sehen
daz si beswârte mêre.
von al ir herzesêre
was doch diz ir meistiu nôt
daz ir niht ruochte der tôt.
8680 nû wâren die gazzen in der stat
und diu dach gar besat
von den liuten die des biten
wenne er kæme geriten.
enmitten reit Êrec
8685 nider jenen burcwec
der in zem boumgarten truoc.
nû hôrte er untrôstes genuoc
und ir stille liezen.
die liute im niht gehiezen
8690 baz oder dehein senfter nôt,
wan daz im gewis wære der tôt.

57 ward der frawen.   58 sorgen.   68 Iuranis.   69 wolte.   77 allen.
79 gerůchte.   80 Nu.   83 Wann er kam.   86 zu dem.   90 senffte.

des begunden si sô vil gesagen,
und wolde er immer verzagen
von bœsen geheizen, von starker drô,
8695 sô wære er verzaget dô.
diz vernam er vür ein spil
und enahtez lützel noch vil.
    ob uns daz buoch niht liuget,
sô was alsô erziuget
8700 der selbe boumgarte,
daz es uns mac wundern harte,
witzige unde tumbe.
ich sage iu daz dar umbe
weder mûre noch grabe engie
8705 noch in dehein zûn umbevie,
weder wazzer noch hac,
noch iht daz man begrîfen mac.
dâ gienc alumbe ein eben ban
und enkunde doch dehein man
8710 dar in gân noch gerîten,
niuwan ze einer sîten,
an einer vil verholnen stat.
dâ gienc ein engez phat:
daz enweste der liute niht vil.
8715 swer ouch zuo dem selben zil
von geschihte in kam,
der vant dâ swes in gezam
von wünneclîcher ahte,
boume maneger slahte,
8720 die einhalp obez bâren
und andersît wâren
mit wünneclîcher blüete:
ouch vreute im daz gemüete
der vogele süezer dôz.
8725 ouch enstuont dâ diu erde niht blôz
gegen einer hande breit,

---

92 zesagen.   **94** vnd von starcher.   **97** achte darauf.   **98** Ob.   **8701** es
fehlt.   **3** iu *fehlt.*   **4** gie.   **8** ban] an.   **9** kunde.   **11** nun.   **14** westen.
16 geschichten.   **19** die paům.   **21** an der seite.   **25** stúnd.

diu enwære mit bluomen bespreit,
die missevar wâren
und süezen smac bâren.
8730   hie was der wâz alsô guot
von dem obeze und von der bluot
und der vogele widerstrît
den si uopten ze aller zît
und selh diu ougenweide,
8735 swer mit herzeleide
wære bevangen,
kæme er dar in gegangen,
er müeste ir dâ vergezzen.   47ᵛᶜ
des obezes mohte man ezzen
8740 swie vil oder swâ er wolde:
er muoste unde solde
daz ander dâ belîben lân.
ez was dar umbe alsô getân,
ez enmohte niemen ûz getragen.
8745 hœret ir iht gerne sagen
wâ mite der boumgarte
beslozzen wære sô harte?
ich weiz wol daz unmanec man
den list ze disen zîten kan
8750 dâ mite diz was getân.
man sach ein wolken drumbe gân
dâ niemen durch mohte komen,
wan als ir habet dâ vernomen.
    nû reit der wirt selbe vor in
8755 gegen dem boumgarten hin,
daz er in wîste an die stat
zuo dem ritter als Êrec bat,
ze dem verholnen bürgetor.
hie beleip daz volc allez vor
8760 âne vrouwen Ênîten.

27 ware. *Bech*] zerprait.   **29** geschmach geparen.   **30 H**ie, nû *Leitzmann nach Haupt aufgrund von* nie, *eines Fehlers in Haupts Abschrift von A.*
39 obes.   **44** mochte.   **48** ICH.   **53** da hab.   **54** der selbe wirt.
55 dem *Leitzmann 155*] dem selben.   **56** *Bech*] beweyste.   **58** hin ze.
vorholen.   **59** daruor.   **60** die fraw̄en.

ouch muoste mite rîten
Guivreiz der herre:
ir menige wart niht merre
niuwan dise viere.
8765 nû kâmen si vil schiere
daz si daz begunden ane sehen
des si von schulden muosten jehen
ez wære ein seltsæne dinc.
hie was gestalt ein wîter rinc
8770 von eichînen stecken.
des wunderte Êrecken.
ir iegelîch was sus bedaht,
ein mannes houbet drûf gestaht,
wan einer der was lære.
8775 wâ von daz wære?
dâ hienc ein grôz horn an.
    Êrec dô vrâgen began
wiez hier umbe wære getân.
›dâ wærez iu bezzer verlân‹,
8780 sprach der wirt zem gaste,
›und mac iuch riuwen vaste
daz ir her komen sît.
iuch hât verleitet iuwer strît.
nû sehet selbe die wârheit
8785 daz ich niht hân misseseit.
ob irz noch geloubet,
sehet, daz sint diu houbet:
diu hât der ritter abe geslagen.
ouch wil ich iu mêre sagen:
8790 der stecke der noch lære stât,
der ist der iuwer gebiten hât,
dâ sol iuwer houbet ûfe stân.
würdet ir aber des erlân
oder dehein ander man
8795 der disem ritter gesigete an,
daz doch niht geschehen mac,

64 nun. **68** was. seltzames. **72** yeglicher. **73** stackt. **80** zu dem.
90 Der Stecken.

258

ez sûmet sich sô manegen tac,
der solde blâsen diz horn,
dar zuo ist ez erkorn,
8800 drîstunt vil lûte,
dâ mite er daz dûte
daz er gesiget hæte.
des êre würde stæte,
unde würde ouch erkant
8805 über elliu disiu lant
vür alle ander man.
waz sol diu rede? dâne ist doch niht an.
ich wæne er iender sî geborn
dem ze blâsen sî geschehen diz horn:
8810 alle ritter die nû sint,
daz ist eht wider in ein wint.
sît daz dûs niht entwesen wilt,
edel ritter, got sî dîn schilt
und müeze dir der sêle phlegen:
8815 dir enmac eht niemen des gewegen,
ez ensî ein ende umbe dînen lîp.‹
    alsô dô daz schœne wîp
dirre vreise war genam
unde dar zuo vernam
8820 disen grôzen untrôst,   48ra
dô wart ir herze belôst
liebes unde vreuden gar,
ob si deheine bræhte dar.
diu kraft ir zuo der varwe entweich,
8825 und wart tôtvar und bleich
und viel vor leide in unmaht.
der liehte tac wart ir ein naht,
wan si gehôrte noch gesach.
swie dicke ir leide geschach,
8830 als ir gebærde verjach,
sô enwart ir herzen ungemach

98 horen. **8801** *Leitzmann 208*] bedeůte. **3** er. **7** da. **8** iender *Bech*]
nyndert. **15** dich mag. **16** ensî *Bech*] sey. **17** Also. **21** ir] sein.
31 ward.

nie ze ir lebenne merre.
der wirt und ir herre
die labeten si dô
8835 und wurden mit ir unvrô.
als si ûf sehen began
und sich widere versan,
Êrec vil manlîchen sprach:
›vrouwe, lât den ungemach,
8840 mîn süeziu Ênîte.
ir weinet ze unzîte.
waz gât iu selher klage nôt?
weder bin ich siech oder tôt?
jâ stân ich bî iu wol gesunt.
8845 ir möhtet beiten an die stunt
daz ir mich sæhet bluotvar
oder mînen schilt zehouwen gar
oder mînen helm verschrôten
und mich dar under tôten.
8850 dannoch hetet ir guote zît.
nû heizet ez doch ein strît
daz under uns sol geschehen.
wem noch des siges werde gejehen,
desn hân wir dehein gewisheit.
8855 ouch ist mir daz vür wâr geseit,
got sî als guot als er ie was.
hei wie dicke er noch genas
dem er genædic wolde wesen!
wil er, sô trûwe ich wol genesen.
8860 iuwer weinen ist mir swære:
und westet ir wie mir wære,
sô endörftet ir niht sô sêre klagen,
wan ich wil iu zewâre sagen,
hæte ich aller manheit
8865 niender eines hâres breit,
wan der die ich von iu hân,

---

32 ze ir lebenne *Lachmann*] zeit lebende.   **36** ûf *fehlt*.   **39** la dein.
45 mǒchten. ǔntz an.   **53** beiehñ.   **54** des.   **56** noch als gǔt.   **60–65** *und*
68–71 *im FvS 6401–10.*   **62** dörfftend A.   **63** iu *fehlt* A.   úch sagen *FvS*.

mir enmöhte nimmer missegân.
swenne mich der muot iuwer ermant,
sôst sigesælic mîn hant
8870 wan iuwer guote minne
die sterkent mîne sinne,
daz mir den vil langen tac
niht widere gewesen mac.‹
hie muoste er sich scheiden
8875 von sînen gesellen beiden
und eine rîten vürbaz.
vil sêre muote si daz
und hâten sorcsamen muot,
Ênîte und der künec guot,
8880 umbe den herren Êrecken.
in wîste vür die stecken
der wirt selbe mit der hant
ûf einen stîc den er dâ vant:
der was grasic und niht breit.
8885 si beliben alle, er eine reit.
ich enweiz wie ez im ergie:
ez enwas eht ritter nie
mê geuntrœstet dan er wart.
er vuor ein angestlîche vart.
8890 des trûrte sîn geselleschaft.
nû bewar eht in diu gotes kraft,
daz im der lîp belîbe:
des helfet sînem wîbe
durch got biten alle,
8895 daz im der sige gevalle.
hin reit der künec Êrec
eine den grasigen wec
wol drîer rosseloufe lanc
durch bluomen und durch vogelsanc
8900 in jenen boumgarten vort.
nû sach er vor im dort

67 mŏchte. **68** ermant *A FvS*, mant *Leitzmann nach Wesle*. **74** Hie.
76 ainig. **85** ainig. **87** was. me nie. **88** mê geuntrœstet *Wackernagel*]
nie getrŏstet. **94** durch *Wesle*] vmb. **96** hin *Bech 467*] Hie. **97** ainig.
99 vogl gesang. **8900** in einen.

eine pavelûne stân,   48rb
rîch unde wol getân,
beide hôch unde wît,
8905 zweier slahte samît,
von strichen swarz unde wîz
und gemâl en allen vlîz.
dâ stuonden entworfen an
beide wîp unde man,
8910 und die vogele sam si vlügen,
doch si die liute dar an trügen,
diu tier wilde unde zam,
ob iegelîchem sîn nam,
diu bilde von golde.
8915 daz der knoph wesen solde,
daz was ein wol geworht ar,
von golde durchslagen gar.
si was gespannen überz gras.
an dirre pavelûne was
8920 êre und gevüere.
dise zeltsnüere
wâren sîdîn garwe
und niht von einer varwe,
rôt grüene wîz gel
8925 brûn, geworht sinewel.
      hie under er gesitzen sach
ein wîp, als im sîn herze jach,
daz er bî sînen zîten
âne vrouwen Ênîten
8930 nie dehein schœner hete gesehen.
wan der muoste man eht jehen
daz ir wünneclîcher lîp
geprîset wære über elliu wîp
diu dô wâren oder noch sint.
8935 Ênîte was des Wunsches kint,
der an ir nihtes vergaz.
diu vrouwe diu nû hie saz

2 ein Pauilun.   7 mit allem.   10 vogele *fehlt.*   18 über das.
19 Pauilune.   26 Hieunder.   29 die fraw.

262

was vil schône gekleit.
ane hâte si geleit
8940 einen mantel hermîn:
dâ hete si sich gevangen în.
daz dach ein rîcher samît was,
var als ein brûnez glas,
vil wol gezobelt vür die hant.
8945 ein wimpel ir hâr zesamene bant.
welh ir roc wære?
des vrâget ir kameræere:
ich gesach in weizgot nie,
wan ich niht dicke vür si gie.
8950 ouch enmohte es Êrec niht gesehen:
daz muoste dâ von geschehen
daz dâ vor alumbe hie
der mantel dâ si sich in vie.
daz bette dâ si ûfe saz,
8955 wol erziuget was daz:
die stollen grôz silberîn,
von guotem gewürhte der schîn.
    dô er si dâ sach sitzen,
mit zühteclîchen witzen
8960 sô erbeizete der gast.
sîn ros bant er an einen ast.
an den stam leinte er
beide schilt unde sper.
sînen helm er abe bant
8965 und sturzte in ûf des schiltes rant.
des hüetelîns wart sîn houbet blôz,
wan sîn zuht was vil grôz.
alsô gienc er vür si stân.
daz wære ir lieber verlân,
8970 wan si vorhte irz gewerren.
doch gruozte si den herren,
wan sis diu gewonheit niht erlie.

40/41 *Müller 138 Bech Scholz*] harmlin : gefanngen Inn, hermîn langen : in
gevangen *Lachmann und die übr.*   42 dach] doch.   50 mocht es *A Blosen
69 nach Haupt,* enmohte si *Leitzmann.*   52 vor] für.   54 D̄itz.
57 geworchte.   67 ward.   72 niht *fehlt.*

mit selhen worten si in emphie:
›herre, ich gruozte iuch gerne wol,
8975 wan daz nieman dem andern sol
bieten ungetriuwen gruoz.
wan daz iu sol unde muoz
schade und laster hie geschehen,
sô hæte ich gerne iuch gesehen.
8980 wes rât hât iuch her brâht?
oder habet ir iuz selbe erdâht
durch iuwers herzen gelust?
sô traget ir under iuwer brust
einen ungetriuwen râtgeben,
8985 wan er hât verrâten iu daz leben.
herre, gât durch got von mir stân.
ez muoz iu an den lîp gân,   48ʳᶜ
und ersiht iuch mîn herre:
er ist von uns unverre‹.
8990   ê si die rede getæte
und in gewarnet hæte,
nû gehôrte er eine stimme
starc unde grimme,
diu lûte sam ein horn dôz,
8995 wan im was der drozze grôz,
von dem si gie. diz was ir man.
von ir was er geriten dan,
gewâfent daz im nihtes gebrast
und alsô wol sam der gast,
9000 durch jenen boumgarten,
baneken unde warten
ob er iht ze tuone vunde.
nû ersach er dâ ze stunde
disen gast vor der vrouwen stân
9005 daz dûhte in tœrlîch getân
und wolde im versmâhen,
und begunde gâhen
wider umbe zuo dem vremden man.

74–82 *im FvS 5845–52 und 5869.*   **74** Herre *A.*   **75** den *A.*   dem andern
nieman *FvS.*   **90** Ee.   **94** lautet.   **98** im] ir.   **9006** In.

nû gesach in Êrec dan
9010 rîten von verre.
des boumgarten herre
was lanc unde grôz,
vil nâch risen genôz.
der underwant sich grôzer drô.
9015 sîn ros was grôz unde hô,
starc rôt zundervar.
der varwe was sîn schilt gar:
sîn wâpenroc alsam was,
er selbe rôt, als ich ez las,
9020 gewâfent nâch sînem muote.
ich wæne sîn herze bluote
swenne er niht ze vehtenne vant:
sô mordic was sîn hant.
    nû reit er zuo dem gaste
9025 und gruozte in ein teil vaste,
gelîch einem übelen man.
er sprach: ›valschære, nû sage an,
wer hiez iuch der vrouwen sô nâhen gân?‹
›waz hân ich dar an missetân?‹
9030 ›ez ist eht vil tœrlich.‹
›herre, wes scheltet ir mich?‹
›dâ dunket ir mich der vrouwen ze balt.‹
›herre, ir sprechet iuwern gewalt.‹
›saget, wer brâhte iuch her?‹
9035 ›guote vriunt.‹ ›nû saget doch, wer?‹
›mîn herze und mîn selbes muot.‹
›dâ enriet ez iu dehein guot.‹
›ez hât mich noch gewîset wol.‹
›daz endet sich hie.‹ ›ez ensol.‹
9040 ›zwiu sihe ich iuch gewâfent sîn?‹
›herre, dâst der harnasch mîn.‹
›wiltû vehten wider mich?‹
›welt dan ir, sô wil ouch ich.‹
›wes ist dir, tumber gouch, gedâht?‹

19 selber. 24 Nu. 27 valscher. 31 *Bech*] warumb. 32 der frawen ze
bald, ze balt *Leitzmann nach Haupt.* 37 kain. 40 Warumb.

265

9045   ›des werdet ir wol innen brâht.‹
        ›ez wirt dir ein vil leidez spil.‹
        ›irn sprechet niht: ob got wil.‹
        ›wie versmâhet dir mîn rede sô?‹
        ›ich enahte niht ûf iuwer drô
9050   und wil si wol genôzen
        zwein bergen grôzen.
        die swuoren bî ir sinnen
        daz si wolden gewinnen
        in selben ein gezæmez kint,
9055   ein grôzez, als ouch si dâ sint.
        dô verhancte des got
        daz ez wart der liute spot,
        und gebâren eine veltmûs.
        ouch sint verbrunnen grôziu hûs
9060   von wênigem viure.
        in ist daz ellen tiure,
        die sô grimmeclîch wellent sîn.
        daz selbe sol hie werden schîn.
        ê wir uns hiute scheiden,
9065   unser einem oder uns beiden
        ist daz giuden gar gelegen.‹
        ›jâ, des wil ich dir verphlegen‹,
        alsô jach der rôte man.
        mit dirre rede schiet Êrec dan.
9070   vil drâte er hin wider gie
        dâ er sîn ros stânde lie.
        sinen helm er ûfe bant   48va
        und bereite sich zehant.
        ûf sîn ros er drâte saz.
9075   der ander des ouch niht vergaz,
        ern bereite sich alsam.
        ir ietweder den schilt nam
        und lîmte in an sich vaste.
        dem wirte und dem gaste

---

47 Ir.   **49** achte doch nicht.   **52** schwern.   **59** sein.   **62** grimmelich,
gremelîch *Leitzmann nach Bartsch bei Bech*, griulîch *Lachmann*.   **67** Ia.
68 jach *Leitzmann 221*] sprach.   **76** Er.   **78** *Bech*] lainte. in *fehlt*.

9080 begunden schenkel vliegen.
si erzeicten âne triegen
einen grimmeclîchen zorn.
diu ros si nâmen mit den sporn
und liezen zesamene strîchen
9085 vil genendeclîchen
von aller ir krefte.
die eschînen schefte
wurden dô geneiget
und in diu vart erzeiget
9090 zen vier nageln gegen der hant.
ir mezzen wart dô wol bewant,
wan si gerieten beide:
hie wart diu sperweide
vor dem lîbe durch gesant
9095 durch beide schilte unz an die hant.
die starken schefte ganz beliben,
swie sêre si würden dar getriben.
wider zugen si diu sper
in manlîcher ger
9100 und riten von ein ander dan,
die zwêne gelîch gemuote man,
durch tjostieren mêre.
diu ros wurden aber sêre
und vaste mit den sporn gemant
9105 und wider zesamene gesant.
hie huop sich herzeminne
nâch starkem gewinne.
si minneten sunder bette:
diu minne stuont ze wette,
9110 sweder nider gelæge,
dem wart der tôt wæge.
mit scheften si sich kusten
durch schilte zuo den brusten
mit selher minnekrefte

---

80 die Schinckl.   **84–89** *und* **92–95** *im FvS 6133–40.*   **85** *Müller*]
vngnedikleichen *A*, nidigclichen *FvS*.   **90** Zu den.   vier *fehlt.*   **92** *Müller*]
geraichtñ *A*.   **9110** welher.   **12** mit den.   **13** durch die.

267

9115 daz die eschînen schefte
kleine unz an die hant zekluben
und daz die spiltern ûfe stuben.
mit der manne laste
kâmen diu ros sô vaste
9120 zesamene gestôzen
daz den kamphgenôzen
wurden ir houbet
vil sêre betoubet
und daz diu ros gelîche
9125 an daz ertrîche
hinder sich gesâzen.
die zoume wurden lâzen,
und erbeizten zuo der erde.
got herre, nû gewerde
9130 des künec Êreckes phlegen!
wan er bestât einen degen
der hât ellen unde kraft:
des bin ich umbe in angesthaft.
nû schieden si beide
9135 diu swert von der scheide
und wurfen si umbe in der hant.
hie gienc ez über der schilte rant
dô si zesamene trâten.
die grimmen slege si tâten.
9140 die schilte buten si dar:
die wurden ouch alsô gar
unz anz gestelle zeslagen,
daz si ir niht mêre getragen
vor den armen mohten
9145 und in ze wer niht tohten.
dô wurfen si die von der hant.
nû schirmte in daz îsengewant
vor dem tôde dicke.
die heizen viures blicke

---

17 die spiltern *Müller 138*] spilten.   **21** den *fehlt.*   **28–52** *und* **56–59** *im FvS 6141–70.*   **28** erden *A.*   **29** *Bech*] werden *A.*   **38** dô] daz *A*, Da *FvS.*
42 an das gestelle *A*, an den vessel *FvS.*   **48** vor *FvS*] von *A.*

268

9150 vrumten diu wâfen
swâ si ein ander trâfen.
hie ergie sô manec grimmer slac
daz die werlt wol wundern mac
von helmen und von swerten
9155 daz si ez erwerten.
vil ofte kam ez dar an   48vb
daz der harte grôze man
den minnern vor im dan sluoc
vaste und verre genuoc:
9160 sô sluoc in aber Êrec
her widere den selben wec.
der kêre si sô vil tâten
unz daz si gar vertrâten
beide bluomen unde gras,
9165 daz dâ niht grüeners was
dan umbe mitte winterzît.
alsô werte dirre strît
von morgen unz nâch mittem tage.
›geselle Hartman, nû sage,
9170 wie erwerte inz der lîp?‹
die kraft gâben in ir wîp.
diu dâ gegenwürtic saz,
diu geschuof ir manne daz:
ob im dehein zwîvel geschach,
9175 swenne er si wider ane sach,
ir schœne gap im niuwe kraft,
sô daz er unzagehaft
sîne sterke wider gewan
und vaht als ein geruoweter man.
9180 des enmohte er niht verzagen.
sô wil ich iu von Êrecke sagen:
Êrec, ze swelhen zîten
er gedâhte an vrouwen Ênîten,
sô starcten im ir minne

56 Vil A.   **57** harte *fehlt* A.   **65** grüener.   **66** mitten.   **69** Hartman
Lachmann] *fehlt.*   **73** diu] da.   daz] bas.   **75** dann wider.
79 *Lachmann*] gearbetter.   **81** Erecken.   **82** Ereck.

9185 sîn herze und ouch die sinne,
daz er ouch mit niuwer maht
nâch manlîcher tiure vaht.
dô si diz lange genuoc getriben
und beide swert ganz beliben,
9190 dô gedâhte der grôze dar an:
›mirst zorn daz dirre kleine man
alsô lange vor mir wert.‹
mit grimme begreif er daz swert
und gedâhte eht vellen
9195 sînen kamphgesellen.
er warf ez umbe in der hant:
der vil michel vâlant
in kunde niht erbarmen:
sîn herze gap den armen
9200 krefteclîcher sterke genuoc.
mit guotem willen er ez sluoc:
ûf den helm er in erriet,
dâ die swarte daz mittel schiet,
und sluoc ez alsô vaste
9205 daz von dem slage erglaste
ein breitiu vlamme viurîn,
daz daz viur möhte sîn
gevangen mit einem schoube.
got lône im derz geloube,
9210 wan ich niht drumbe geswern mac.
dirre grimmeclîche slac
Êrecke in sîn houbet erschal,
daz er vil kûme meit den val.
sîniu ôren und diu ougen
9215 begunden ir ambtes lougen,
daz er gehôrte noch gesach.
wan daz daz swert enzwei brach,
ez wære gewesen sîn ende.

87 mannlichait.   **88** *Bech*] triben.   **89** beide swert] baid, beide *Leitzmann nach Haupt.*   **91** mir tût zorn.   **92** vor mir lannge.   **98** *Haupt*] en kunde sich erparmen A *Leitzmann.*   **9203** *Bech*] da das schwert die mittl.   **7** daz ditz.   **11** schlage.   **12** Erecken.   **14** Seine.   **16** daz er weder.   **17** ditz schwert.

vil schiere der ellende
9220 sîne kraft herwider gewan,
daz er gesach und sich versan
und gehôrte alsam ouch ê.
schade und schame tete im wê,
daz sîn ie dehein man
9225 selhe oberhant gewan.
daz er von sîner meisterschaft
in sô grôze unkraft
sînes lîbes was komen,
des wart râche hie genomen.
9230 der gedanc an sîn schœne wîp
der kreftigete im den lîp.
sînen schaden begunde er anden   48^{vc}
und gap ze beiden handen
daz swert mit grimmen muote
9235 und vaht im nâch dem bluote
ûf daz herte stahelwerc.
doch er wider in schine ein berc,
dô eht im der wer zeran,
dô muoste er vor im dan
9240 sînen slegen entwîchen.
daz tete er unlasterlîchen.
wan ich weiz benamen daz
und deheine sache baz,
er enwære vergebene sô niht gebert,
9245 er enhæte sich gewert,
wære im daz swert ganz beliben.
alsus wart er getriben
mit gewalte von dem gaste.
Êrec begunde eht vaste
9250 rechen den grôzen slac.
er ensluoc niht sam er ê phlac,
sîn slege wâren grimmeclîch,
zagen slegen ungelîch.

20 *Leitzmann 220*] er wider.   **21** sich wider.   **31** krefftig.   **44** wăr.   so
nicht, niht *Leitzmann nach Haupt.*   **45** hette.   **47** sŭnst.   **50** regken.
51 slŭg.   ê *fehlt.*

er gap slac umbe slac,
9255 daz slac neben slage lac.
sus berte er daz îsengewant
unz im daz swert vor der hant
von den slegen erglüete
und daz im sîn güete
9260 umbe die ecke vaste entweich.
sîn brûniu varwe diu wart bleich
und muoste bresten sam jenes ê.
nû waz welt ir daz er tuo mê?
daz im sîn in der hant beleip,
9265 dâ mite warf er den er dâ treip
ûf sîne brust sô vaste
daz jener von dem laste
vil nâch gestrûchet was
und gevallen ûf daz gras.
9270   iedoch gestuont der vâlant
und gesach im îtel die hant
und daz swert zebrochen.
›nû wirde ich wol gerochen‹
gedâhte im der rôte man.
9275 mit grimme lief er in an
und wolde in allen gâhen
in vaste zuo im vâhen,
ûf heben unde stôzen
mit sînen kreften grôzen,
9280 daz er aller zevüere.
nû hete ouch ze sînem gevüere
Êrec in sîner kintheit
ze Engellande, sam man seit,
vil wol gelernet ringen
9285 ze andern behenden dingen.
ouch half in daz man îsengewant
vil müelîchen mit der hant
an dem manne mac begrîfen.
des begunde er im entslîfen,

54 *Wackernagel*] vmb seinen slag.   **55** neben *Lachmann*] gegen.
70 Yedoch.   **77** in *fehlt.*   **79** krefft.

9290 daz sîn wille niht ergie.
vor in die gürtel er in vie,
unden er sich von im bôt:
dô was dem andern dar zuo nôt
daz er in zuo im vienge,
9295 doch des niht ergienge.
Êrec sîn kraft erzeicte.
als sich jener neicte,
dô sazte er sîn ahselbein
daz ez an jenes brüsten schein,
9300 sô daz er in niht zuo im liez.
vil vaste er in von im stiez
unde zuhte in wider dan
sô gâhes daz der michel man
sîgen begunde.
9305 von swære er niht enkunde
sich erholn, ern suochte die erde.
hie beviel in der werde,
Êrec der wunderære
machete im sô swære
9310 als eht in wol luste.
er kniete im ûf die bruste
und gap im sô manegen stôz
daz jenen lebennes verdrôz
der dâ under im lac: 49ra
9315 aller wer er gar verphlac.
als er zwîveln began,
dô bat im der rôte man
den minnern einen vride geben.
er sprach: ›ritter, lât mich leben
9320 eine wênige stunt
und nemt mir danne den gesunt.‹
›welt ir mir des siges jehen?‹
›des enmac noch niht geschehen.‹
›waz ist danne daz ir welt?‹

96 Ereck. **99** erschain. **9302/3** vnnd zugkte In so gähes wider dan · daz
der michel man ·. **6** er. **9** *Bech 468*] In. **13** des lebens. **16** Als.
17 In. **18** zu geben. **19** last. **22** mir dann *A Haupt.* **23** desselben
mag.

273

9325 ›edel ritter, dâ twelt
     unde saget mir wer ir sît.‹
     sus antwurte der obene lît:
     ›daz habet ir selten ê gesehen,
     ouch ensolz mir niht geschehen:
9330 wan dâ ergienge ein wunder an,
     swenne sich der ober man
     müeste dem undern ergeben.
     welt ir eine wîle leben,
     sô volget guotem râte
9335 und saget mir vil drâte
     von wanne ir sît oder wer,
     und dar zuo swes ich vürbaz ger.‹
          sus antwurte im der rôte man:
     ›iuch triuget diu rede, wan dâst niht an.
9340 swie ir mir habet an gesiget
     und mit gewalte obe liget,
     ich wil ê werden erslagen,
     ir enmüezet mir sagen
     wer ir sît oder welher hande.
9345 jâ mac mir disiu schande
     von selhem manne sîn geschehen
     dem nimmer siges wirt gejehen
     und daz ich mich ê tœten lân.
     hâtz ein unadels man getân,
9350 sô enwolde ich durch niemen leben.
     hât aber ez mir got gegeben
     daz irs wert von gebürte sît,
     sô geruochet lâzen den strît,
     wan sô tuon ich iu sicherheit
9355 daz ich gerne bin bereit
     allem iuwerm gebote.
     ich man iuch verre bî gote
     iuwer triuwe, und wizzet dâ bî,
     ob des niht ensî,

27 antwürtet. **29** sol es. **31** obrer. **36** von wannen. **38** Sůnst.
43 můest. **47** ymmer des siges. **49** unadels man *Lachmann Benecke*]
vnaldes. **50** wolt. **55** des. **56** allain. **58** auf ewr.

274

9360 daz ir mîn leben endet,
wan sô bin ich geschendet.
mich bedunket des vil verre
daz mir daz minner werre
ob ich mit êren sterbe
9365 dan an êren verderbe.‹
des antwurte im der guote
mit lachendem muote:
›ich wil mich lâzen twingen
vil gerne an disen dingen.
9370 dochz wider dem site sî getân,
sô wil ich iuchz wizzen lân:
mîn vater ist ein künec rîch,
mîn muoter wol sîn gelîch,
über Destrigâles lant,
9375 Êrec bin ich genant.‹
›sol ich des gewis wesen?‹
›jâ ir.‹ ›sô lât mich genesen
und nemet mîne sicherheit.
sehet, der bin ich iu bereit:
9380 sô muget ir dienest von mir hân,
des iu sus muoz abe gân,
ob ich von iu wirde erslagen.
ich wil iu mînen namen sagen.
Mâbonagrîn heize ich.‹
9385 Êrec erbarmte sich,
alsô daz er in leben lie.
als er die sicherheit emphie,
nû half er im ûf bî der hant.
ir ietweder enbant
9390 des andern wâfenriemen,
wan in half ander niemen,   49ʳᵇ
und entwâfenten ir houbet.
hie wurden si beroubet
hazlîches muotes:

60 ir *Haupt*] Ir, hie *Bech die übr.*   **61** wan] Wo.   **65** an den.   **66 D**es.
70 site *fehlt.*   **82** wurde.   **84** Mabonagrim; *vgl. Chr. 6132 und Varianten.*
91 annders.

275

9395 êren unde guotes
gunden si ein ander wol,
als ein geselleschaft sol.
si sâzen zesamene ûf daz gras,
wan ir ietweder was
9400 vil müede von dem strîte.
nû redeten si zuo der zîte
vil und maneger slahte
von ietwederes ahte
und daz in ensamt geschach.
9405 der künec Êrec dô sprach:
›iuwer dinc ich wol vernomen hân,
daz hie der künec von Brandigân,
der wirt, ist iuwer œheim.
ez enist iuwer dinge dehein,
9410 ich enhabes etewaz vernomen
und ensî es an ein ende komen
wie ez umbe iuch sî gewant.
wan ein dinc ist mir unerkant:
sô lange ir hinne gewesen sît,
9415 saget, wie vertribet ir die zît,
iu enwære mê der liute bî?
swie wünneclîch eht hinne sî
und swie deheiner slahte guot
sô sêre ringe den muot
9420 sô dâ liep bî liebe lît,
als ir und iuwer wîp sît,
sô sol man wærlîchen
den wîben doch entwîchen
ze etelîcher stunde.
9425 ich hân ez ûz ir munde
heimlîchen vernomen
daz hin varn und wider komen
âne ir haz mac geschehen.
swie sis niht offenlîche jehen,
9430 si wellent daz man in niuwe sî

9401 den zeiten. **9** ist. **10** habe es. **11** sey. **16** were. **20** dâ] daz.
29 Sy des.

und niht ze allen zîten bî.
ouch zæme disiu vrouwe baz,
diu disiu jâr hinne saz,
under anderen wîben.
9435 wie ir mohtet belîben
ein alsô wætlîcher man,
wie mich des niht verwundern kan!
wan bî den liuten ist sô guot.
nû weder habet ir disen muot
9440 von iemannes gebote?
oder welt irs lôn haben von gote?
oder sult ir immer hinne sîn?‹
    des antwurte im Mâbonagrîn:
›ich wil iu des ein ende geben.
9445 ich enhân mir diz leben
von deheinem vrîen muote erkorn,
wan er nie wart geborn
der liute gerner sæhe.
nû loset durch welhe spæhe
9450 ich mir daz selbe leben erkôs.
ich enwolde werden triuwelôs,
sô muoste ich ez behalten
und solde ich hinne alten,
mir enschüefe sîn got rât,
9455 als er von sînen genâden hât.
hiute nimt ez ende,
ein teil mit missewende,
daz ich lîhte sol verklagen.
herre, nû wil ich iu sagen
9460 wem ich umbe diz leben
mîne triuwe hân gegeben.
    ez kam alsô daz ich gereit
hie vor in mîner kintheit
von hinnen in ein ander lant,
9465 dâ ich dise vrouwen vant

32 diser frawen.   35 mŭgt.   36 wagklicher.   43 im · Mabonabrin ·.
45 habe.   49 los.   51 wolt dann.   53 ich *Wackernagel*] *fehlt.* hierynne.
60 Wenn.   62 ez] ICH; I *vorgeschrieben, Lombarde nicht ausgeführt.*
63 hie beuor.

277

in ir muoter gewalt,
ein kint wol einlif jâr alt,
von edelem künne:
ouch ensach ich grœzer wünne
9470 nie an kindes lîbe
von manne noch von wîbe,   49^{rc}
als mir mîn sin dô verjach.
und dô si mîn ouge ersach
sô edel und sô wünneclich,
9475 dô nam si mîn herze an sich,
wan wir dô beide wâren
junc von gelîchen jâren.
zehant ich umbe ir minne warp.
der selbe gewerp ouch niht verdarp,
9480 wande si mit mir entran.
als ich si dô brâhte dan
ûf diz selbe hûs her heim,
dô enwolde mir mîn œheim
des niht langer bîten,
9485 ich ennæme swert ze den zîten.
        dô nam ich swert hier inne.
als dô mîn vriundinne
und ich ze tische sâzen,
dô wir wol halp gâzen,
9490 dô begreif si mich sus verre.
si sprach: ›gedenket, lieber herre,
waz ich durch iuch habe getân‹
und bat si des geniezen lân.
vil tiure wart ich gemant,
9495 und hiez mich loben an ir hant
ze leisten swes si bæte.
des lobete ich ir stæte,
als mich eht diu liebe twanc:
ouch enhete ich des deheinen gedanc

67 aindlif. **69** gesach ich nye. **70** nie *fehlt.* **73** dô *fehlt.* **76** dô] die.
83 wolt. **84/85** *Müller 140 Bech Scholz*] peiten : ich nam das schwert zu
denselben zeiten, beiten : ich enmüeste swert leiten *Lachmann die übr.*
86 Da. hie/rynne, hie inne *Leitzmann nach Haupt.* **93** ze lan. **97** gelobt.
99 het.

9500 daz si mich ihtes bæte
wan daz ich sanfte tæte.

doch wære si gewert
swes si hæte gegert,
swaz ich bringen möhte
9505 und mir ze tuone töhte,
und tuon noch swes si gert ze mir.
des selben bin ich gewis an ir.
swaz si wil daz wil ouch ich,
und swaz ich wil des wert si mich.
9510 wie möhte diu geselleschaft
hân deheine lieber kraft
under manne und wîbe?
die niuwan mit dem lîbe
schînent gesellen guot,
9515 und dâ sich scheidet sô ir muot
daz daz eine lützel oder vil
gert des daz ander niht wil,
daz diu ungevuoge geschiht,
des enist under uns zwein niht.
9520 von hiute über hundert jâr
gewancte ichs nimmer umbe ein hâr,
ir wille ensî mîn bestez heil,
wan daz ist der meiste teil
rehter vreude die ich hân,
9525 swâ ich iht des mac begân
dâ ir wille an geschiht:
des selben wenket si mir niht.
von diu swenne ich niht tæte
gerne swie si bæte,
9530 dâ missetæte ich an mir
michels harter dan an ir.
und als diu sicherheit ergie,
von vreuden si mich umbevie.

9503 begert.　**6** begert.　**9** gewert.　　**11** dhain lieber, deheiner liebe
Leitzmann nach Haupt aufgrund eines Fehlers in Haupts Abschrift von A.
13 die niuwan] da nun, diu niuwan *Leitzmann nach Haupt.*　　**14** scheinet.
17 begert.　**19** des *Baesecke*] das. ist.　**21** ich des.　**22** sey.　**28** von
diu] vmb des.　**30** damit. mir] Ir.　**31** ir] mir.

si sprach: ›wol mir daz ich lebe
9535 alsô wünneclîcher gebe
der mich got hât gewert.
allez des mîn herze gert,
daz hân ich umbevangen.
ez ist mir wol ergangen.
9540 ouch wil ich mich vermezzen,
wir haben hie besezzen
daz ander paradîse.
die selben stat ich prîse
vür alle boumgarten.
9545 als ir selbe muget warten,
hiest inne michel wünne
von aller vogele künne
und von missevarwer bluot:
hie wære daz wesen inne guot.‹
9550 si sprach: ›hie wil ich inne   49ᵛᵃ
mich nieten iuwer minne.
diz ist diu gâbe der ich bite:
hie beherte ich wol mite
daz ich iuwer müge belîben
9555 âne angest vor andern wîben:
daz ir hier inne mit mir sît,
wir zwei, unz an die zît
daz iu hier inne ein man
gesige alters eine an,
9560 alsô daz ez vor mir geschehe,
daz ich die wârheit selbe sehe.‹
nû war umbe tete si daz?
daz wil ich iu bescheiden baz.
des enhâte si deheinen wân
9565 daz ez immer möhte ergân
oder man in iender vunde
der mich überwunde.
sô rehte tiure dûhte ich sî.

---

37 begert.   **43** desselben.   **49** inne] aine vil.   **50** Sy.   **56** hieryññ, hie
inne *Leitzmann nach Haupt.*   **58** hieryñ, hie inne *Leitzmann nach Haupt.*
64 het.   **66** oder *Wolff*] oder daz.

ouch bin ichs noch gewesen vrî
9570 unze hiute an disen tac,
daz ich vil wol erziugen mac,
ob irz niht wol geloubet.
sehet eht ir diu houbet?
diu hân ich elliu abe geslagen.
9575 ouch wil ich iu mêre sagen:
der stecke der dâ læere stât,
daz er niht houbetes ûf hât,
und dâ daz horn hanget an,
der beitet eines niuwen man:
9580 den solde ich mit iu hân bestat
und iuwer houbet drûf gesat.
des hât uns beide got erlân.
ich wæne hiute erworben hân
ein schadelôse schande,
9585 sît mich von disem bande
hât erlœset iuwer hant.
got der hât iuch her gesant.
hiute ist mînes kumbers zil:
nû var ich ûz und swar ich wil.
9590   und sî iu daz vür wâr geseit:
ir sît ze grôzer sælikeit
disem hove her komen,
wan mit mir was im benomen
elliu sîn wünne gar
9595 und was eht schœner vreuden bar.
sît daz in mîn abe gie
sô enwart eht hie nie
deheiner slahte spil erhaben:
durch daz in lebende was begraben
9600 mîn jugent unde mîn geburt,
sô ist eht Joie de la curt
genzlîchen nider gelegen.
nû suln si ir aber phlegen,
wan nû hânt si wider ir trôst.

79 peitet; *vgl. Leitzmann 215.*   **90** Vnd.   **97** ward.   **99** lebender.
9601 Loiede Illecurt.   **3** si ir] wir.

9605 ez hât von michelm sêre erlôst
iuwer ellenthaftiu hant
diz vil riuwige lant
und gar ze vreude gekêret:
des sît ir immer gêret.
9610 herre, nû sult ir ûf stân
unde vrœlîchen gân
blâsen daz selbe horn,
wan daz ist dar zuo erkorn,
ob mich iemen überwunde,
9615 daz erz dâ ze stunde
dâ mite tæte den liuten kunt
daz erz bliese drîstunt.
daz ist dâ nû gehangen,
unz michs mac belangen,
9620 ungeblâsen manegen tac,
daz ich dises heimuotes phlac.‹
nû nam erz abe dem stecken
und bat ez Êrecken
blâsen. dâ ze stunde
9625 sazte erz ze munde.
vil michel wart der horndôz,
wan ez was lanc unde grôz.
als si dô über al   49ᵛᵇ
hôrten disen hornschal,
9630 die vor dem boumgarten
des siges solden warten,
nû sâhen si alle ein ander an,
wan dâ was dehein man,
der des hete deheinen wân
9635 daz ez sus wære ergân
daz der ritter Mâbonagrîn
solde überwunden sîn,
und rieten die burgære
daz ez ein trüge wære,

5 michel.   **7** rewiges.   **8** freǔden.   **10 H**erre.   **15** er.   **17** er.
21 hayma(t)s.   **28 A**ls.   **32** an einander an.   **36** Mabonagrim.
39 getrǔgnus.

282

9640 unz inz Êrec anderstunt
mit dem horne tete kunt,
und dô zem dritten mâle.
nû wart âne twâle
wider dem alten site getân.
9645 der künec Îvreins von Brandigân
der nam vrouwen Ênîten
und vuorte si besîten
ze jenem boumgarten in.
daz enweste niemen dâ âne in
9650 wâ man in solde komen,
daz geleite enwære von im genomen.
nû îlten si alle
mit vrœlîchem schalle
dâ si die herren sâhen an.
9655 hie wurden dise zwêne man,
Êrec und Mâbonagrîn,
von aller dirre menigîn
schône gesalûieret
und der tac gezieret
9660 mit vrôem wîcsange.
dâ wider und in lange
daz herze was getrüebet,
sô wart nû vreude güebet
und Êrec schône gêret,
9665 sîn prîs wol gemêret.
si riefen dâ ze stunde
mit gelîchem munde
beide man unde wîp:
›ritter, gêret sî dîn lîp!
9670 mit sælden müezest immer leben!
got hât dich uns ze trôste gegeben
und in daz lant gewîset.
wis gevreuwet und geprîset,
aller ritter êre!

40 an der stünd. 42 zu dem. 43 wale. 44 siten. 45 Iuranis. 46 die
fraẅen. 49 wiszte. 51 enwære *Bech*] ward. 56 Mabonagrim.
58 gesalutieret. 60 mit from wich gesange. 66 rueften. 70 müessestu.
73 wis] pis.

283

9675 jâ hât dich immer mêre
got und dîn ellenthaftiu hant
gekrœnet über elliu lant.
mit heile müezest werden alt!‹
hie was diu wünne manecvalt.
9680 ouch enwas zuo den zîten
der schœnen vrouwen Ênîten
herzenleides niht geschehen.
des swer ich wol und wil es jehen
daz disen vrouwen beiden
9685 ir gemüete was gescheiden,
diu under der pavelûne saz
unde dirre der dâ baz
an dem strîte gelanc:
in sweic der munt, ir herze sanc.
9690 diu eine vreuden krône truoc,
diu ander hâte leides genuoc
geladen mit herzensêre
dâ von daz si niht mêre
in dem boumgarten solde sîn
9695 und ir âmîs Mâbonagrîn.
ouch want si die hende
umbe selhe missewende
diu ir manne dô geschach.
als si vrouwe Ênîte gesach
9700 dort sitzen unde weinen,
nû begunde si dô bescheinen
ein wîplîch gemüete.
ir vil grôziu güete
betwanc eht die süezen
9705 daz si si muoste grüezen,
swie doch jener swære.
manec wehselmære
sageten si dô beide
von liebe und ouch von leide   49ᵛᶜ

78 müessestu.　　**80** Doch was.　　**87** dise.　　**88** da gelang.　　**89** in sweic
Pfeiffer 230] ich enweis wie.　　**95** Mabonagreim.　　**99** die fraẘ.
9700 unde *Müller 140*] *fehlt.*　　**1** si *fehlt.　　Gierach 263, 543*] erschainen.
3 grossen.

9710 und geselleten sich dâ mite
nâch wîplîchem site.
von lande und von ir mâgen
begunden si dô vrâgen
und sich mit rede engesten
9715 und sageten swaz si westen.
ze künde rechenten si sâ
daz si genifteln wæren nâ.
nû wie möhtez næher sîn?
sît daz der herzoge Îmaîn,
9720 der herre von Tulmein,
vrouwen Ênîten œheim,
dirre vrouwen veter was.
ouch wâren si beide, als ich ez las,
von einer stat ze Lûte erborn.
9725 sehet, hie wart trûren verkorn.
zesamene hielsen si sich dô
und wâren beide ein ander vrô:
daz si dâ mite bescheinten,
wan si von vreuden weinten.
9730 daz weinen schiere ende nam,
und lachten, daz in baz gezam.
ze handen sich dô viengen
die vrouwen unde giengen
dâ si ir herren vunden.
9735 vor vreuden si kunden
diz niht langer verdagen,
si enmüesten offenlîche sagen
daz si genifteln wæren.
nâch disen niuwen mæren
9740 jâhen si alle gelîche
daz si got wunderlîche
zesamene hæte gesant
in ein alsô vremdez lant.

---

12 und *fehlt A Haupt.*   **16** kundñ.   sâ] da.   **17** geniffeln warn da.
18 nächner.   **21** der frawen.   **22** dirre vrouwen] der.   **24** Lûte] leute;
nach Chr. 6251 Lalut.   **28** dâ *fehlt.*   *Gierach 263, 543*] erscheinden.
32 sy sich.   **37** mŭsten.   **40** jâhen *Leitzmann 221*] sprachen.

nû vuoren wîp unde man
9745 ûz dem boumgarten dan.
diu houbet, als ir hôrtet sagen,
diu drinne wâren abe geslagen,
diu nam man abe den stecken
– des êre got Êrecken –,
9750 unde wurden boten gesant
nâch der phafheit in daz lant
daz man si begrüebe nâch êren.
hie begunde sich êrste mêren
diu vreude ûf Brandigân.
9755 diz was von schulden getân.
wan alsô schiere diz erschal
in daz lant über al,
von selhem mære
daz des hoves vreude wære
9760 widere gewunnen
der in was zerunnen,
des küneges mâge und dienestman
die vuoren ze hove alle dan
mit den lantvrouwen
9765 die niuwen genâde schouwen.
    hie samenten sich die besten.
der wirt mit sînen gesten,
die er dar mohte bringen,
erbiten und betwingen,
9770 si macheten ein hôchzît
diu mit wirtschefte sît
werte vier wochen.
mit vreuden wirt zebrochen
diu swære gewonheit
9775 die er durch sînen neven leit:
der wirt er hie ergetzet
und ist im wol ersetzet
mit vil wünneclîcher kraft.

---

59 die freud von dem houe.   **65** newe.   **66 H**ie samleten.   **75** er=/laid.
76 der] des.

Êrec und sîn geselleschaft
9780 was dâ zen hôchzîten:
die enliez der künec niht rîten.
doch was er âne vreude hie,
alsô daz er sîn herze nie
von swærem kumber brâhte.
9785 swenne er dar an gedâhte,
sô entweich im aller sîn muot,
als ez dem erbarmherzen tuot:
dem ervollent dicke diu ougen
offenlîch und tougen,
9790 swenne er iht des gesiht
daz wol ze erbarmenne geschiht.
ouch was diz genuoc erbarmeclîch:
ez enwart nie man sô vreuden rîch,
dem doch iht erbarmen sol,
9795 ich wizze daz benamen wol,   50ra
hæte er die nôt ersehen,
im wære ze weinenne geschehen.
im erbarmte diu ellende schar,
die ahzec vrouwen die dâ gar
9800 ir vreuden weise wâren,
als dâ an ir gebâren
was vil riuweclîche schîn,
den der rôte Mâbonagrîn
ir âmîse hâte erslagen.
9805 beide trûren unde klagen
daz was ir ambet alle tage.
rehte alsam der hase en jage
schiuhet sîne weide,
sô vluhen si daz von leide
9810 daz si dar inder kæmen
dâ si vreude vernæmen.
ouch enwolden si den man
ze allem ir lebenne an

80 zu den.　　**81** ließ.　　**83** er *fehlt.*　　**84** schwaren.　　**87** *Lachmann und*
Leitzmann 218] Erbern hertzen.　　**93** ward.　　**98** IM.　　**9800** verweyset.
3 Mabonagrein.　　**6** allen tag.　　**7** en jage] den iag.　　**10** darnider komen.
11 vernomen.　　**12** wolten.

mit ir danke nie gesehen
9815 von dem in leide was geschehen.
nû half in Êrec trûric sîn.
daz wart doch hier an wol schîn
daz er ze deheinen zîten
mit vrouwen Ênîten
9820 sînes dankes von in kam.
mit guotem trôste er in benam
ir herzeleides etewaz.
nû waz tuot dem manne baz
wan der in nâch leide trœstet wol?
9825 des ist vriunt vriundes schol.
doch begunde er in râten,
daz si vil gerne tâten,
daz si dâ niht mê beliben
und si ir jâr baz vertriben
9830 und daz si urloup næmen
unde mit im kæmen
zem künege Artûse,
wan si dâ ze hûse
nimmer wolden werden vrô.
9835 urloubes gerten si dô.
daz enwas dem wirte niht leit,
wan im was wol daz geseit
daz si hæten des gejehen,
in wære sô leide dâ geschehen
9840 daz si ûf dem hûs ze Brandigân
nie dehein vreude möhten hân.
nû wolde er in gerne urloup geben,
ob si ze bezzerunge ir leben
möhten verkêren,
9845 und ob nâch sînen êren
si wolden vreude walten,
sô sæhe er si ungerne alten
inder wan in sîner phlege.

14 danke nie] dancken.   **19** der frawen.   **25** desselben ist freundt seines
freundes schol.   **26 D**och.   **32** zu dem.   **35** begerten.   **36** was.   **39** im.
41 kain.   **45** ob] im.   **48** inder wan] in der.

vil gerne bereite er si after wege.
9850 der wirt ir willen huote:
sît er si nâch ir muote
riuweclîchen kleite,
ros ouch dar nâch bereite
sô daz ir varwe beider,
9855 pherde unde kleider,
gelîch und wol zesamene schein,
swarz riuwevar al ein.
    diu hôchzît hete ende.
nû schiet der ellende
9860 mit disen vrouwen von dan.
da geschach im höveschlîchen an
daz er si von danne nam
dâ in wesen niht gezam.
nû saz der wirt von Brandigân
9865 ûf ein schœne kastelân
unde die sîne
ûf ir ros von rabîne,
sô si si heten beste,
und kondewierten die geste
9870 von dem hûs genuoc verre.
sô bat si Êrec der herre
mit heile dâ belîben.
dan reit er mit den wîben
und brâhte si ze hûse
9875 dem künege Artûse.
dar was er michel willekomen,
und wart des guot war genomen
daz si sô gelîche wâren gekleit   50ʳᵇ
und ze pherden bereit,
9880 und begunden des von schulden jehen
daz si nie hæten gesehen
deheine seltsænern schar,
sô manege vrouwen in einer var.

53 ros *Bech 469*] daz ers.   58 **D**ie.   61 *Wolff*] hofelichen.   63 ze wesen.
67 Rafeine.   69 Confierten.   72 zu beleiben.   73 dan *Lachmann*]
darnach.   76 *Bech*] da.   81 nie *fehlt*.   82 kain seltzamere.

und die dar umbe niht westen,
9885 die vrâgeten von den gesten
wiez umbe si wære gewant,
unz inz Êrec tete erkant.
hie emphie der valsches vrîe
von al der massenîe
9890 sîner arbeit ze lône
alsô der êren krône
daz er zem prîse wart geseit
daz von grôzer manheit
nieman zer werlde kæme
9895 tiurre oder baz genæme,
wan nie manne von den landen
sô grôz dinc wære erstanden
von rîcher âventiure.
wan daz vrou Sælde ir stiure
9900 gap sîner ammen diu sîn phlac
dô er in der wagen lac,
sô enmöhtez nimmer sîn geschehen.
als si die vrouwen heten gesehen,
daz dûhte si ein vremdiu sache.
9905 nû vuorte si ze gemache
diu vil edel künegîn.
ir sêle müeze sælic sîn,
wan si vil gerne âne bete
vol tugentlîche tete.
9910   nû weste der künec Artûs
die geste gerne in sînem hûs.
und als er in beite sît
sô lange unz in des dûhte zît
daz er möhte zuo in gân,
9915 hie was Êrec und Walwân,
ouch Guivreiz, si drîe
und diu ander massenîe
under ein ander vil vrô.

---

85 fragenten.   **89** aller der.   **92** zu dem.   **94** zu der.   **9900** gap *fehlt*.
1 *Gierach 263*] wiegen.   **2** möcht es.   **3** haben.   **8** anpete.   **9** Wol.
10 Nu.   **12** in] ir.   **17** annder die.

zuo in sprach der künec dô:
9920 ›ir herren, wir suln gân schouwen
unser niuwekomen vrouwen,
und trœsten si nâch ir leide.‹
ûf stuonden si dô beide,
der künec Artûs und Êrec.
9925 bî handen giengen si den wec
in ir kemenâten.
dô was diu baz berâten
mit vrouwen dan vordes ie.
der wirt zuo in sitzen gie:
9930 die andern sazten sich ouch sâ,
der eine hie, der ander dâ.
und als si der künec ersach
lîden umbe ir ungemach
gelîche klage, gelîche riuwe,
9935 gelîcher stæte, gelîcher triuwe,
gelîcher schœne, gelîcher jugent,
gelîcher zuht, gelîcher tugent,
gelîcher wæte, gelîcher güete,
gelîcher ahte, gelîcher gemüete,
9940 diz dûhte in wîplîch und guot
und bewegete im den muot
und muoste im wol gevallen.
er sprach vor in allen:
›Êrec, lieber neve mîn,
9945 dû solt von schulden immer sîn
geprîset unde gêret,
wan dû hâst wol gemêret
unsers hoves wünne.
swer dir niht guotes günne,
9950 der enwerde nimmer mêre vrô.‹
›âmen‹ jâhen si alle dô,
wan si im guotes gunden.
si wurden überwunden,
diu vil riuwigen wîp,

30 so. **31** do. **35** gleich state gleiche treẘ. **36** schᷢner.
40 weyplichen. **50** werde. **51** jâhen *Leitzmann 221*] sprachen. **53** Sy.

9955 daz si ir muot und ir lîp
ze vreuden verkêrten
und den künec dar an êrten
daz er in die wât nam   50^{rc}
diu in ze vreuden niht gezam,
9960 und kleite si mit selher wât
sô si ze vreuden beste stât,
von sîden und von golde.
    Êrec der Êren holde
und Guivreiz le pitîz
9965 die wurden dô en allen vlîz
gêret und enthalten
und ir alsô gewalten
als ir namen wol gezam,
unz daz Êrecke ein mære kam
9970 daz sîn vater wære tôt.
nû was des sînem lande nôt
daz er sich abe tæte
selher unstæte
und daz er heim vüere:
9975 daz wære gevüere
sînen landen und sîner diet.
mit urloube er dô danne schiet
von dem künege Artûse,
ze varne heim ze hûse.
9980 dô er von dem hove schiet,
dô trôste er nôtige diet
die sînes guotes ruochten,
und ob siz nimmer gesuochten,
nâch iegelîches ahte
9985 und als erz haben mahte,
alsô daz si einen gemeinen segen
mit triuwen tâten über den degen,
daz got sîner êren wielte
und im die sêle behielte.
9990   ouch schiet der wênige man,
der künec Guivreiz, mit im dan,

65 en allen] mit allem.   **69** Ereck.   **90** Auch schied mit im.   **91** mit im]
von.

292

engegen sînem rîche.
nû wurden si wirdeclîche
gekondewieret beide
9995 unz an ir wegescheide.
nû schieden si sich under in,
als ich des gewis bin,
sô nie gesellen zwêne baz,
âne nîtlîchen haz,
10000 Guivreiz gegen Îrlant,
Êrec gegen Karnant.
nû was den sînen wol kunt
beide der tac und diu stunt
wenne er ze lande solde komen.
10005 zehant heten sich ûz genomen,
sô man si von dem lande
zen tiuristen erkande,
sehs tûsent oder mêre.
durch ir herren êre,
10010 wan si in gerne sâhen,
sô îlten si in emphâhen
engegen im wol drîe tage.
ez ensî daz er missesage,
sô enmac niemen des gejehen
10015 daz er ie habe gesehen
dehein willeclîchern antvanc.
als si ir schuldic triuwe twanc,
sô emphiengen si in alle
mit zühteclîchem schalle,
10020 mit rossen bedahten,
und die ez haben mahten
unde ritter wâren genant,
die heten besunder zuo ir hant
ir baniere rîche,
10025 der kovertiure gelîche,

---

94 Conduwiert. **98** zwain. **10000** Vrlanndt. **1** Garnant. **4** solt ze
lannde *A Haupt.* **5** ze hannden hetten sy sich genumen. **6** dem *fehlt.*
7 zu den. **11** zu emphahen. **13** es sey dann daz. **14** mag. **15** ie *fehlt.*
16 emphang. **20** mit Ir Rossen. **24** paner.

undersniten wæhe
mit vil vremder spæhe.
daz gevilde hie geverwet was
rôt wîz gel und als ein gras
10030 von ir sîdînen wât,
sô si diu werlt beste hât.
sus emphiengen die von Karnant
ûz Destrigâles lant
ir herren der wider kam,   50va
10035 als einem rîchen künege zam,
in sînem künecrîche.
dô hâte er sæliclîche
in manegem lande daz bejaget,
als uns diu wârheit von im saget,
10040 daz niemens lop stuont sô hô
under den die eht lebeten dô
von manlîcher getât.
an sînem lobe daz stât
daz er genant wære
10045 Êrec der wunderære.
ez was eht sô umbe in gewant
daz wîten über elliu lant   V
was sîn wesen und sîn schîn.
sprechet ir, wie möhte daz sîn?
10050 waz von diu, schein der lîp nû dâ,
sô was sîn lop anderswâ.
alsô was sîn diu werlt vol:
man sprach eht niemen dô sô wol.
    als in got heim gesande,
10055 ze vreuden sînem lande
gebôt er ein hôchzît,
daz vordes noch sît
in dem selben lande nie
dehein sô wünneclîche ergie

26 undersniten *Lachmann*] vnder seinem.   **28 D**as.   **30** seyden.
32 Garnant.   **35** getzam.   **41** den herñ die.   **43** seinen.   **45** wŭndere.
48 vnd schein *A*.   **49** mecht daz *V*, mochte daz *Leitzmann*, das mochte *A*.
50 von diu *Benecke*] von do *A*, von *V*.   **53** eht *fehlt V*.   **54 A**ls *A*.   **56** Nv
gepot *V*.   **58** den selben landen *V*.   **59** chain *V*.

294

10060 und von herren alsô grôz.
dar kam vil manec sîn genôz,
die ich iu gerne nande,
ob ich ir namen erkande.
hie emphienc er lobelîche
10065 die krône von dem rîche
der sîn vater, der künec Lac,
unz an in mit êren phlac,
wan er vil manege tugent begie.
ouchn wart dehein vrumer vater nie
10070 mit sînem sune baz ersat.
wer zæme baz an sîner stat?
got segene im sîn rîche:
er hât ez billîche.
wir suln im sîn wol gunnen,
10075 wan er hâts wol begunnen
mit vreuden und mit wirtschaft.
man mohte eht dâ grôze kraft
von rittern und von vrouwen
wol sehs wochen schouwen.
10080 swie lange si werte,
swes man ze vreuden gerte
wie vil des menneclîch dâ vant!
hie sazte er sô sîn lant
daz ez vridelîchen stuont.
10085 er tete sam die wîsen tuont,
die des gote genâde sagent
swaz si êren bejagent
und ez von im wellent hân.
sô triuget manegen ein wân
10090 der in benamen beswîchet,
sô er sich des muotes rîchet,
ob im iht guotes widervert,
daz im daz sî beschert
niuwan von sîner vrümekeit,

---

61 dar cham *V*, heerkom *A*.   **69** auch *A V*.   **73** wan er *V*.   **75** hat es *A*,
hot *V*.   **77** eht *fehlt V*.   **80** swie] sust wie *A*, Also *V*.   **81** begerte *A*.
82 menchleich *V*.   **83** er *A*, der chvnich *V*.   **84** fridelichen *A*, vil fridleich
V, vil vridelîchen *Wolff*.   **89** wan *V Haupt*, man *A*.   **90** im *A*.   **94** nŭr *A V*.

10095 unds gote dehein genâde seit.
vil lîhte ein ende des geschiht!
alsô endete der künec niht.
sît in got hâte gêret,
dô wartz ouch im gekêret
10100 ze lobe in allen stunden.
des wart er schœne ervunden
als im sîn herze gerte,
wan in sîn êre werte
unze an sînen tôt,
10105 als ez der himelvoget gebôt,
âne alle missewende.
    in dem ellende
hâte vrouwe Ênîte
erliten übele zîte:
10110 daz hât si wol bewendet,
wan sich daz hie endet,
und muoz sich verkêren
ze gemache und ze êren
und ze wünne manecvalt.
10115 ze wunsche wurden si beide alt,   50vb
wan si ir got hâte gesant
ze vreuden in ir eigen lant,
ir vater und ir muoter.
der künec selbe nû huoter
10120 ir willen swâ er mohte,
und doch als im tohte,
niht sam er ê phlac,
dô er sich durch si verlac,
wan er nâch êren lebete

95 vnd es *A*, vnd sein *V*.   chain *V*.   **96** Villeicht *A*, Wie leicht *V Wolff.*   ein
V, on *A*.   **97** endet *AV*, entete *Leitzmann nach Haupt.*   **99** da ward auch *A*,
daz ward auch *V*.   **10101** erfvnden *V*, gefunden *A*.   **3** In *AV*, im *Leitzmann
nach Haupt.*   **4** an *V*, in *A*.   **5** iz *V*, im *A*.   gebôt *fehlt A*.   **8** die fraw̅ *AV*.
14 wunnen *V*.   manichvalt *V*, maniche *A*.   **15** [wu]erden *V*.   alt *fehlt A*.
16 Wanns Ir got *A*, Wan si got *V Haupt Leitzmann.*   **19** selbe nv hvet er *V*,
Ir selber nu hute *A*, selbe huoter *Leitzmann nach Lachmann.*   **20** ir willen
wo *V*, Irem willen nach *A*.   **22** ê *fehlt A*.   **24** lebte *AV*.

10125 und sô daz im got gebete
mit veterlîchem lône
nâch der werlde krône,
im und sînem wîbe,
mit dem êwigen lîbe.
10130 durch got des bitet alle
daz uns der lôn gevalle
der uns gote gehulde,
daz ist goldes übergulde,
nâch disem ellende.
10135 hie hât diz liet ein ende.   *Ende* V

---

25 gebte *V*, gepete *A*.   **31** lon *A*, lob *V*.   **32** gehulde *V*, geholde *A*.
33 das ist *A*, dev ist *V*.   goldes vbergulde *V Lachmann Leitzmann 177*, gold
v̆ber golde *A*.   **35** daz lied *V*, ditz gedicht *A*.

Abdruck der neuen Wolfenbütteler Erec-Fragmente W I/II

(vgl. Einleitung unter VI)

	. . . .	
Bl. I,7	. . . . *d* : : *wa*[*nt*]	
	. . . .*p*.	
	[*do*] *g*[*ien*]*g*[*in die*] herren danne	Chrétien 3274–76
I,10	bi handin alse sie soldin	
	sitzen ŏf eine [*koldin*]	
	. . . .	
	. . . . *schone was gesat,*	
	. . . .	
I,15	. . . . sich.	
	sie sprachen fon manigin di[*n*]gin	3283
	*a*l besunderlingin,	
	. . . .*er*. . . unde[*fremdin landin*],	
	d. . *s*[*ie*] *ein ander nandin.*	
I,20	. . . . *were*	

I,7 *Vor V.7 der obere Rand des Blattes mit dreieinhalb Schriftzeilen weggeschnitten.* **7** d[ie] wa[nt] *vgl. Gärtner 225,* die. .w(?). . . *Nellmann 41;* d[ie] »*sicher falsch*« *Nellmann 246.* **8** [s]p[anne] *als Reimwort erwägt Gärtner 225.* **11** [koldin] *Gärtner 225f. Nellmann 41, 48, 65–71.* **12/13** [die uf ein sedel wol bereit / so rehte] schone was geleit *Nellmann 41, 48.* **13** schone was gesat *Gärtner 212, 375. Von den Buchstabenresten her ist* geleit *vorzuziehen« Nellmann 246.* **16** digin *W.* **18/19** *Nur Reste der oberen Hälfte des Schriftbandes erhalten.* **18** [fon v]ˢ[ren] uñ [fremdin landin] *Gärtner 226, 376;* »*die Reste der Oberlängen würden auch andere Ergänzungen erlauben*« *Nellmann 246.* . . .i(?). . . .n(?). . . *Nellmann 41.* **19** d[o] s[ie] *oder* d[ie] s[ie] *Gärtner 375 Anm. 37,* . . .s[ie] *Nellmann 41.* **20–22** *Vermutlich Dreireim am Abschnittsende wie I,61–63; 4566 und 4578.* **20/21** *Nur Reste vom unteren Teil des Schriftbandes erhalten. Ergänzungsvorschlag Nellmann 48:* [wer ir ietwedˢ] were / [vil suoze ane swere]. **20** were *Gärtner 226 Nellmann 41; dahinter Reimpunkt sicher.*

. . . .
[daz] warin ekt ir mere.
   [D]o sie mit ein ander [vil]
fon froweden unde fon spil

I,25   gesprachin, der greb[e bot] iz vaste   *3277–82*
deme enelendin gaste
unde . . . .
. . . .
. . . .
I,30   . . . .
[*Erek sprach*: ›*got*] lonis u!
verzertich zwei ros o[der dru],
[ich] unde min gespile,
ich hetir da*nnoh zů vi*[le].
I,35   [ichn] weiz waz ich mite sol.
ir tůt hubisliche[n wol].‹
. . . . [h]er . . . .
. . . . . . .d. . . . [h]er. . . .
. . . . . [bi der want]
I,40   . . . .
. . . . .g . . . .
ir schone in irquikte   *3284–91*
in sime herzin binnen,
so daz her sie minnen
I,45   starke be*gonde*,
*daz h*er *sine* ougin konde
I,47   fon ir niht ge[*wenken*].

---

22 [daz] *Gärtner 376.*   **23** *Lombarde vorgesehen, aber wie sonst in W nicht ausgeführt.*   **27** uñ [spᵃch] *als Redeeinleitung für die anschließenden Worte des Grafen erwägt Gärtner 226.*   **31** [erek spᵃch got] lonis v *Gärtner 226, 376f.* [got] lonis v *Nellmann 49.*   **33** [ich selbe] *Nellmann 42.*   **35** [ichn] weiz *Gärtner 212,* [ich en]weiz *Nellmann 42.*   **36** hubisliche[n wol] *Gärtner 212, 226,* hubisliche [wol] *Nellmann 42.*   **37** [h]er *Gärtner 226,* -er *Nellmann 42.*   **38** *Buchstaben ergänzt aufgrund von Oberlängenresten Gärtner 226.*   **39** [bi dˢ want] *Gärtner 226 aufgrund der Buchstabenreste auf der Zeile,* div w(?) *Nellmann 42.*   **41** [blikte] *als Reimwort Gärtner 379 Anm. 46.*   **42–46** *Vgl. Gärtner 226.*   **47/48** ge[wenken] *(im Reim auf* denken*) bzw.* ge[kêren] *oder* ge[wenden] *Gärtner 226, 379 Anm. 48,* ge[wenden] *Nellmann 42.*   **47** *danach sechs Verse verloren.*

. . . . //W Iᵛ// . . . .
. . . .
. . . .
. . . .
. . . .
. . . .

I,54   . . . . . *[mit] wortin begrůze[n]*   *3292–3302*
un[de] sp[ra]chen widir sie
*undi*r min dienist bietin hie
in miner stat, des han ih můt.
. . . .
. . . .

I,60   *[do]*ne *b*eiter *ni*wet mere;
den gast her eine sitzen lie,
hin zů Eniden *her gie*   *3312–15*
unde sazte sich benebin sie.
. . . . *g*. . . .

I,65   *[Enide karte geg]*in in,
dicheiner zuht an ir gebrach.
nů vernemet *[waz d]er grabe* sprach: *3316–18*
›frowe, mich irbarmet,
daz ir sus *[sit verarmet]*,
I,70   als ich iz nah wane han vernůmen.
. . . .
. . . .

[ir s]it harte betrogen,
[daz ir volget alle vart]   *3330–33*

48f. »*Falls nur zwei Verse fehlen sollten, wäre als Ergänzung denkbar:* [her begunde denken: / ›Ich wil die vil sůzen / mit schonen] wortin begrůze[n]«« *Nellmann 246.*   **54/55** *Nur unterer Teil des Schriftbandes erhalten.* **54** [mit] wortin begrůzē *Gärtner 381 Anm. 53,* wortin begrůze[n] *mit einem* »*(weggelassenen?) Infinitiv-*n« *Nellmann 43 (vgl. 49).*   **55** sp[ra]chen *Milde 54* Gärtner 226, sp[re]chen *Nellmann 43, 49; vgl. Nellmann 246.* **61–63** *Dreireim.*   **64/65** *Unterer Bogen eines* g *in V. 64* Gärtner 213, 227, g *am Anfang von V. 65* Nellmann 43.   **64** *Vermutlich Lombarde vorgesehen.* **65** . . .m *in* Milde 54, . . .in *in* Nellmann 43. *Ergänzungsversuch* Gärtner 227, 383f.: [Enide karte geg]in in.   **67** [waz d]er *Gärtner 213,* [wie der] *Nellmann 43.*   **70** alsich *W.*   **73** *Nur unterer Teil des Schriftbandes erhalten.* **74–76** *Ergänzungen nach* Nellmann 43, 49, *vgl.* Gärtner 227, 387 *mit abweichendem Ergänzungsvorschlag.*

I,75 [*di*]*s*em man, der uch niht bewart
[*alse iz u*] *r*ehte queme
und iwern eren gezeme,
wande............ *priset.*
*daz ir*s so lange wiset
I,80 daz ist................
....
...........*h*........
......*h*...*h*. .*g*.......
daz ir iemer baz getetit,   *3319–27*
I,85 wand ir danne hetit
ere [*manichvalde*],
[*un*]d in iwer gewalde
stûnde lant [*unde*] g[*ůt*].
[*ih rate*] u rehte daz irz tůt,
I,90 sit daz ih is gerůche,   *3328*
daz ih minne an uch sůche.
I,92 belibit ir..............

Bl. II,7 ..... do lagin *da nid*[*er*].   *3782* W II^r
e *s*ie ot zů..............
alse sie is *bei*de *g*ertin
II,10 mit........ [*swertin*]   *3790*
....
....
[*die*] *s*nel*l*in wig*ande*,
*durh d*ie *sc*[*hildes rande*   *3792f.*
II,15 *gabin*] sie manigen tiefin streich.

78 *Ergänzungsversuche:* wan(ne) [uch daz niene pr]iset *Nellmann 50,* wann
[her uch niht] priset *Gärtner 387.*   **80–83** *Nellmann 44 setzt nur zwei Verse
an.*   **82/83** *Buchstaben erschlossen aufgrund von Unterlängen.*   **86** [ma-
nichvalde] *Gärtner 227, 389,* [thusintua]ld[e] *oder* [mannicua]ld[e] *Nell-
mann 50.*   **89** *Ergänzung von Nellmann 44.*   **II,7** *Vor V. 7 drei Schrift-
zeilen weggeschnitten.*   **7/8** *Von da bis* zů *obere Buchstabenteile wegge-
schnitten.*   **8** *Ergänzungsversuche:* zů [in quamen wider] *Gärtner 227, 393,*
zů [drungin wider] *Nellmann 50.*   **10** *Ergänzungsversuche:* mit [den schar-
phen swertin] *Gärtner 227, 393,* mit [ir scharfin swertin] *Nellmann 50.*
13/14 *Obere Buchstabenteile weggeschnitten.*   **14** sc[hildes rande] *Gärtner
214 Nellmann 44, 50.*   **15** [gabin] *Gärtner 227, 393,* [slůgin] *Nellmann 44.*

si . . . .
. . . .
. . . . gevohten wart,   *fehlt für 18–31*
so daz ir *des* i*h*et,

II,20 o*b* ir daz [*ie ge*]shet
fon slegin alsiz da geschah,
daz nie ma[*nnes*] ouge gesach
so hertin strit undir zwein.
gr*û*z ell[*in an in*] d[*a schein*],

II,25 *swelich ende sie is begun*din.
ic*h* . .*g*. . . . .
. . . .
ih mohte u sagin ungef*û*ch,
we sie ho*win gingin*.

II,30 sie gabin und entphingin
manigin grimmigin swanc.
daz tengiln *û*fe die helme clanc   *3794–6*
alse da man *bl*[*eche smidet*]
. . . .*d*. . . . . *e*[*nt*]*li*det.

II,35 . . . .
. . . .
[*der von siner*] veste was k*û*men.
ih we[*ne* . . . .]

16/17 *Ergänzungsversuch Gärtner 227, 393:* swer den slegen niht entweich /
des lip wart lutzel da gespart.   **16** si *Nellmann 246 (nach Mitteilung von
J. Heinzle).*   **18** *Ergänzungsversuche:* mit grimme *nach Iwein 409 und
Rolandslied 8975,* manlichen da *Nellmann 45.*   **20** *Nach* daz *Reste eines
geraden Schaftes (*i*, kaum* w*):* [ie ge]shet *Gärtner 227, 396,* [wunder] shet
Nellmann 45.   **22/23** *Vgl. Gärtner 227, Nellmann 45, 50.*   **22** ma[nnes]
Milde 55.   **24** ell[in an in] d[a schein] *Gärtner 227, 396,* ell[en an in
bei]d[en] s[che]i[n] *Nellmann 45, 50.*   **25** [swe]lich *Gärtner 227,* swilich
*Nellmann 45. Der Rest des Verses sicher ergänzbar aufgrund des erhaltenen
oberen Teiles des Schriftbandes.*   **26** *Als Reimwort* vundin *wahrscheinlich;
vgl. Gärtner 396f.*   **29** *Zu* houwen gân *vgl. Gärtner 227.*   **32–34** *Vgl.
Gärtner 397 Anm. 84.*   **33** bl[eche smidet] *Gärtner 227f. aufgrund von
Oberlängenresten* bl-; [smidet] *als Reimwort Nellmann 51.*   **34** *Nur oberer
Teil des Schriftbandes erhalten.* . . .lin e. lidet *Nellmann 45.* e[nt]lidet *Gärt-
ner 228, 397.*   **37** [der von siner] *Gärtner 228.*   **38** ih we[ne nie han
n*û*men] *Gärtner 228,* ih we[ne ieman habe uernomen] *oder* ih we[ne ir hat
daz ie uernomen] *Nellmann 51.*

303

fon manne oder fon wibe
II,40 *daz fon so g[růzem libe]*   *(3679f.)*
iht mannes kuner mohte sin.
daz wart al da vil wol schin:
her slůch den ed[*elin* . . . . .]
II,44 [*daz h*]*er* //W II^v// . . . .
. . . .
. . . .
. . . .
. . . .
II,50 . . . .[*wu*]*nt*   *≈3699–3805*
wurdin do si*e* s*chiedin* [*dane*],
. . . .*e* alliz ane.
we sie sich undir[*slůgin*].
. . . .
II,55 . . . .
. . . .
die sie zů ir herren trůch   *≈3807–14*
. . . .[*ge*]*n*ůch,
daz sie in in sulichen [*noten sach*]
II,60 . . . .
. . . .
. . .*g zů g*. . .*h*. . . . .

40 *Nur unterer Teil des Schriftbandes erhalten; Ergänzungen einigermaßen
sicher. so g[růzem libe] gestützt auf Buchstabenreste Gärtner 228, 399, so
ge[tanem libe] aus Kontext folgend Nellmann 45, 51.*   **43** *ed[eln] Milde 56.*
44 *Rest der Zeile mit Anfang von V. 44 weggeschnitten; am Zeilenende nur
Rest einer Oberlänge und – ganz sicher – ein er-Haken. [daz h]er oder [daz
d]er Gärtner 228, . . .-er Nellmann 45. Nach 44 fünf Verse verloren.*
50 *wu[nt] Gärtner 402.*   **52** *Zu alliz ane vgl. Nellmann 51.*   **53** *under*
slůgin Gärtner 228.   **57** *Unterer Teil des Schriftbandes erhalten, Lesungen
zweifelsfrei. Bezugswort zum Relativsatz vermutlich trůwe am Versende von
V. 56, möglicherweise im Reim mit růwe; vgl. Gärtner 404; triuwe (oder
minne) vermutet Nellmann 51.*   **58** *Ergänzungsversuche: [sie hate leides
ge]n*ů*ch Gärtner 404 (zu [ge]n*ů*ch Gärtner 228), [sie hete arbeit ge]n*ů*ch
(statt arbeit auch: kumber oder jamer) Nellmann 52.*   **59** *in sulichen [noten
sach?] Nellmann 46, »in solcher Gefahr sah« Gärtner 404.*   **62** *Sicher die
beiden g und das h aufgrund der erhaltenen Unterlängen; z*ů *vgl. Gärtner
215.*

... *gingin sie howen*
nu . . . . .[*sch*]*onin frowen.*

II,65 die zwene widerwartin,
die swert *sie lutz*il spartin,
die sie in den handin trûgin.
die schilde sie zů slůgin   *(3797)*
zů stuckelinen cleine.

II,70 Erek *der* . . .*i*. *3823–26*
. . . .
. . . .
. . . .*g*. .*h*. . . .[*ko*]*nde*
h[*er wande*] in zů einer stonde

II,75 han geslagin ůze der were.
daz ahte der ander eine bere.   *3827–35*
swi harte iz ime versmahte,
[*her ime*] do wol gedahte:
daz swert her mit beidin han[*din vi*]*enc*,

II,80 *deme and*ern *h*er do . . . . [*gienc*]
. . . .
daz ime in zwi *stucke*
. . . .*g*[*e*]*h*ilze brah.
alse Erek do daz gesah,   *3841–43*

II,85 her trat ime weckirlichen zů.
waz [*we*]*l*[*tir*] *d*[*az*] *d*er [*an*]*d*er [*t*]*ů*?
her moste vlen durh not,
wande /

---

63 *Nur unteres Drittel des Schriftbandes erhalten.*   **64** nu *Gärtner 215, im*
Milde 56. [fur die sch]onin frowen *Nellmann 46, 52, vgl. Gärtner 228, 404*
Anm. 100.   **70** dʳ *aus Oberlängen ziemlich sicher erschließbar.*   **73** *Nur*
Reste vom untersten Teil des Schriftbandes erhalten, Ergänzung h. . . . [ko]nde
unsicher Gärtner 228; . . .nde *Nellmann 46.*   **74** h[ˢ wande] *auf Buchsta-*
benreste gestützte Ergänzung Gärtner 228, h[ˢ wolde] *Nellmann 46, 52 un-*
wahrscheinlich.   **78** [hˢ ime] *Nellmann 47, 52,* hˢ . . *Gärtner 228.*
80 deme andˢn hˢ do *ziemlich sichere Ergänzungen aufgrund des erhaltenen*
oberen Teils des Schriftbandes. Mögliche Ergänzungen nach do: zu gienc,
naher gienc *oder* engegene gienc *Nellmann 52 f.*   **81** *Ergänzungsvorschlag*
Nellmann 53: er gap ime solche tucke *oder Nellmann 246:* do fůcte iz un-
gelucke.   **83** *Ergänzungsvorschläge:* [daz swˢt unce anz] g[e]hilze brah
Gärtner 228, 409, [sin swˢt an dem] g[e]hilze brah *Nellmann 47, 53.*
86 *Ergänzungen aufgrund erhaltener Oberlängen, hochgestellter Kürzungs-*
zeichen und Superskripte sicher.   **87** ulen = vlêhen; ulen = vliehen *erwägt*
Nellmann 53.

Abdruck der Zwettler Erec-Fragmente Z

(vgl. Einleitung unter VI)

Bl. 8[r],1   ...... /[1] oder walkin pilgerime ·   *1981–89*
spamerole oder smer[*line* ·]

8[r],2   ...... /[2] der kvnic von *ri:l* ·

8[r],3   der [*n*]e worte decheinen ...... /[3] moyse*l* ·
sunder alliz alde lute ·
daz ich ....

8[r],4   /[4] sie hetin gelebit ma[*nic*] iar ·
in was vil ...... [*daz har* ·]

8[r],5   [*a*]/[5]n den orin ab gesnidin ·
vorne gezopperit [*vñ gebriden* ·]

8[r],6   [*i*]/[6]r grisit wiz als ein s*wane* ·

8[r],7   in warin die [*bartes gr*]/[7]ane ·
gewassin langer dan *ein* eln ·

8[r],8   die al die ...... /[8] : *eln* ·
Er ne : : *n*de na : : : : me *s*inne ·
v*ze* /

Bl. 8[v],1   ...... /[1] rede han v*or numin* ·   *2012–22*
: : : : d[s] kvnic a[*rtus* .]

8[v],2   .... [*in*] /[2] sime hus ·
gesamnete die h[s]lichen bar[*naye* ·]

Bl. 8[r] *Linker Teil der Schriftspalte abgeschnitten.*   **1** walkin = valkin.
spamerole ›*junger Sperber‹.*   **2** [dar quā k[s]rins] d[s] kvnic vō ri*ef* (: *liez*]
ergänzt Nellmann; vgl. Chr. 1985.   worte = vuorte.   **3** moysel] [da]moysel
= damoysêl *'junger Adeliger' (aus afrz.* damaisel *ergänzt Thomas Klein
(mündlich), ebenso (Korrekturnote) Eberhard Nellmann: Mhd.* *moysel,
mnld.* damoyseel. *Zum Wortschatz des ›Zwettler Erec‹, ZfdPh 125, 2006,
112–115.*   **4** daz har *ergänzen Gärtner Nellmann.*   **5** gezopperit *vgl. mnd.*
topperen *und* toppieren *DWb. 11.1.1,879.*   vñ gebriden *Gärtner.*   **6** irgrisit
Gärtner.   swane *Gärtner Nellmann.*   **7** bartes grane *Gärtner,* grane *Nell-
mann.*   gewassin = gewahsen.   **8** : :nde] wnde = vunde *möglich.*
Bl. 8[v] *Rechter Teil der Schriftspalte abgeschnitten.*   **1** artus *ergänzen Gärt-
ner Nellmann.*   **2** zv pingsten in *ergänzt Nellmann nach Chr. 1928.*
barnaye = barnage ›*Vasallenschaft‹ ergänzt Nellmann nach Chr. 2013.*

8ᵛ,3 . . . . /³ nie vro koraye ·
vañ er allˢ tugende n. . . . .

8ᵛ,4 [swaz man] /⁴ von kvnige ie gelas ·
sinen hof zv eren[de ·]

8ᵛ,5 . . . . /⁵ zv merende ·
so gab er hundˢt qnappin [swert ·]

8ᵛ,6 . . . . /⁶ warin vñ wˢt ·
gecleidet al nach eime sn[nite ·]

8ᵛ,7 [daz was sin] /⁷ wille vñ ouch sin site ·
Daz ir wapin g:

Bl. 9ʳ,1 . . . ./¹mors ·   *1854–63*
dˢ greue vā yunnalun ·
dˢ v. . . . .

9ʳ,2 /² [d]ie sagete man zv mere ·
daz sin amye w[ere ·]
. . . .

9ʳ,3 [diu] /³ [e]dele wol getane ·
Dannuz van tyntaniol d[ar quam ·]

9ʳ,4 [von dem] /⁴ [m]an zorn nie vor nam ·
her quesius w: . . . . . .

9ʳ,5 . . . . /⁵che riche barneys ·
Dru hundᵗ ritthˢ g: . . . . . .

9ʳ,6 . . . . /⁶ite ·
sus sint die gᵃuin alle cumin ·

2/3 im gebrast nie vroˢ koraye (=corage) *ergänzt Nellmann*; vroˢ *mit durch
Loch im Pergament verlorener* er-*Kürzel Nellmann.* **3** vañ = wande.
tugende r[iche was ·] *ergänzt Nellmann.* swaz man *ergänzt Gärtner, die*
man *Nellmann.* **4/5** [vñ vroude] zv merende *ergänzt Nellmann nach Chr.
2015.* **5** swert *ergänzen Heinzle Nellmann.* **5/6** [die warin] vrum vñ wˢt
ergänzt und liest Nellmann. **6** sn[ite] *ergänzen Heinzle Nellmann.* [daz
was sin] wille *ergänzt Nellmann.* **Bl. 9ʳ** *Linker Teil der Schriftspalte
abgeschnitten; Zeilenenden abgerieben.* **1** [sin bruder guigo]mors *ergänzt
Nellmann nach Chr. 1954.* **2** [d]ie *ergänzen Gärtner Nellmann.* fei
morgane *ergänzt Gärtner, die* feie morgane *ergänzt Nellmann nach Chr.
1957.* **2/3** [die e]dele *ergänzt Nellmann.* **3** d[ar quam] *ergänzt Nell-
mann.* **3/4** [von dem m]an *ergänzen Gärtner Nellmann.* **4/5** her guersins
vō [haut beys] *ergänzt Nellman nach Chr. 1961.* **5** [het etsli]che riche
barneys (=harneis ›Ausrüstung‹) *ergänzt Nellmann nach Chr. 1962.* **5** Dru
hund[ˢ]t frechˢ gn *liest und ergänzt Nellmann.*

9ʳ,7 als ir [*hie wol habt vor nu*]/⁷*min* ·
Nu ne lazet is vch nicht vor dreizn̄
9ʳ,8 [*ich ne welle v*] /⁸ intsl*eizen* ·
wie die kvnige heizen ·

Bl. 9ᵛ,1 /¹. . . . . eigete . . . . *ine* . . . . zit
9ᵛ,2 /²:: *ne*me · Zv reckhˢ . . . ch . . . de . . . *site* ·
9ᵛ,3 /³. . . . . e · daz in n : s . . . . : an̄
9ᵛ,4 /⁴: *m* ::: sin hˢze . . . . er
9ᵛ,5 /⁵:: den kvnic bete daz . . . . k . . . . s : *t*
9ᵛ,6 /⁶ gˢne vor endit hete . . . . se erek sin
9ᵛ,7 /⁷: *it* getete · Er spr*a*ch . . . . :: *ine* w :
9ᵛ,8 /⁸:::s : dˢ zv z : n . . . . :: ˢ al

Bl. 10ʳ,1 . . . . . . : /¹s : nne i*r* stunt ·   *2479–94*
10ʳ,2 . . . . daz *n*icht . . . ./²: *in* ·
enyde die i*u*nge kvnigin ·
10ʳ,3 /³. . . . . sleif ·
vn̄ ir gedanke : warin teif ·
. . . . [*clagete* ·]
10ʳ,4 /⁴ [*d*]*i*e man̄ offenbare : sagete ·
10ʳ,5 Allir [*wegene* ·]
[*vō erek*] /⁵ de*m*e degene ·
Druch daz man ir . . . .
10ʳ,6 /⁶ [*de*]s wa*r*t *ir* hˢze ir :: *l*t ·
Nicht . . . .
10ʳ,7 /⁷ sie begūde weinen sere ·
vn̄ besach . . . .

6/7 [hie vor habt vˢnu]min *ergänzt Nellmann.*   **7/8** vor dreizen : intsleizen :
heizen = verdriezen : entsliezen : hiezen *Dreireim und Abschnittsende, da
Rest der Zeile 8 unbeschrieben.*   **Bl. 9ᵛ** *Rechter und linker Teil der Schrift-
spalte abgeschnitten; vereinzelt Papierreste über der Textschrift, die den
Abklatsch einzelner Druckzeilen (Antiqua) quer über den Zeilenlauf der
Textschrift zeigen.*   **1** ngete *Springeth u. a.*   reckhˢ] *am Wortende er-
Kürzel nicht eindeutig.*   **3** : an̄ *vān Ziegler,* kan *Gärtner.*   **8** ::ˢ] *vor dem
er-Kürzel* vb *nicht ausgeschlossen.*   **Bl. 10ʳ** *Linker Teil der Schriftspalte
abgeschnitten.*   **1** s : nne *sinne oder* sunne *möglich.*   **3** sleif : teif = slief :
tief. [ze dē zite niene] sl[ie]f *ergänzt Nellmann.*   **4** clagete *ergänzt im
Reim auf* sagete.   **4/5** *Ergänzung Nellmann nach Chr. 2481 f.*   **5** Druch =
Durch.   **6** [de]s *auch sus möglich.*

10ʳ,8 /⁸ Miniclich vñ wol v : : : : e ·
vñ

Bl. 10ᵛ,1 /¹ *daz sint* . . . . ez nach : :
10ᵛ,2 /² al zv vil · w*ar* . . . . . ir . . . . .
10ᵛ,3 /³ ha*rte* vngˢ*n*e · Ir weinetet doch   *2530*
10ᵛ,4 /⁴: : n*t* · wen . . . . . . y zv st*ete* · vñ
10ᵛ,5 /⁵m*in* · er *f*: : *d*ich ia so la : zit iz
10ᵛ,6 /⁶ iz ist w*ar* · : : : han ein dinc d
10ᵛ,7 /⁷. . . . . . : : : e : : w*einet* al da van ·

Bl. 11ʳ,1 /¹*n* warin sie ane zwale ·   *1874–1901*
beide zv des . . . .
11ʳ,2 . . . ./²e dar quemin ·
da sie sinin . . . .
11ʳ,3 . . . . /³ne sin deinest sagetin ·
vñ ime zv gewage[*tin* ·]
11ʳ,4 . . . . /⁴nere ·
we iz ime ir g*a*ngin wˢe ·
*v*mme die . . . . . [*enydin* ·]
11ʳ,5 [*ir mvt*]/⁵er karsinefidin ·
vñ Kvradiū den sweir [*sin* ·]
11ʳ,6 . . . ./⁶: vñ an ime tete schin ·
Mit wilhin . . . .
11ʳ,7 . . . . . . [*mei*]/⁷nete ·
daz er daz an in bescheinete ·

Bl. 10ᵛ *Rechter Teil der Schriftspalte abgeschnitten.* **2** ir] *auch* irn *mög-
lich.* **3** *Vgl. Chr. 2530:* Ploré avez, ce voi je bien. **4** : : n*t*] *erster
Buchstabe evtl.* r *oder* t. **7** *be*weinet *nicht ausgeschlossen.*
Bl. 11ʳ *Linker Teil der Schriftspalte abgeschnitten.* **1** ane zwale = âne
twâle ›*ohne Verzug*‹. des[tregale] *ergänzt Nellmann nach Chr.1874 (Hs. E:*
destre Gales*).* **1/2** [swe*ñ*e si]e dar quemin *ergänzt Nellmann.* **2** sinin
v[ater vernemin] *ergänzt Nellmann.* **3/4** [daz sie de]me *ergänzt Nellmann.*
deinest = dienest. gewage[tin] *ergänzt Nellmann.* **3/4** [dˢ seltsenē] *mere*
ergänzt Nellmann. **4** we = wie. die [maget enydin] *ergänzt Nellmann.*
4/5 [ir mvt]er *ergänzen Gärtner Nellmann.* **5** den sweir [sin] *ergänzen*
Gärtner Nellmann. Nach sweir [sin ·] *vermutet Nellmann einen vollstän-
digen weiteren Vers und Dreireim* [sin] : [. . . in] : schin. **6/7** Mit wilhin
[triwin er iz mein]ete *ergänzt Nellmann.*

11ʳ,8 /⁸ . . . .
      vn̄ daz

Bl. 11ᵛ,1 /¹ Missena: ime . . . . an eine stat
11ᵛ,2 /²vā ein schok · da wart . . . . getrock
11ᵛ,3 /³ so daz sie is alle wa. . . . dir · i:::::. . . . .
11ᵛ,4 /⁴ wart wol we . . . . sine . . . .
11ᵛ,5 /⁵ nidˢ ging Zv sime h . . . . a . . . .
11ᵛ,6 /⁶antscaft · vor s . . . . den misse :
11ᵛ,7 /⁷me geltin · Er ne geinch . . . . . iñ :ˢ . . er
11ᵛ,8 /⁸. . . . .

Bl. 12ʳ,1 /¹ge : : et . . . . gemeret . . . .
12ʳ,2 /². . . n . . . . · zv . . . .
12ʳ,3 /³. . . . . e . . . .
12ʳ,4 /⁴. . . . . z . . . . kvnic . . . .
12ʳ,5 /⁵. . . . . . e . . . . vˢt · D . . . .
12ʳ,6 /⁶. . . . . e . . . . e . . . .
12ʳ,7 /⁷. . . . . sine . . . .
12ʳ,8 /⁸. . . . . sie nie . . . .

Bl. 12ᵛ,1 /¹ brackhe in a : : werche sper ·   *2191–2212*
      vñ sie . . . .
12ᵛ,2 /² zv samene wliegen ·
      sie leizen di : : e sp. . . . .
12ᵛ,3 /³ da sie vffe sazin ·

Bl. 11ᵛ *Rechter Teil der Schriftspalte abgeschnitten.*   **1** Missena :] *oder*
Missetrat, *der letzte Buchstabe wegen eines Loches im Pergament nicht voll-
ständig erhalten.*   **3** dir] *auch* die *möglich.*   **5** ging] *auch* ginc *möglich,
kein Reimpunkt dahinter erkennbar.*   **6** [vi]antscaft *ergänzt Gärtner.*
7 geinch = gienc.   er] *auch* et *möglich.*   **8** *Nur oberster Teil der Schriftzeile
erhalten.*   **Bl. 12ʳ** *Linker Teil der Schriftspalte abgeschnitten; nahezu voll-
ständig nicht mehr zu entziffern; auf dem rechten Drittel des Streifens quer
über den Zeilen der Abklatsch eines lat. Textes (Notula), vermutlich aus dem
Trägerband der Fragmente.*   **Bl. 12ᵛ** *Rechter Teil der Schriftspalte ab-
geschnitten; im linken Viertel Abklatsch eines gedruckten lat. Textes.*
1 brackhe] *auch* bracche *möglich.*   werche = verhe.   sper *geschrieben mit
Kürzungsstrich quer durch die Unterlänge des* p.   **2** wliegen = vliegin
wahrscheinlich.   leizen = liezen.

starc vz er mazin ·

12ᵛ,4 . . . . /⁴ die [*sci*]lde ·

daz is alle die bewilde ·

12ᵛ,5 dˢ : . . . . /⁵ : : : : d*o* d*a*r nidˢ ste*i*c ·

den kvnic ruch*t* . . . .

12ᵛ,6 /⁶ . . . . . . nie schonˢ iuste wart gesein ·

12ᵛ,7 . . . . /⁷ die iein ·

die da wapin trugin ·

ouch *w*. . . . .

12ᵛ,8 . . ./⁸gin Erek ge*p*at se*r*e ·

sie *spra*chin ot . . .

Bl. 13ʳ,1 /¹ : : : h · . . . . . . g . . .

13ʳ,2 /² . . . d*a*z h*o*rte bezz

13ʳ,3 /³ch : : ochin ie sch*a*lt e

13ʳ,4 /⁴ . . *er* . . wol g . . . g

13ʳ,5 /⁵ . . . *ou*ch · wˢs *n*ich*t*

Bl. 13ᵛ,1 /¹ . . . . zv . . . . .

13ᵛ,2 /² : weinete sie da ·

13ᵛ,3 /³e trene warme ·

13ᵛ,4 /⁴*i*ngin wilin · da

13ᵛ,5 /⁵ : hˢre · : : : *w*ache

Bl. 14ʳ,1 /¹dˢ qu*e*me · wande e :

14ʳ,2 /²ent*in* · die hˢr*in* *m*a :

14ʳ,3 /³ : s nicht wesin sold*e*

14ʳ,4 /⁴ : : : : : k*v*n*i*gin · Vn̄ b :

14ʳ,5 /⁵ . . . . *n* cleine

14ʳ,6 /⁶ . . . . sie gab

14ʳ,7 /⁷gebene wo : : : e · d*a*z

14ʳ,8 /⁸ : sit vor namin sie

14ʳ,9 /⁹ch se : : lhe s*c*ir h*a*n

4 [sie stachin vf] die [schi]lde *ergänzt Nellmann.* bewilde = bevilde.
6/7 gesein: iein = gesehen : jehen. **8** *Nur oberer Teil der Schriftzeile*
erhalten. **Bl. 13ʳ** *Schriftspalte beidseitig beschnitten;* 13ʳ/ᵛ *bewahrt den*
unteren Rand des Blattes. **Bl. 13ᵛ** *Schriftspalte beidseitig beschnitten.*
4 wilin = wielen *von* wallen *stv.(?).* **Bl. 14ʳ** *Schriftspalte beidseitig be-*
schnitten.

14ʳ,10   *l*¹⁰ : *in* · durch daz sie : *z*
14ʳ,11   *l*¹¹ : de g : : : : :: holt w
14ʳ,12   *l*¹² beide · mit iniclichˢ
14ʳ,13   *l*¹³s . . . o mā die phat
14ʳ,14   *l*¹⁴ heiz sich *e*nyden . . .   *2031*

Bl. 14ᵛ,1   *l*¹ng den andˢen wˢe *u*nb
14ᵛ,2   *l*²*u*nstlich *minn*e · w*ar*
14ᵛ,3   *l*³e aldi*n* · vñ von sini*r*
14ᵛ,4   *l*⁴ [*N*]v stunt d*a*z kvme
14ᵛ,5   *l*⁵ kis handi*n* · daz i*m*
14ᵛ,6   *l*⁶ : in vathˢ soldin tun · :
14ᵛ,7   *l*⁷e er zv eni*d*en hete · :
14ᵛ,8   *l*⁸ : nt begab durch sie · *A*
14ᵛ,9   *l*⁹az er nirgin quā · da
14ᵛ,10   *l*¹⁰e die er plac · beide *n*
14ᵛ,11   *l*¹¹ [*a*]ls ich iz las · w*e*n daz
14ᵛ,12   *l*¹² [si]*n*e gesellin s*a* schone
14ᵛ,13   *l*¹³. . . · we er s*c*ufe sin
14ᵛ,14   *l*¹⁴ s[*we m*]anz beste weil : :

Bl. 15ʳ,1   *l*¹ie daz d*an*e q
15ʳ,2   *l*² *t*orstin sie nicht
15ʳ,3   *l*³*k*in · vō manigˢ hand
15ʳ,4   *l*⁴ *n*ach dˢ lant wise ·
15ʳ,5   *l*⁵ : : an den abint quā
15ʳ,6   *l*⁶ : :ˢ wol gemutin · ir bei
15ʳ,7   *l*⁷tin schone vñ wol be :

13 phat *Nebenform zu* phaht *stf.* ›Recht‹.   **14** heiz sich = *vocabatur.*   *Vgl.*
Chr. 2031: Enide ot non an baptestire.   **Bl. 14ᵛ** *Schriftspalte beidseitig*
beschnitten.   **1** unb] vnb *nicht ausgeschlossen.*   **3** von] *oder* van.
4/5 *Vor* v *und* kis *Raum für eine zweizeilige Lombarde, wohl* N *für* Nv,
ausgespart.   **6** vathˢ = *vater (vgl. Bl. 9ʳ,5).*   **13** scufe *Gärtner,* senfe =
senfte *Springeth u. a.*   **14** s[*we m*]anz = swie man ez *ergänzt Gärtner.*
Bl. 15ʳ *Rechter Teil der Schriftspalte und teilweise die ersten beiden Zeilen*
am linken Teil der Schriftspalte abgeschnitten.   **7** be :] *es folgt ein langer,*
gerader Schaft: k *oder* l?.

Bl. 15^v,1   /^{1}d^s ::: *n*de · vñ ::
    15^v,2   /^{2}z ezzin · *ich* ...
    15^v,3   /^{3}*er* wart · vñ vor den
    15^v,4   /^{4}*rt* gegebin · daz sie
    15^v,5   /^{5} :::: che warin da ·
    15^v,6   /^{6}*n* des warin w^{s}t · :: s
    15^v,7   /^{7} :: samit vñ ciclatin ·

Bl. 16^r,1   /^{1}e wol · ::
    16^r,2   /^{2} wol ge*we*
    16^r,3   /^{3} sale sazin · d*a*
    16^r,4   /^{4}ne *vâ* de*me* ri*s*
    16^r,5   /^{5} da wart die wi
    16^r,6   /^{6} ::: · v̄ erecke de
    16^r,7   /^{7}*a* :: *ab* do yder · In
    16^r,8   /^{8} ::: e :: s ::: : e :: bit

Bl. 16^v,1   /^{1} *inn*e
    16^v,2   /^{2} swenne s :
    16^v,3   /^{3} : daz sie :
    16^v,4   /^{4} vā *v*orne d^s
    16^v,5   /^{5} *m*ait enyden · daz
    16^v,6   /^{6}sin wolde beh*usin*
    16^v,7   /^{7} truwin er in me*i*
    16^v,8   /^{8} vñ . . . .

Bl. 17^r,1   /^{1} spra*ch* iz*ne were*
    17^r,2   /^{2} harte syd^s · E*n*
    17^r,3   /^{3}barme · daz :::
    17^r,4   /^{4}die · vor lore :
    17^r,5   /^{5} da heime e*in*
    17^r,6   /^{6}w^{s}e d*a* nv*win*

Bl. 15^v *Linker Teil der Schriftspalte und teilweise die ersten beiden Zeilen am rechten Teil der Schriftspalte abgeschnitten.*   **Bl. 16^r** *Linker Teil der Schriftspalte und die Zeilenenden 1– 4 am rechten Teil der Schriftspalte abgeschnitten.*   **Bl. 16^v** *Rechter Teil der Schriftspalte und die Zeilenanfänge 1– 5 am linken Teil der Schriftspalte abgeschnitten.*   **Bl. 17^r** *Rechter Teil der Schriftspalte abgeschnitten.*

17ʳ,7   *l⁷* . . . *n*ā in disin
17ʳ,8   *l⁸* . . . . . . *ll* . . . .

Bl. 17ᵛ,1   *l¹* : : : *me* v] dechei
17ᵛ,2   *l²ˢ* re gebeitet irz ·
17ᵛ,3   *l³*ach ir sult mirz
17ᵛ,4   *l⁴*z : · ich sol er : : e :
17ᵛ,5   *l⁵* : ic : in swenne . .
17ᵛ,6   *l⁶*gi*n vbˢ lant · : *eiz*
17ᵛ,7   *l⁷* wˢe vn̄ na · beide
17ᵛ,8   *l⁸* . . . .

Bl. 17ᵛ *Linker Teil der Schriftspalte abgeschnitten.*   **2** gebeitet = gebietet.

Namenregister

Das Namenregister dient bei den häufig vorkommenden Namen auch dazu, den Apparat zu entlasten, und verzeichnet unter der Namenform des kritischen Textes sämtliche Schreibvarianten der Hs. A (ohne Sigle) und der Fragmente (mit Siglen). Epitheta und andere Beiwörter haben nur dann einen eigenen Eintrag, wenn sie nicht in einer Wortgruppe als Bestimmung zu einem Personennamen stehen, Herkunftsnamen werden jedoch zusätzlich als Verweise auf den Personennamen aufgenommen.

Absolône
– Absolone: 2817
Affibla delet
– Affibla delet: 1689
Alexander
– Allexander: 2821
Alte montanje, s. unter herren von
   Alte montanje
Amander
– Amander: 1690
Angwisiez, der künec von Schotten ~
– der kunig von den Schotñ Angwisieß: 1973
Antipodes
– Xuripodes: 2089
Arderoch
– Arderoch: 1690
Ares, s. unter Estorz
Arlac, s. unter Lanzelot
Artûs
– Artaus: 1811, 1890, 2064, 2114, 4949, 9910
– Artause: 1203, 2522, 2862, 4683
– Arthause: 9832, 9875, 9978
– Artus: 1098, 1106, 1262, 1664, 2269, 2325, 2370, 2744, 4782, 4860, 5018, 5091, 5263, 6756, 7800, 9924
– Artuse: 1510
– W Arthus: 4629.9, 4629.48

– W Arthuse: 4683
– Z artus: 8^v,1
Avalôn
– nach lone: 1931
Barcinier
– Barcinier: 1679
Batewaîn, fil roy Cabcaflîn
– Batewain fil roy Cabcaflir: 1674/75
Baulas
– baulas: 1653
Bêals von Gomoret
– behals von Gomoret: 1977
Bîlêî
– Biley: 2087, 2101
– Bilter: 2093
Blerios
– Blerios: 1666
Blîobleherîn
– Bliobleherim: 1651
bogen, der mit dem guldîn ~, s. unter der mit dem guldîn bogen
Boidurant
– Boydurant: 2693
Brandes von Doleceste
– Brandes von Doleceste: 1907
Brandigân
– Brandigan: 7959, 8060, 8172, 8668, 9407, 9645, 9754, 9840, 9864

Brantrivier
- Brantriuier: 1678
Brebas, s. unter Garedeas
Brîans
- Brians: 2088, 2093
- Bryans: 2095
Brîen
- Brien: 1640
Brîen lingo mathel
- Brien lingo mathel: 1668
Britanje
- Britanie: 1132, 1915, 2030, 2228, 2326, 2347, 2760, 5650, 5680, 7814, 7907
- Brytanie: 7799
Cabcaflîn, fil roy ~, s. unter Batewaîn
Cadoc
- Sadoch: 5700
- So doch: 5644
Cantwarje
- Catwarie: 2125
Carnîz
- Carneis: 1971
Côarz, li bels ~
- Libels Coaẙß: 1633
Côîn
- Choein: 1975
Conne
- Conne: 2007
Connelant
- Connelant: 2003
Crestiens
- W cˢstiens: 4629.12
Dannuz van Tyntaniol
- Z Dannuz van tyntaniol: 9ʳ,3
Dâvîd von Luntaguel
- Dauid von Luntaguel: 1935
Dâvîde
- dawider: 5562
Defemius a quatre barbes
- defemius aquaterbardes: 1693

der mit dem guldîn bogen
- der mit dem guldin poge: 1649
Destregâles/Destrigâles
- Destregales: 1819, 2865
- Destrigales: 9374, 10033
Dîdô
- Dido: 7558
- K dido: 7558
Dodines, der wilde ~
- der wilde Todines: 1637
Doleceste, s. unter Brandes
Dou Giloles/Dou Gilules, fil ~, s. unter Gilfles
Ênêas
- Eneas: 7553, 7579
- K Eneas: 7553
- K eneas: 7579
Engellant
- Engelant: 1987, 2125
- Engellanndt: 9283
Ênîte
- Eneite: 1607
- Eneiten: 505, 801, 1405, 2120, 2203, 2218, 2359, 3403, 4323, 4583, 5306, 6683, 6700, 6707, 6734, 6957, 8657, 8760, 8929, 9183, 9681, 9819
- Enide: 431
- Enite: 850, 1300, 1318, 1456, 1724, 1842, 2827, 2858, 2916, 3035, 3134, 3352, 3440, 3647, 3907, 3943, 4122, 4422, 4492, 4501, 5102, 5111, 5774, 6137, 6167, 6175, 6925, 6970, 7222, 7789, 8332, 8614, 8840, 8879, 8935, 9699, 10108
- Eniten: 682, 936, 1374, 1395, 1529, 1556, 1746, 1905, 2908, 2930, 3060, 3096, 3237, 3663, 4261, 5096, 5714, 5742, 6213, 6322, 6745, 6764, 6878, 7025, 7094, 7264, 7766, 7792, 8066, 8258, 8636, 9646, 9721

Gran
– Glan: 1660
Gresmurs Fîne Posterne
– Gresmurs fine posterne: 1928
Grigoras
– Grigorff: 2112
Grôharz, s. unter Gornemanz
Guelguezins
– Buelgnezins: 1936
Guenteflûr
– Guentaflur: 7787
Gues von Strauz
– Gues von strauß: 1653
Guivreiz (le pitîz)
– Gifurais lepitis: 4477
– Gifurais Lepitiz: 4486
– Gifurais Lepititz: 9964
– W Gyvreiz lipytiz: 4629.1
– Gifurais: 4477, 4486, 6822,
   6837, 6954, 6957, 6998, 7003,
   7025, 7033, 7116, 7804, 7822,
   7928, 7952, 7997, 8048, 8259,
   8323, 8611, 8762, 9916, 9964,
   9991, 10000
Gundregoas
– Gundregoas: 1918
Hartman
– Hartman: 7493, (9169)
Henec suctellois fil Gâwîn
– Henec suctellois fil Gawin: 1671
herren von Alte montanje
– herren von alte montanige: 1914
Hochturasch, s. unter Gahillet
Hôhe bois
– hocheben: 1938
Îberne
– Yberne: 1558
Îdêrs (fil Niut)
– Iderß: 897
– Yders: 732, 778, 847, 1197, 1297
– Yders fihmût: 465
– Yders filmût: 677
– Z yder: 16ʳ,7

Iels von Gâlôes
– Yelß von Galoes: 1514
Îhêr Gaherïez
– Iher Gaheries: 1658
Îmain
– Imain: 176, 436, 626, 1334, 9719
– Ymain: 183, 658, 1316, 1364
Inpripalenôt
– Inpripalenot: 1686
Îrlant
– Irlant: 4476
– Vrlanndt: 10000
Îsabon, fil ~, s. unter Galopamur
Isder von mun dolerous
– Isder von Mundolerous: 1657
Îvreins
– Iuranis: 8605, 8668, 9645
Îwân von Lafultêre
– Ywan von Lafulter: 1645
Îwân von Lônel
– Ywan von Lonel: 1643
Îwein fil li roi Urjên
– Ywain filarois Vrien: 1641
Jarbes, s. unter Lermebion
Jernîs von Riel
– Leruis von Rieß: 2074/75
Jôhannes
– Johanns: 8652
Joie de la curt
– Ioied Illecurt: 8002
– Loiede Illecurt: 9601
Jûnô
– Juno: 7660
– K iuno: 7660
Jûpiter
– Jupiter: 7659
– K iuppiter: 7659
Karadigân
– Garadigan: 2115
– karadiga: 1101
– karadigan: 1112, 1151, 1197,
   1798, 2853, 5287
Karidôl
– karidol: 7806

Karnant
- Garnant: 2882, 2918, 10001, 10032
Karsinefîte
- Lar sine fide: 430
- Z karsinefidin: 11^r,5
Kartâgô
- kartago: 7556
- K kartago: 7556
Katelange, s. unter Malivliôt
Keiîn/Keiin
- Caim: 4835
- Cain: 1153
- Caym: 4932
- Chaim: 4730, 4735, 4890
- Chain: 4678
- Chay: 4664, 4723
- Chaẙm: 4756, 4777, 4781, 4813, 4836, 4851, 4865, 5014
- Chaẙn: 4694
- Gain: 1670
- W keye: 4629.22, 4664, 4678, 4723, 4735, 4756, 4777, 4780
- W key: 4730
Koralus/Kuradiun
- Coralus: 428
- Z Kvradiū: 11^r,5
Koraye
- Z koraye: 8^v,3
Kriechen
- kriechen: 2009
Krist
- crist: 4075
- criste: 5241
Kuradiun, s. Koralus
Lac
- Lach: 1821, 2888, 2904
- lag: 520, 553, 4539, 10066
- V Lac: 10066
Lac, (Êrec) fil de roi ~
- (E.) filderoilach: 307, 362, 620, 1090, 1245

- (E.) filderoylach: 2479
- (E.) vilderoilach: 2, 1126, 1401, 1630, 2195, 2248, 2415, 2464, 2641, 2681, 2749, 2756, 2954, 4407, 4439, 4685
- (E.) vilderoylach: 2119, 3390, 4857, 4905, 5037, 6588
- W (E.) fil li roy L[ac]: 4685
Lafultêre, s. unter Îwân von Lafultêre
Lais hardîz
- Lays hardis: 1634
Lamendragot
- Lamendragot: 1687
Landô
- Lando: 2576
Lanfal
- Lanfal: 1678
Lanzelot von Arlac
- Lanzelot von Arlach: 1631
Laurente
- laŭtende: 7572
- K laurente: 7572
Lavîniam
- Laŭman: 7576
- K Lañam: 7576
Lê
- Le: 1672
Lermebion von Jarbes fil Mur
- Lermebion von Iarbes filmur: 1692/93
Lernfras fil Keiîn
- Lernfras fil Gain: 1670
Lespîn
- lespint: 1683
Libers von Treverîn
- libers von Treferain: 1916
Lîmors
- Limors: 6122, 6315, 6663
- Lymors: 6815, 6976, 7270
Lis von quinte carous
- Lis von quinte cardus: 1656
Lîz, s. unter Meljanz

Lohût fil roi Artûs
– Lohůt fil roy artus: 1664
Lôfaigne
– lofainge: 2333
Lônel, s. unter Îwân von Lônel
Los
– los: 1667
Lucâns
– Lucans: 1516
Lûcânus
– Lucanus: 5218
Lûte
– leute: 9724
Mâbonagrîn
– Mabonabrin: 9443
– Mabonagrim: 9384, 9636, 9656
– Mabonagreim: 9695
– Mabonagrein: 9803
Machmerit
– Machmerit: 1684
Maheloas von dem glesînen werde
– maeloas von dem Glesine werde: 1919
Maldwîz li sages
– Maldwitz Lisages: 1636
Maledicur
– Maledicur: 1077
Malivliôt von Katelange
– Malivliot von Gattelange: 1679
Maneset
– Maneset: 1673
Margôn geboren von Glufiôn
– Margŭn geporn von glufiun: 1912/13
Marguel
– Marguel: 1934
Maunis
– Maunis: 1659
Mêlîz
– Melis: 2235, 2553
Meljadoc
– Meliadoch: 2235, 2553

Meljanz von Lîz
– Melians von lyß: 1635
Michâêle
– Michaele: 3651
Montain, s. unter Gaudîn
Montrevel
– Montreuel: 1828
Mur, fil ~, s. unter Lermebion
Neranden, s. unter Gangier
Niut, s. unter Îdêrs
Opinâus
– Opinaus: 8505
– *K* Opinaus: 8505
Oringles
– Oringles: 6121, 6835, 7269
Oruogodelet
– Oruogodelet: 1688
Owein von Galiot
– Onam von Galiot: 1646
Pallas
– Pallas: 8203
Parcefâl von Glois
– Parcefal von glois: 1684
Pehpimerôt
– Pehpimerot: 1687
Penefrec
– Enefrich: 7188
– Penefrich: 7232, 7434
Persevâus
– Perseuans: 1512
Pîramus
– Piramus: 7709
Poitiers
– Portiers: 2328
Pôlân
– polan: 1991
Praverâûs
– Praueraus: 1665
Prûrîn
– Eturein: 2241
– Prurein: 2353
Quesius
– *Z* quesius: 9^r,4

Rabedic, s. unter Gaveros
Riel, s. auch unter Jernîs
– Z riel: 8ʳ,2
Riuzen
– Reussen: 1991
Rôadân
– Roadan: 1828
Roiderodes
– Royderodes: 2771
Rois, s. unter Seckmur
Salomône
– Salomone: 2816
Samsône
– Sambsonis: 2818
Schamliers
– Schamliers: 2329
Schonebâr
– schonebar: 1677
Schorces
– schorces: 1972
Scos
– Scos: 1682
Seckmur von Rois
– Seckmur von rois: 1685
Segremors
– Saygremors: 1665
– Seygremors: 2670
Sibillâ
– sibilla: 5216
Spanje
– Spanie: 2327
Strangot, s. unter Gasosîn
Strauz, s. unter Gues
Tabrîol
– Bafriol: 5645
Tarebrôn
– Tarebron: 2241, 2353
Tenebroc
– Tenebroch: 2234, 2552
Tibaut
– Libaŭt: 8506
– K Tiberaht: 8506

Tintajôl
– Zentadrol: 7807
– W Tyntalion: 4629.10
Tyntaniol, s. unter Dannuz
Tispê
– Tispe: 7709
Titurel
– Titurel: 1651
Treverîn, s. unter Libers
Tristram
– Tristram: 1650
Troiâ
– troya: 7546
– K troia: 7546
Troimar lo mechschin
– Troymarlomechschin: 1667
Tulmein
– Dulimein: 175
– Dulmain: 625
– Tulmain: 1298
– Tulmein: 1407, 9720
Umbrîz
– Vmbris: 7470
Urjên, s. unter Îwein
Uterpandragôn
– Urpandragon: 1787
Venegus
– Venegus: 8502
– K vernuz: 8502
Walwân (s. auch Gâwein und Gâ-
  wîn)
– Walwan: 1152, 9915
– W Waliwan: 4629.19, 4629.24,
  4785
– W Waliwane: 4810
Winden
– Winden: 8508
Wintwaliten
– Wintwaliten: 4714
– W Wintwalitin: 4629.20, 4714
Yunnalun
– Z yunnalun: 9ʳ,1

Wort- und Sachregister zur Einleitung